Heibonsha Library

日本陰陽道史話

平凡社ライブラリー

Heibonsha Library

日本陰陽道史話

村山修一

平凡社

本著作は一九八七年二月、大阪書籍より刊行されたものです。

目次

第一章　陰陽道の起源と日本への伝来

陰陽道の発生

陰陽《おんみょう》道とは、太古に発生した中国の民間信仰でありまして、天体の運行、宇宙の動きと人間社会の移り変りが互いに併行し、関係し合うものであるとする、いわゆる天人相関の思想に立ち、万事に吉凶を天文の変化から予知し、これによってどう対処してゆくかをきめるもので、そこに宗教的哲学的な面と技術的な面の両面がみられます。前者では万物に陰陽の二元的原理を立て、また五行と称する五つの元素的概念を組合せてすべての存在、すべての現象を解釈し、その意味を考えるので、これを陰陽五行説といい、後者は天体を観測し、暦をつくり、時をはかり、また各種の器具を考案して占いをします。

紀元前一七〇〇年より古く成立しました夏《か》王朝では陰陽道を連山《れんざん》と称し、ついで興った殷《いん》（商）王朝では帰蔵《きぞう》と呼んでいましたが、これらは今日亡んで伝わりません。やがて紀元前一一〇〇年頃に興った周《しゅう》王朝は、連山や帰蔵をさらに体系化して易と名づけ、『易経』という書物をつくりました。これは太古の神霊である伏羲《ふくぎ》が考え出し、周の文王に至って完成したものだと伝えられ、陰陽道のバイブルとして後世長く権威をもち、陰陽道はもっぱら『周易』として知られてきました。

この易は天地の原理・法則を意味しますと同時に、万物の流転、変化の様相をもあらわしています。変化とは、易を蜥易《せきえき》すなわちトカゲ、ヤモリの類から来たものと解する立場であり、一部の中国の学者によりますと、蜥易は日に十二時、守宮(ヤモリ)は五色に体色が変るので、それはあたかもカメレオンに似ており、そこに占いのよりどころを求めようとするわけですが、詳しい事情はよくわかっておりません。ただ、もともと爬虫《はちゅう》類は水辺陰湿のところを好み、ヤモリ、トカゲには一たん水を飲んでこれを水滴として吐き出す習性がありますため、中国古代の巫祝《ふしゅく》(シャーマン)がこれらの動物を飼育利用して、雨乞いの宗教儀礼を行ったと思われ、中国古典にみえる御龍氏、富龍氏などは爬虫類を駆使するシャーマン、女媧《じょか》というのも蛇形の神である伏羲をあやつる女性シャーマンと想像されます。

これらシャーマンたちは最初占いにメドハギ(蓍)の茎を用い、八卦《はっけ》はこれから考え出されてきたものといわれています。伝えによりますと、伏羲が黄河から出現した竜馬《りゅうめ》の背に負っていた図によって八卦をつくり、蓍に託して易を考察し、夏の禹《う》王は治水の際、洛水から出た書物によって五行思想の中心になる天地の大法『洪範九疇《こうはんきゅうちゅう》』をつくりました。これらを総称して「河図洛書《かとらくしょ》」の説と呼びますが、これは易の陰陽五行説を神聖化するためにのちのシャーマンたちが造作したものでしょう。

「河図洛書」は隋の煬帝《ようだい》に至って焚《や》かれ滅びたともいいますが、元の呉澄《ごちょう》の『易纂言《えきさんげん》』や明の孫瑴《そんかく》の『古徴書《こちょうしょ》』等、後世の学者が推定・復元によってこれを示しているものがあります。便宜上、ここに江戸中期、寺島良安が著わした『和漢三才図会』をもって示しますと図1のようであります。すなわち河図は陽と陰をそれぞれ、中央に五と十、周囲に一と六、二と七、三と八、四と九の数を配置し、これに五行（木《もく》・火《か》・土《ど》・金《ごん》・水《すい》）・十干《じっかん》（甲《こう》・乙《おつ》・丙《へい》・丁《てい》・戊《ぼ》・己《き》・庚《こう》・辛《しん》・壬《じん》・癸《き》）を宛てたものであり、洛書は中央と東西南北ならびにその間の四隅に一から九までの数を配当したもので十二支が宛てられ、これを基本として吉凶卜占《ぼくせん》が行われましたが、いわば数理の原則を示したものでありました（五行・十干・十二支についてはあとで述べます）。

ただ、それにしても竜馬は竜神、すなわち爬虫類的霊獣であり、洛水は河で蛇類＝竜を想像させますし、この神秘的伝説を通じて雨乞シャーマンの巫術《ふじゅつ》が基礎にあることを認めざる

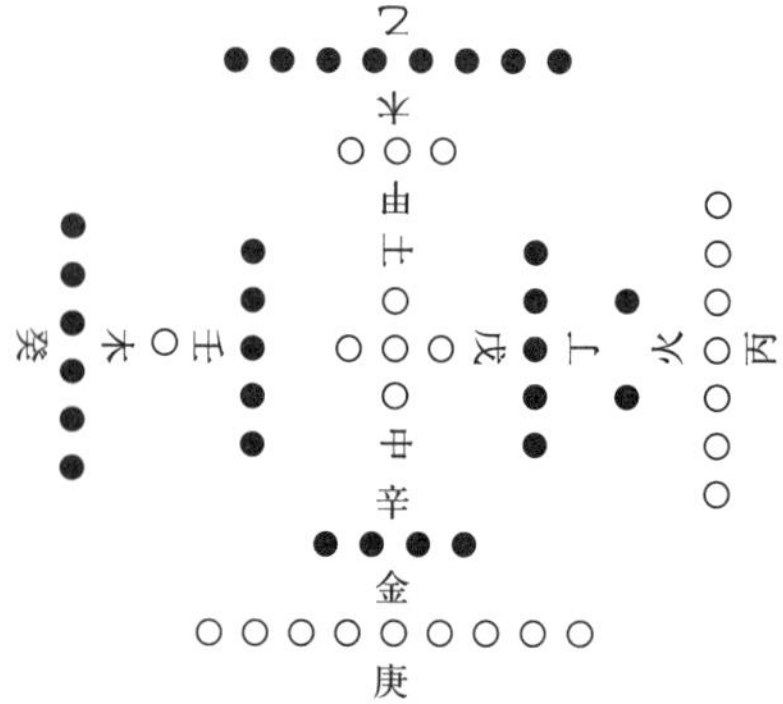

河図

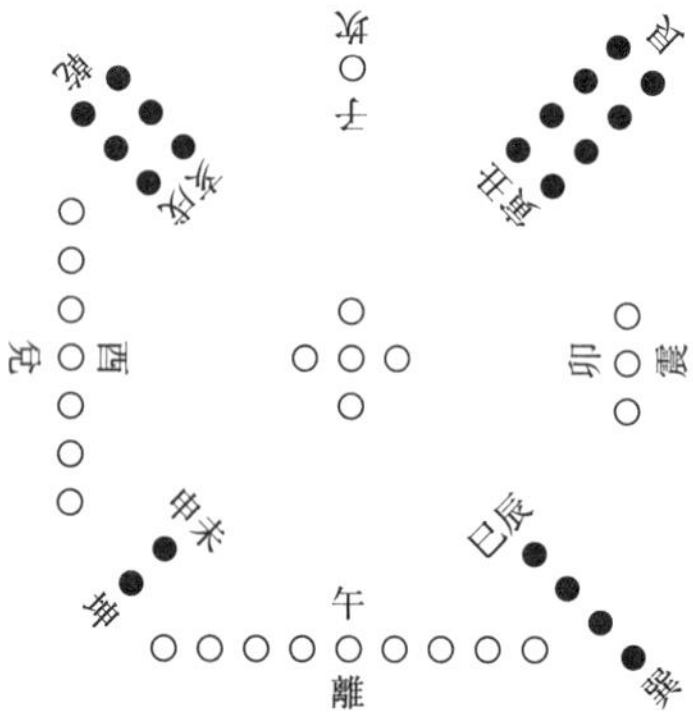

洛書

●図1——河図洛書（○は陽，●は陰／『和漢三才図会』による）

●図2——伏羲女媧図（漢武梁祠壁画の一部）

をえません。たぶん亀の足を四脚にして、その上に壇を立て、卜占や巫術を行い、また周囲に雲幕を張りめぐらし、その中で神霊の伏羲氏を招《お》ぎ下し、これと交わる作法をして、天地陰陽和合の儀礼を営み、降雨・生殖・繁栄を祈ったものでしょう。中国山東省任城にあります漢代の武梁祠という墓の壁画には、伏羲と女媧の両像が下半身蛇体で交尾の状態をあらわしたところを描いており、明らかに生産増殖の意味を示していますす（図2）。両者の持物は伏羲が矩（さしがね）、女媧が規（ぶんまわし）となっていますが、本来は逆だったのでしょう。円（規）は天を、方（矩）は地を象徴しますから、伏羲は規、女媧は矩を持つべきですが、その逆は霊能の交換を意味したのかもしれません。

やがて紀元一、二世紀、漢の時代になると、陰陽五行説は大いに発展し複雑になってゆきます。五行説の

「行」は天のために気を行《めぐ》らすことで、天にあっては五星すなわち歳星（木星）・熒惑星《けいわくせい》（火星）・鎮星（土星）・太白星（金星）・辰星（水星）、季節に配しては春・夏・土用・秋・冬、神獣と色に配しては蒼竜《そうりゅう》（青）・朱鳥（赤）・黄竜（黄）・白虎（白）・玄武（黒）となりますが、恐らく五行の五の数は五つの惑星に発想の根源があろうと思われます。

一方では、四季の循環から陰陽二気の相克と交替の関係が考え出され、ひいては五行相生《そうしょう》相克《そうこく》の関係が導き出されてきました。それは生壮老囚死の人生における五つの段階に相当するもので、木から火、火から土、土から金、金から水、水から木が生ずるという相生の循環説や、木は土に、土は水に、水は火に、火は金に、金は木に克《か》つという相克の循環説でありまして、人間の吉凶禍福を知るための基礎理論となりました。また月齢の周期が一年約十二回繰り返され、木星の周期が十二年であることにヒントをえて、一年を陰陽二気の複雑な組合せによる十二の段階に区分し、これを植物の発生・繁茂・成熟・凋落《ちょうらく》の過程に対応させ、その上、動物の神聖観をからませて鼠《ね》（子）から猪《い》（亥）までの十二辰（支）が考え出されました。甲乙丙丁以下の十干の名称も同様、植物の各過程を意味する別な解釈から出て、五行を媒介に十二支と結びつき、十干十二支の組合せが工夫されて歳月・日時・方位に占星術的価値がつけられました。こうして陰陽五行説と天文暦法の統合が、陰陽道と呼ばれる原始的科学知識を形成し、人間の未来を予知するよりどころとして古代の漢民族社会を支配するに至ったのでした。

中国古代の君主と革命思想

戦国時代の末には、有名な孔子が出て儒教を創《はじ》めましたが、次第に陰陽道をとりいれ、万物生成変化の原動力である陰陽二気を、地上の聖人と宇宙の主宰者である天帝に対比させ、聖人は天帝の道、すなわち天道を地上に移し、実現させるものとし、聖人が君主となることによって天下泰平になると説きました。こうして聖人は天道の霊感による体得者として呪術的に権威づけられ、それが儒教の政治権力者との結びつきをうながす結果となったのです。

紀元前三世紀の終り頃、大帝国をつくり上げた秦《しん》始皇帝はこの功業を後世に伝えるために、初めて皇帝と称し、みずからに「朕《ちん》」の語を用い、また封禅《ほうぜん》の儀を行って、絶対者としての権威を誇示しました。皇帝の皇は太古の三帝（神霊）である天皇（伏羲）、地皇（神農）、人皇（黄帝）からとったものであり、帝は天帝からきたもので、両者をあわせ、天道の最高の神と地上の君主は同一であるとの思想を示したものです。そして、これを実際に体得した者であることを示すために、彼は封禅の儀を行ったのです。封は土を盛って天をまつること、禅は地をはらって山川をまつることを意味し、現実には中国山東省の泰山《たいざん》という名山の上に土壇をかまえ天の神をまつり、山麓では土地を清めて山川の神をまつり、天地の神々の加護をうけて天下泰平になったことを感謝する儀礼であったのです。これらについては第三章でも詳しく述べますが、始皇帝は不老不死の薬を求めて使を蓬莱《ほうらい》山に遣わす一方、宇宙の絶対神に同化して不滅の存在となることを祈ったのでした。

ついで興った漢の王朝も歴代の君主は皇帝と称しました。しかし儒家は漢の君主を天子とも呼び、君主の地位は天から与えられるもので、君主に徳がないと天は災《わざわい》をもってこれを示し戒める。だから天下の治乱は天子の責任であるとの徳治主義を、文帝のとき（在位、紀元前一七九—一五六）から説くようになり、皇帝に絶対者としての位置づけがみられなくなりました。武帝のとき（在位、紀元前一四〇—八六）には董仲舒《とうちゅうじょ》などの儒学者たちは積極的に皇帝や天子の意義を論じて、天地にひとしい徳をもつものを皇帝と称し、天はこれを助けて子とするから天子と号するのであるとしました。つまり皇帝の権威を認めながらも、天地・自然の理法に従わせようとする儒教的な倫理観を説いたのです。その結果、天下泰平であれば天帝は祥瑞《しょうずい》（めでたい事象）をあらわすのであると称し、武帝はそのあかしとして紀元前一二二年に白麟という霊獣があらわれたとして白麟をたたえる歌をつくり、年号を新しく建てて、元狩《げんしゅ》元年とし（元狩は霊獣の意味）、ついで汾水《ふんすい》で鼎《かなえ》（太古に君主が位を継承する際の宝器）がえられたとして元鼎《げんてい》と元号を改めるなど、盛んに瑞歌瑞号をつくってみずからの徳がすぐれていることを誇示しました。現在、日本は世界で元号を用いる唯一の国になっていますが、元号はこの漢の王朝に始まったのであります。

また王朝の交替を五行説に結びつけた考えが起り、武帝のとき漢の徳は土徳で黄を聖色としましたが、眭弘《ぼくこう》が漢は理想の君主堯《ぎょう》のあとであると主張してから火徳であると改められ、赤が聖色とされました。この際、儒家は天命の神聖化を理論的にあらわしたさきの河図洛書を拡充して、図讖《としん》をつくったのです。これは天命が授与されることを象徴した祥瑞と、未来を予測させる予言、すなわち讖《しん》を呪文や呪符の形であらわしたものです。

これをもとに内容をいっそう誇張した『天官歴包元太平経』が成帝のときにつくられました。この経典は成帝には子がなく、漢の前途に不安が生じましたので、革命思想によって再び天命が漢に降るとの延命工作の一つとして造作されたのであります。すなわちそこでは、天子は天命によって与えられる爵位にほかならず、漢の君主は絶対的支配者であると同時に、天をまつる最高の呪術的司祭者であり、漢室が改めて天の命を受け直せば立直るという天帝の教えを、赤精子なる仙人から得たとしているのであります。それにもかかわらず、漢は王《おう》莽《もう》に亡ぼされました。王莽は新王朝を建て、尭のあとである火徳の漢から舜《しゅん》のあとである土徳の新王朝へ天下が譲られたものと称し、その権威づけを行いました。彼の天下は赤眉《せきび》の乱が起ってわずか十五年で終りましたが、赤眉の徒は味方の目じるしに眉を赤く塗っただけでなく、漢王朝に代って火徳の王朝を建てる意味がありました。漢室を復興した後漢の光武帝も図讖を信じ、封禅の儀を行い、儒教を国教とし、王道の善悪に応じて天帝はその意思を祥瑞や災異でもって示すとする儒教・陰陽道習合思想が徹底してゆきました。

後漢の陰陽家方術士たち

その結果、すぐれた方術士が多数輩出しました。高獲《こうかく》は古くから光武帝の親しい友人でしたが、仕官のすすめを断り、在野人として天文・遁甲《とんこう》（幻術）にすぐれ、鬼神を使役しました。章帝のときに出た謝夷吾《しゃいご》は風角占候（四方四角の風を窺って吉凶を判定する）を学んで占験すぐれ、鉅鹿《きょろく》の太守になり、和帝のとき太医丞《たいいじょう》に昇進しました。樊英《はんえい》は五経に通じ、陰陽の術を究め、はみならず、暗中手の脈拍による性別判断ができた。郭玉《かくぎょく》は針の治療に秀でたのるか西方の成都（四川省）の大火を呪術によって消すという奇蹟をあらわし、安帝に召されて博士になり、順帝のときには仕官を断りましたが、光禄大夫（宮中の顧問役）になりました。朝廷では災異があるごとに彼に卜占を求めましたが、その験著しく、みずから易の章句を著作して、世に樊氏の学と称せられました。同じ頃に出た廖扶《りょうふ》は、父が連坐の罪に問われて獄死したところから仕官をすすめられても断り、在野人として通しました。あらかじめ凶年を知り、穀数千斛《こく》を集めて一族に給し、疫死して弔えぬ不幸な者には葬送してやったと伝えられます。唐檀《とうだん》は災異の星占が得意で、多数の子弟を集めました。太守劉祇《りゅうし》に四つ子が生れたので占わせると、檀は兵革の前兆であると占い、果して延光四年（一二五）に孫程が兵乱を起しました。郎中（侍者）に任ぜられたとき、白虹日を貫く天変をみて官を辞し去りました（この天変については第五章参照）。『唐子』など二十八篇の著作を遺しました。

後漢の末葉にはいよいよ多くの方術士が活躍しました。隴《ろう》西太守馮緄《ふうこん》に用いられた許曼は馮の将来を筮占《ぜいせん》で的中させ、その祖父峻もこの道の大家で、その著『易林』は広く世に行われました。趙彦《ちょうげん》は遁甲に通じ、兵法を考え、南陽の宗資が朝廷の命で賊の討伐に赴くとき、「孤虚の法」と称する兵法を教え、そのため兵乱を鎮定できました。公沖穆《こうちゅうぼく》は生れは貧しかったが、河洛推歩（易占）の術を極め、呪術によって百姓のために螟虫《めいちゅう》（害虫）の発生を退治して凶作を救い、あるいは霖雨・大水を予知して人々を避難させ、世人より尊敬されました。霊帝のとき、韓説は日蝕や宮中の火災を予言して的中させ、江夏太守に任ぜられました。

同じ頃、董扶《とうふ》は自宅で図讖の講義をしていましたが、見出されて侍中（日本の蔵人《くろうど》にあたる）となり、劉備の蜀《しょく》政権の樹立を予言し、一年後にそれが的中しました。天官算術に明らかであった単颺《ぜんよう》は献帝に用いられて漢中太守より尚書（日本の弁官にあたる）へと昇進しましたが、人より黄竜の出現は何の兆候かときかれたとき、五十年以内に後漢が滅亡し、新王朝が出現すると予言し、果して四十年後に、後漢に代って魏《ぎ》が建国しました。

以上みてきますと、方術士はおおむね野人として活動し、時局に批判的な人が多く、たとえ官に用いられても権力者に屈しない反骨的精神がありました。政局不安な時勢は彼らの立場にむしろ有利に働いたようでした。

後漢以降の陰陽道の新展開

後漢を滅ぼした黄巾《こうきん》の徒は、太平道と呼ばれる宗教結社の人々が黄色い頭巾をつけたためにつけられた名称で、黄色が漢王朝に代るべき色とされたのでありました。黄巾の徒の指導者張角は、黄老道すなわち黄帝と老子をまつりました。両者は漢代には神仙視され、桓帝は仏陀とともに宮中にこれをまつって祥福を祈っています。張角は九節の杖をもって病人の治療にあたり、符と霊水を飲ませ、呪文を唱えて平癒させたと伝えられます。九節の杖は古来仙人の持物とされ、布教者の神秘的な権威づけのためのものでした。

後漢のあと魏・晋《しん》・南北朝の兵乱期はますます陰陽家、方術士の暗躍舞台となり、政治家は図讖にたより、卜占にふりまわされました。仏教の篤信者として有名な梁《りょう》の武帝（在位、五〇二―五五〇）は、自身儒教や易の注釈書を多数著作した教養人でありまして、多才多芸、陰陽緯候《いこう》、卜筮《ぼくぜい》占決など長ぜざるものなく、士大夫の身分であった頃から陰陽五行、風角星算に明るい陶弘景《とうこうけい》と親しかったので、即位後、仕官をすすめましたが、陶弘景は応じませんでした。しかし国に吉凶の大事があるときは、あらかじめ彼にその意見を徴したといわれています。

一方、西晋より東晋に続く四世紀には、呪術的な密教経典やインドの天文に関係ある『舎頭諫太子二十八宿経』が訳出され、密教と陰陽道は呪術的な思想や方術を通じて結びつき、ここに宿曜《すくよう》道という特殊な分野を生み出すことになりました。これが日本でも平安朝以降、密教の盛行にともなって、思想・信仰の世界を風靡するに至るのであります。中国は六世紀末、隋の時代より天下統一の時期を迎えますが、隋の文帝は易に興味を寄せ、すぐれた易者を官人として召しかかえ、信任しました。その都、大興城の建設は易の乾卦によって都市計画がなされたといいます。つぎの煬帝も陰陽家蕭吉《しょうきつ》を重く用い、蕭吉の著わした『相経要録』や、文帝に信任せられた陰陽家来和の著『相経』は、面相による人の運勢卜占を説いたもので、陰陽五行説に基づくものです。三国時代（二二〇—二八〇）に出た劉劭《りゅうしょう》は観相術の先駆者として知られた人でした。

唐の天下を一時奪って周王朝をたてた則天武后《そくてんぶこう》は、みずから聖神皇帝と称し、『大雲経』を利用して天命が自分に下ったことをたたえる讖文をつくらせて、天下太平を強調しました。元来『大雲経』は曇無識《どんむしき》が訳したもので、仏陀が浄光天女に対してわが滅後七〇〇年たって南天竺の王女に生れ、王位につき、仏教を守る旨の予言をした話がのせられており、武后はこれに天命受理の文を織り込ませて、革命を正統化しようとしたのでしょう。仏教と図讖の結合はこうしたことが機縁で促進され、陰陽道的仏教全盛の時代が唐の玄宗の治下（在位七一二—七五六）に到来するのであります。あたかもインドより善無畏《ぜんむい》・金剛智《こんごうち》・不空《ふくう》らの密教僧が中国に来り、新しい密教経典を次々に訳出し、それまで雑密《ぞうみつ》として道教的に理解される傾向のあった中国の呪術密教は、本格的な思想体系樹立（いわゆる純密）へと進み、陰陽道との習合による卜占的方術としても新しい発展をとげました。とくに不空は宿曜道に関係した経典の訳出をやっており、中でも『文殊師利菩薩及諸仙所説吉凶時日善悪宿曜経』は、陰陽道的仏教の最も権威ある典籍としてわが国にも伝えられ、大きな影響を与えたのであります。善無畏の弟子の一行も陰陽五行の学に通じ、多数の宿曜道に関する著作をのこし、これらも弘法大師らによってわが国にもたらされました。不空は玄宗の信任をうけ、内乱鎮定の呪術祈禱をしきりに修《ただ》し、陰陽道的方術をも加えて名声を高めました。

陰陽道の日本伝来と聖徳太子の政治的受容

陰陽道の大陸から日本への伝来についての最も古い記録は『日本書紀』継体天皇七年七月、百済から五経博士段楊爾《だんようじ》が学者人材として献上され、同十年九月、五経博士漢の高安茂と交代したとあるものです。五経には『易経』が含まれていますから、これはわが朝廷に正式に易が伝えられたことを意味します。欽明朝（五三九—五七一）には百済から新たに五経博士のほか、易博士・暦博士が来朝し、推古朝には十年（六〇二）、百済僧観勒《かんろく》が暦本をはじめ天文・地理書や遁甲・方術書を携えて来て朝廷に献上しました。朝廷では陽胡史《やこのふびと》の祖玉陳《たまふる》に暦法を、大友村主《すぐり》高聡に大文と遁甲を、山背臣日立《やましろのおみひたて》に方術を学ばせ、それぞれの分野の専門家になりました。これらの人々には大陸からの渡来者が多かったと思われ、大友高聡は近江国滋賀郡大友郷の渡来氏族出身であり、後世、甲賀武士五十三家の中に大友（大伴）の一族、伴氏が出たのは甲賀忍術が遁甲に発したことを物語っているのでしょう。遁甲は陰陽の変化に応じてその身を隠し、吉をとり凶を避ける方術で、軍事や政治に必要とされたものでした。

このように僧侶が伝えたところから、陰陽道は学問・技術中心よりも著しく宗教色のかかったものとして、本来、呪術的宗教になじんできた日本人にマッチした形で受け入れられました。観勒は蘇我氏のたてた法興寺（飛鳥寺）の住僧となりましたので、陰陽道はいよいよ仏教と不可分にみられたのでした。僧旻《みん》は聖徳太子の命をうけて直接唐に留学者として赴き、最も新しい陰陽道を学んで帰り、中臣鎌足や蘇我入鹿など知識人に伝えました。仏教信仰の受容には崇仏排仏の政治対立まで起した日本人も、陰陽道そのものには目立った抵抗を示しませんでした。興味があるのは、崇仏派が排仏派を非難攻撃するのに陰陽道的思想を利用していることです。はじめにも言いました天人相関思想に立つ祥瑞・災異の考え、とくに妖孽《げっか》禍と呼ばれる不吉な予兆の説（災異思想）は、政治家が利用するのに好都合のものでした。蘇我稲目《いなめ》のまつる仏像を物部尾輿《おこし》らが奪って難波の堀江に流し、寺を焼くと、空に風雲なくして宮殿に火災が起り、同じように物部守屋も蘇我馬子らの寺を焼き、仏像を焼却あるいは堀江に投棄すると、雲なくして風雨起る奇蹟が生じたと『日本書紀』にありますのは、これらの気象現象が天帝の戒めをあらわす災異として理解されていたことを物語っています。

その後、崇仏派が勝利を得るに及んで、陰陽道は新しい政治体制の権威づけや理論づけにも積極的な役目を担うことになったのであります。聖徳太子はすぐれた仏教の理解者である反面、陰陽道でもそれに劣らぬ精通者でありまして、冠位十二階、十七条憲法の制定、国史編纂をとおして陰陽五行説・讖緯《しんい》説をわが政治理念に深く導入されました。冠位十二階の序列は儒教の徳仁義礼智信でなく、『管子《かんし》』の五行説による徳仁礼信義智であり、服装類に関しても五行に配当された色をもって各階級の冠の色が定められました。木に配した大仁・小仁は青、火に配した大礼・小礼には赤、土に配した大信・小信には黄、金に配した大義・小義には白、水に配した大智・小智には黒の色が宛てられました。これは陰陽五行を調和し、妖変を去り、祥福を招くためでありまして、十二階の十二は天帝のいる太一星をとりまく十二の衛星を意味したと思われます。妖変、すなわち不吉の予兆には服妖《ふくよう》・詩妖など様々のものがあり、服妖は衣服にあらわれた凶兆で、不吉な色彩模様や奇異な服飾の流行がそれです。詩妖は民間に流行した童謡・歌謡に不吉な意味を含めた言辞があらわれることで、これらの妖はすべて君主の背徳から生ずるのであります。奇怪な童謡は、聖徳太子の死後より大化改新の頃にかけて『日本書紀』にいくつかのせられています。三輪山の猿が歌った話もあります。服妖については、美的感覚に鋭敏な平安朝宮廷人の間でも強い関心がもたれたのでありまして、三善清行《みよしきよゆき》が深紅色の衣服の流行は火災の頻繁に関係があるとしてこの色の衣の着用禁止を朝廷に進言したほどです。

つぎに、十七条憲法については偽作説も一部にありますが、当時の歴史情勢から判断して疑うべき必要はないと思われますので、そこにみられる陰陽道思想も当時の政治家の思想としてなんら支障ありますまい。そもそも憲法の思想的背景を、仏教中心におく説が従来から有力でしたが、この憲法は決して仏教布教や教義の解説を目的としたものではありません。国の内外とも非常事態にあった当時の日本を、普遍的な思想で強力に固めてゆこうとしたところにねらいがあり、その骨組となった理論や理念に陰陽道が重要な役割を果したことを見逃してはならないでありましょう。例えば「和を以て貴しと為し」は、モデルとした（北魏）北周の文帝の六条詔書から来たとされていますが、当時の北周ではこの言葉を男女関係の和合を指す俗語だったのが、聖徳太子によって高い政治理念に引き上げられたもので、その根元を追究すれば、陰陽和合の陰陽道的発想に到達することになりましょう。また条文十七の数は『管子』『春秋緯書』などの中国の書物に基づき、陰の極数八と陽の極数九を合わせたものであり、決して仏典から来たものではありません。憲法発布の年が、甲子革令《かっし》の讖緯思想によって推古十二年（六〇四）に選ばれたことも、平安時代以来学者の指摘してきたところでした。さきに述べた十干十二支の組合せはそもそも六十通りしかできず、この組合せで歳をあらわしてゆきますと、六十一年目にはまた同じ組合せになります。数え年の六十一歳を還暦というゆえんですが、陰陽道では六十年を一元、二十一元を一部《ぼ》とする単位をもうけ、殷が亡び周が興った頃の甲子と辛酉《しんゆう》の歳を基準に一部すなわち一二六〇年の周期をもって甲子の歳には革令、辛酉の歳には革命が起るという政治的変革の予言説が讖緯思想でありまして、すべての甲子や辛酉の歳に変革が起るわけでなく、二十一回のうちの一回だけにあるのですが、わが国ではこの干支の歳はいつも変革や災厄・動乱等が恐れられたのであります。

聖徳太子は憲法発布とならび、国史編纂の上でもこの讖緯説を利用されたと思われます。実は推古二十八年（六二〇）太子が蘇我蝦夷《えみし》らと協力して編纂された日本の正史『天皇記《すめらがみことのふみ》国記《くにつふみ》臣連伴造国造百八十《おおみむらじとものみやつこくにのみやつこももやそ》部並公民等本記《べならびにおおみたからのほんぎ》』は、翌年太子がなくなって日の目をみず、皇極天皇四年（六四五）蘇我氏が滅亡のとき、蝦夷の家にあって焼失しましたが、その際、船史恵尺《ふなのおびとえさか》が国記だけをとり出したと伝えられます。それをもとに、のち奈良時代の初めに成立し、現在われわれがみることのできます『日本書紀』も、聖徳太子編纂の歴史書の方針を継ぎ、その年代の立て方の上では陰陽道の讖緯説を利用されたことは変りがありません。

太子は憲法発布の歳を甲子革令の歳に求められます一方、推古天皇九年（六〇一）が辛酉に当たるところから、この歳を基準にそれより一部すなわち一二六〇年遡った歳を神武天皇即位元年、わが国建国の歳とされました。これによって現在みる『日本書紀』の年代の立て方も理解されるでありましょう。

飛鳥時代の陰陽道的諸信仰

聖徳太子の没後、政局は動揺し、蘇我氏の擅権《せんけん》はいよいよ募り、皇室の危機を訴える空気が高まり、上述の崇仏排仏論争のときにあらわれた災異予兆の思想が再び表面化しました。『日本書紀』推古期末年（六二八頃）以降、異常気象・洪水・飢饉・怪異現象・日蝕等の記事が目立ってくるのがそれです。例えば皇極天皇三年（六四四）六月、前述のように三輪山の猿が時局風刺の童謡を口ずさんだ話があります。その童謡とは、

向《むか》つ丘《お》に、立てる夫《せ》等が、柔手《にこで》こそ、我が手を取らめ、誰《た》が拆手《さきて》、拆手ぞもや、我手捉《とら》すもや

というもので、数年後、聖徳太子の御子山背《やましろ》大兄王が蘇我入鹿のために生駒山に囲まれ給う予兆とされました。また、剣池の蓮の中に一茎二萼《がく》の不思議な花が咲くと、蘇我蝦夷は蘇我氏の繁栄のしるしとよろこびましたが、蝦夷が橋を渡る際、おびただしい巫《みこ》たちが木の枝に

木綿《ゆう》をかけて集まり、めいめい神の託宣を告げたのは、古老によると時勢が変転する兆候と考えられました。これは橋で神占いをするふうがあったことを物語るものでありまして、橋は交通の頻繁場所であり、また地域の境界の神がまつられる場所でもあったので、ここで神に交通の安全を祈り、あるいは自分の将来を予言する巫祝の類がいたことを暗示しています。平安時代、京都堀川一条の戻橋付近には、多数の陰陽師がたむろして通行人に橋占をすすめていたことがよく知られております。いずれにしても、これらの記事は蘇我氏打倒のクーデターが起される前夜の不穏な情勢を示唆するものであります。

さて、皇極天皇三年七月には、東国不尽河《ふじがわ》の辺の住人大生部多《おおうべのおおし》が、常世神《とこよのかみ》と称してアゲハチョウの幼虫をまつることを村里の人々にすすめ、この神をまつれば富貴長寿が得られると、巫を使い神託だといってこれを広めました。そして住民から財物を寄進させ、酒・野菜・畜類を路傍に並べ、虫を祭壇におき、新しい富が訪れた、といいながら喜び歌舞する祭りを行いました。京都太秦《うずまさ》広隆寺を建てたことで知られる秦河勝《はたのかわかつ》はこの邪教を看破して大生部多を打ち、託宣を中止させました。山城にいた河勝がどうして東国まで出かけて大生部多をこらしめたのか、はっきりわかりませんが、大生部多は河勝に縁のある帰化人系の人であったのでしょう。ここでは日本の民俗信仰と、陰陽道的シャーマンの信仰の習合を看取されると思います。また翌皇極四年四月、高麗の学問僧で友人の鞍作得志《くらつくりのとくし》のことを朝廷に報告したところでは、得志は高麗で虎（たぶん仙人を指すのでしょう）から奇術を学び、枯山を青山に、黄池を白水に変ずるなど様々の秘術を学び、あらゆる病に効く針を与えられ、これを柱の中に隠していました。のち虎はこれを知り、柱を折って針を持ち去りました。得志は日本に帰ろうとして、高麗の人に毒殺されてしまったというのであります。鞍作氏は仏工・僧侶・通訳など一族の人々は文化活動をしており、得志も天文・遁甲・方術の専門家であったらしいのです。とくに針で治療する術を心得ていたのは、呪禁《じゅきん》道と称する陰陽道・道教関係の方術を意味したものであったのでしょう。呪禁道の詳しいことはあとで述べますが、彼は高麗に留学して当時の新しい技術を習得し、そのすぐれた才能をねたまれて殺されたのでしょう。当時の日本に陰陽と結びついた道教の浸透が想像されます。

そのことを推測させるもう一つの例をつぎに示しておきます。皇極天皇元年七月、旱魃《かんばつ》のために村々では祝部《はふり》の教えをうけて牛馬を犠牲《いけにえ》にして神をまつり、あるいはしきりに市を移し、あるいは河伯（水神）をまつって雨を祈りました。しかし効果がないので、蘇我入鹿のすすめで大寺の南庭に仏菩薩・四天王を安置し、衆僧を集めて『大雲経』を読ませました。入鹿は香炉を持ち、香を焚いて祈ったので、その結果多少雨は降った。しかし八月に天皇が南淵の河上に至り、跪《ひざまず》いて四方を拝み天を仰いで祈られると、雷鳴して大雨が降り、五日間も続きました。これは、祈雨に関して様々の宗教行事が競合したありさまを示すものとして注目されますが、牛馬の犠牲、市の移動、河伯の祭祀は陰陽道や道教から来たものであり、『大雲経』は既述のとおり則天武后がこれを利用し、受命・即位を宣伝したものです。皇極天皇の跪坐《きざ》礼拝は、女帝がシャーマンとして雷神＝天神をまつるわが古来の民俗に、四方の神をまつる陰陽道の要素が混入したものです。また、牛馬の犠牲は『易経』に「乾《けん》を馬とし坤《こん》を牛と為す」とあって、中国では牛馬の犠牲は天地の神、陰陽交会の儀によって雨の恵みを求める意味があったのです。いわゆる天馬の思想は、黄河の流域に国家をつくった権力者の中から生れたのに対し、土牛の思想は中南部の農民社会を中心として形成され、これらが交錯して陰陽道にとり入れられ、さらに雑密の呪術仏教と結びついてわが国に伝わったのでした。牛が輸入され、わが農耕に不可欠の大切な動物となってからも、額に角のある面相は外国から渡来の疫神（漢神）のイメージにつながり、奈良朝には冥府冥官の信仰に結びついたのです。

人名と星の信仰

平安初頭、薬師寺僧景戒《きょうかい》の著わした『日本霊異記《りょういき》』には、この信仰を物語る数々の挿話が集められておりますので、あとでそれを詳しく紹介するとして、つぎに陰陽道思想が日常生活意識へしみ渡っていった実情を窺わせるものとして、人名に注意しましょう。

いま奈良朝およびそれ以前のものについて『古事記』『日本書紀』『万葉集』『風土記』『正倉院文書』などの代表的な上古の史料について眺めてみますと、動植物とくに動物の名をとったものが非常に多いことに驚かされます。動物では獣類・鳥類・魚介類・虫類など多方面にわたりますが、なかんずく魚介類が鯛・海豚《いるか》・鯨・鯖・鮗《このしろ》魚・鮒・鮫《わに》・鯉・烏賊《いか》・鮑《あわび》・亀・うに・貝類・鮹《たこ》等、四、五十種にも上りますのは、海や河泉に富み、食料を魚介類に依存することの大きかった日本人の生活を象徴しています。しかし獣類をみますと、牛・馬・犬・猿などの身近にみられるもののほか虎・羊・龍の外国産または架空の動物も含まれており、これらは十二支から来たものであることを想像させます。牛麻呂・牛売《め》・刀良《とら》・刀良売・直刀良・竜・竜（辰）麻呂・竜女・小竜・竜手・馬・馬手・馬売・馬依・猪麻呂・猪売・羊・羊売・未麻呂・申麻呂などの人名を、年齢の判明しているものについて調べると、生年が十二支に合致する者が多く、明らかに陰陽道思想による新しい命名法の流布が知られるのです。ただし、子と巳のみが見当たらないのは何か理由があるのでしょう。

そもそも日本人は星の信仰が稀薄であるといわれていますが、奈良時代には北辰信仰が都《と》鄙《ひ》に流行しました。この信仰は、北辰すなわち北極星は中国では天の中枢にあって動かず、他の諸星を統御する貴い星で天下の興亡を司り、あらゆる不祥邪気をしりぞけ、長生を保たせる力があるとする讖緯思想の流れをひき、陰陽道にとり入れられたものです。仏教では尊勝王とも妙見菩薩としても知られています。延暦十五年（七九六）三月、同十八年十月、弘仁二年（八一一）九月と、たびたび朝廷よりこの祭りの禁令が出ていますが、それにもかかわらず京畿の吏民らは春秋ごとに職を捨て業を忘れ、相集って男女混淆、風俗を紊《みだ》すに至ったと『続日本紀』に述べられています。しかし朝廷では平安奠《てん》都《と》後、三月三日、九月九日の二度、燈を献じて北辰をまつられる儀式があり、天皇は清涼殿で北方に向かって遥拝されることになっていました。

延暦十三年（七九四）十月、桓武天皇が遷都の詔を出し、十一月に平安京の新号制定を宣言され、翌年正月十六日、新京で踏歌の宴を張られたときの歌詞に、次の一節があります。

新年正月北辰来る、満宇の韶光《しょうこう》、幾処《いくところに》開《ひら》く、麗質佳人春色を伴い、行を分ち袂を連ねて皇垓《こうがい》に儛《ま》う。

その意味は正月そうそう北極星があらわれた、春の光は至るところに満ち、麗人たちはのどけさの中で袂をとり合い、舞いの妙技をはてしなく繰りひろげる、というのどかで楽しい風景を叙しているのであり、民衆の盛んな北辰祭を背景に謡われたものです。したがって北辰の信仰そのものを朝廷は禁じたのでなく、祭りが猥雑に走るのを恐れたのでありましょう。

平安期には北斗七星の信仰も盛んになりました。中国で偽作された『仏説北斗七星延命経』も知られていて、人は生れると七星のいずれかに所属するので、その本命の星をまつる属星祭が盛んになりました。すなわち子歳生れの人は貪狼星、丑亥生れの人は巨門《こもん》星、寅戌生れの人は禄存星、卯酉生れの人は文曲《もんごく》星、辰申生れの人は廉貞《れんじょう》星、巳未生れの人は武曲《むごく》星、午生れの人は破軍星をまつるわけです。この北斗七星は日月五星の精とされ、七曜を統《す》べ善悪を司り禍福を頒《わか》つものであり、人がこれを礼拝すれば長寿富貴が得られ、罪業を除き、一切の願望が叶えられるとされました。

朝廷で北辰に燈を献ぜられる場所としては、内裏より北方にある適当な霊場が選ばれるわけで、貞観《じょうがん》頃（八五九―八七七）より洛北の霊巌寺や月林《がつりん》寺・円城寺などで行われました。ことに霊巌寺では、等身で左手に如意宝珠（心に願うことは何でも叶えられる宝珠）をもつ妙見菩薩をまつり、御利益あらたかでにわかに参詣者がふえて繁昌しました。はては、三条天皇が眼病平癒に参詣されるとの噂が立ちました。元来、霊巌寺は寺の名のとおり、寺の入口に大きな巌角《がんかく》がつき出ており、その巌穴《いわあな》をくぐって境内に入るようになっていました。住職は行幸があれば自分は僧侶としての位階を授けられ、出世できると皮算用し、しかしそのためには入口にある巌角を取り除かねば天皇の御輿《みこし》が通れない。もし行幸が中止されては残念だとばかり、巌角を焼いて壊そうとしました。他の僧たちはこの巌石は霊験あらたかで、そのため寺も繁昌したのだからと住職をいさめましたが、聴かずに打ちくだいてしまいました。しかし一向に行幸の沙汰もなく、住職は他の僧たちから嫌われて寺を出てしまい、寺もいつしか荒廃してしまったのでした。

以上は北辰信仰の流行にまつわる挿話として、『今昔物語集』にのせられたものです。時代の古さから申しますと、北九州の宇佐八幡宮には第一殿の脇殿に北辰社があります。現在も地主神として重要視されていますが、中世には神像がまつられ、亀卜《きぼく》の神事があったと伝えられておりまして、すでに五世紀頃、朝鮮新羅の陰陽道をとり入れた呪術仏教の影響をうけてまつられたものと思われます。北辰の神は卜占の神であったわけでして、北九州香春《かわら》岳の鉱山を開発した新羅の鍛冶シャーマン辛島氏がもたらした信仰といわれています。京畿における北辰信仰の伝播は、この宇佐における新羅の民間陰陽道の流伝が起源となったものかもしれません。

第二章　祥瑞と災異

律令制の理念と陰陽道

前章で、聖徳太子が新政を行うにあたり、中国の陰陽道を政治理念にとり入れた次第を述べました。それは官位や憲法の制定、国史編纂などにおいて具体的にみることができます。中大兄皇子を中心とする人々によって実現された大化改新は、太子の政治方針を受け継ぎ、改めて日本を宗教的で呪術的な祭政一致主義から中国にならった法治主義の国家へと転換することを宣言し、ここにいわゆる律令制の時代が始まることになったのであります。令《りょう》は法規の正文、律はそれに対する罰則で、中国の唐が実施したものを手本としてつくられ、奈良朝初期に完成しました。これが養老律令であります。令の原義は中国においては君主の命令をさし、天命をうけた聖徳の人が行う政治がこれに具現されているのでありますから、律令の政治理念はすでにお話ししたように、陰陽道と儒教が結びついた王道政治・徳化主義にほかなりません。

日本では律令制は大化改新に発足して以来、奈良朝初期に法体系が完成し、王道思想に立つ天皇政治の全盛期を迎えます。平安朝には藤原氏中心の公家貴族が政権を握り、ついで上皇による院政が始まり、やがて武家が擡頭して幕府をつくり、鎌倉・室町・江戸とおよそ七世紀にわたる封建政治が続き、律令制はすでに平安中期、十世紀にはその実を失ってしまいました。しかし、決して亡びたわけでも廃止されたわけでもありません。明治維新まで一〇〇〇年以上にもわたって律令制は厳として存続し、太政官を主とする天皇の朝廷はその命脈を保ち、関白・太政大臣以下の官僚制は武家や民間の人々から権威あるものとして憧憬の的となっていました。自然、律令制のバックボーンである王道主義的で陰陽道的な政治理念は、終始政治家の頭を支配していました。そのことは法律一つとってみても、最初の武家の法である鎌倉時代の貞永式目はその条数が五十一カ条で、十七条憲法の三倍に当たり、足利幕府が制定した建武式目は十七条となっていますので、このことはよく理解されるでしょう。日本人はいかに永い時代にわたって陰陽道の支配をうけてきたか、想像に余りあるものがあります。

わけても、この陰陽道思想の中で私どもの興味をひくのは、前章にも触れた祥瑞《しょうずい》・災異の予兆思想であります。世の中のめでたいことも不吉な災禍も、すべては天帝の意思表示であって、儒教的倫理観念にてらし、正しくかつ理想的にいっておれば天帝は吉祥の現象をみせ、これに叛《そむ》くことが甚だしくなれば天災地変や社会の動乱を起させてこれを戒めるとする考えであります。この考えが中国ではっきり政治の上で打ち出されましたのは、前章でも述べたとおり前漢の時代（紀元前一、二世紀）でありまして、元号の制定はその最も代表的な例であります。

天武天皇と陰陽寮官制

いまその話に入るに先立って、日本の律令制にみる陰陽道の官僚組織をあらまし述べておきましょう。

大化改新によってスタートしましたわが律令国家は、中大兄皇子すなわち天智天皇とその弟大海人《おおあま》皇子の政治的主導権争いから壬申の乱を惹き起し、やがて大海人皇子が天智天皇の皇子大友皇子の近江朝廷を倒して位に即き、天武天皇になられてから確立時代に入りました。とくに天武天皇は陰陽道に造詣深く、陰陽寮という官制をつくり、占星台を設けて天文観測を始められましたが、自身でも式占《ちょくせん》と呼ぶ占術に通じておられました。壬申の乱が起って伊賀国を通過される際、黒雲が十余丈にわたって天になびき、これをみた天皇は式占を用いてこれは天下が二つに分れる兆候である。しかし結局、自分は勝利をうると占われました。たぶん天皇は味方の士気を鼓舞するために占いを利用されたのでしょう。

およそ占いの仕方には当時、亀占・筮占《ぜいせん》・式占・算占の四種が知られ、亀占は亀の甲を焼き、その亀裂の入りようをみて占うもの、筮占は前章で述べたメドハギの茎を用いて占う法で、のち竹が用いられるようになりました。算占は方柱形の長さ三寸ばかりの算木を用いるものです。これらに対して、式占は円と方の二つの盤（式盤《ちょくばん》）を重ねて廻し、盤の表面に記された十干十二支をはじめ、陰陽道の神々や星神の名前を組合せて判定する複雑なもので、その盤も陰と陽の二つがあったといわれますが、十世紀以後次第に衰えて、ついに伝わらなくなった占法であります。

天武天皇が式占に通じておられたことからすると、当時式盤のような占具や占い方法を記した易書がすでに輸入されていたわけであります。今日、わが国に式盤の現物は遺っておりませんが、大正十四年、北朝鮮平壌府の近郊にある漢代楽浪郡治の遺蹟石巌里二〇一号墳の槨《かく》室と同所の王肝墓北室から発見されたものが知られています（図3）。前者は半分欠けた円盤で径九・四センチあり、木心墨漆塗で中央に回転軸を挿込む孔があいています。また四

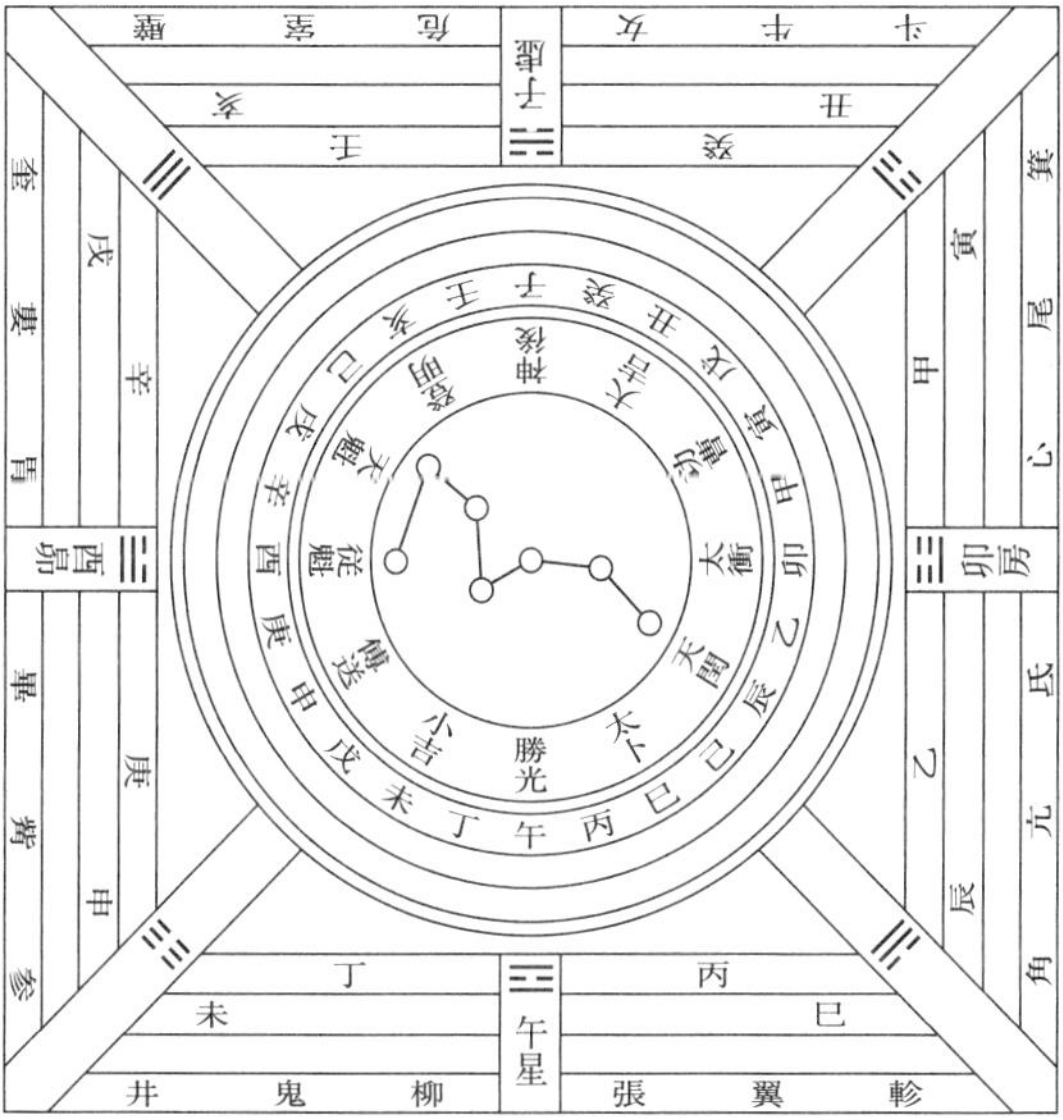

●図3——式盤復元図（楽浪遺蹟出土品復元）

重の同心円で表面を四区に分け、中心の部分に七つの孔をつくり、これを刻線で結んで北斗七星とし、他の三つの区画には陰陽道の十二月神と干支二十八宿が記されています。後者は一辺一三・七センチの方形と径九センチの円形小薄板で、二枚とも表面は黄粉で塗られ、輪廓は朱でここにも十二月神や干支二十八宿が墨書されています。なにぶんにも完全な形で出土した遺物ではありませんので、式盤を忠実に復元することはむつかしいのですが、大体の様子は推察できるでしょう。

さて、天武天皇十五年（六八六）には朱鳥《しゅちょう》の元号が建てられましたが、これは赤色の祥瑞からきたもので、赤い雀がとれたからでした。天皇は自分を中国の漢の高祖劉邦《りゅうほう》にたとえ、高祖が漢を火徳国と称した伝えにちなんで、味方の軍の旗じるしに赤旗を用いました。天武朝で新たに始められた国史編纂でも、その年代をたてるのに陰陽五行説が利用されましたが、これは既述のとおり、聖徳太子のときに着手されながら日の目をみなかった国史のやり方に先例があったものでしょう。

また、天武天皇のときに設けられた陰陽道の官制は、奈良朝初期の養老律令に至って整備されましたが、それによりますと、太政官八省の一つである中務省に陰陽寮が置かれ、職員は長官である頭《かみ》が一人で天文・暦・気象関係を司り、頭の下に助・允《じょう》・大属・小属各一人が所属し、陰陽師は六人で卜占《ぼくせん》や相地のことに従う。陰陽博士は一人で十人の陰陽生を教える。暦博士は一人で造暦と十人の暦生の教育を担当する。天文博士は一人で天文・気象の観測に従事し、異常を発見すれば密奏（秘密に天皇に上奏）し、十人の天文生の教育に当たる。漏刻《ろうこく》博士は二人で、守辰丁を統率し、漏刻（水時計）を管理する。守辰丁は二十人いて漏刻の時をはかり、鐘鼓を打つ（四刻を一時とし、一日を十二時四十八刻とし、時には鐘、刻には鼓を打つ定めでありました）。そのほか付属の職員合せて八十九名であります。

これに対し、そのモデルになった唐の官制をみますと、暦・天文関係は秘書省の太史局、卜占関係は太常寺と称する宗廟の祭祀・儀礼を司る機関の中の太卜署に所属します。職員の人数は太史局千五十四人、太卜署八十九名で太史局中、漏刻を扱う漏刻生は三百六十人、鐘をつく典鐘二百八十人、太鼓を打つ典鼓百六十人など、実際に時刻を報知する仕事にたずさわる者が八百人もいるので、日本の守辰丁が二十人であるのと比べると雲泥の差があります。これは当時、時刻を報知する器具設備が、中国では比較にならぬほど大規模であったことを裏書きしております。

要するに全体として人員の配置の比率をみますと、中国では卜占の分野に対して天文・暦・漏刻の技術中心分野が圧倒的に重きをなしていますが、日本では卜占の分野に比重がかかり、これらを総括する機関の名称も陰陽寮となっていて、卜占を主とする呪術的活動に力が入れられていたのでした。実際、日本では科学的で技術的な分野において唐を模倣することが当時の実情からむつかしくて、そうした設備を余り必要としない卜占の分野に重きがおかれざるをえなかった、というのが正直なところでしょう。

白鳳奈良朝期の祥瑞と改元

元号の設定は陰陽寮の卜占と直接結びついたものでありますだけに、陰陽官僚の活動を端的に示すことにもなるのです。まず、日本最初の元号が大化であるとする『日本書紀』の記述にはいささか疑問があり、むしろつぎの白雉《はくち》の元号の方が最初であった可能性が強いと思われます。と言いますのも、白雉の改元については孝徳天皇六年（六五〇）二月、長門国の国司が白雉を同国の麻山《おのやま》で獲て献上した結果、中国の例にならって王者の徳化が四方に及ぶときあらわれるめでたい動物であるとして白雉と改めました。朝廷では祝典が催され、役人たちには特別の俸禄が配られ、長門国の国司には位を昇進せしめられ、長門国の調役は三年間免除されるなど『日本書紀』には詳しい記事がのせられています。これに対して、大化の元号は日本最初の劃期的なものであるのになんの説明もなく、祝賀的事象の記載もなく、いささか不審の感を抱かせられるのであります。のみならず、『愚管抄』『皇年代略記』『一代要記』『本朝皇胤紹運録』など中世にできました数種の書物には、持統朝に大化の元号があったとし、建元の理由は近江国都賀《つが》山醴泉《れいせん》涌出の祥瑞によるものと記していることをあわせ考えますと、恐らく白雉がわが元号の最初であったのではないでしょうか。

『日本書紀』持統天皇七年（六九三）十一月の条には、沙門法員・善往・真義などを遣わし、近江国益須《やす》（野洲）郡の醴泉を試みに飲ましめられたとあり、翌年には醴泉によって病気を療養するために益須寺に宿泊する者が多いので寺に水田四町・布六十端を寄進され、益須郡の今年の調役・雑徭《ぞうよう》を免ぜられ、国司以下の職員に位を一段階昇進させ、初めて醴泉を教えた葛野《かどの》羽衝《はつか》・百済土羅々女《つららめ》におのおの絁《あしぎぬ》二疋、布十端、鍬《すき》十口を賜わり、諸社に幣を奉ってこの祥瑞を告げ、神祇官の長官から祝部《はふり》に至るまで百六十四人に絁や布を賜わったとあるなど、大変な祝賀行事が繰りひろげられた様子が想像されます。『日本書紀』孝徳天皇元年の条のように、大化元号制定になんの祝賀的叙述もないのは、確かに不自然というほかはありません。本来は、天武より持統朝にかけての白雉・朱鳥・大化などわが国初の一連の元号のうち、大化・白雉の二つを大化改新の律令政治開始を権威づけるために、孝徳天皇の時代に移したのでありましょう。

益須郡都賀山は一説に滋賀県守山市三宅町にあって、のち近くに観音堂が建ち、天台宗守山寺に所属した由であります。醴泉を発見した男女が帰化人系であったらしいところから、これを祥瑞とする陰陽道・道教などの異国の信仰がこの地方の住民の一部にあったものとみることができます。醴泉涌出に基づく改元は養老の年号が有名でありまして、『続日本紀』に以下のような元正天皇の詔勅がのせられています。霊亀三年（七一七）九月、天皇が美濃国不破の行宮《あんぐう》に滞在されたおり、当耆《たぎ》（多芸）郡多度山の美泉を御覧になり、みずから手や顔を洗われると皮膚が滑らかになり、傷の個所を洗うとすべて治癒された。一般の人々もこの泉の水で白髪が黒くなり、新たに髪が生え、盲目がみえるようになり、その他様々の難病が治った。むかし後漢の光武帝のとき、醴泉が出てこれを飲んだ者は皆病が癒《い》えたということである。『符瑞書』という陰陽書に、醴泉は美泉で老を養う水の精であり、大いなる瑞である云々、と述べられています。持統・元正両天皇とも女帝であって、とくに霊水に御関心が深かったのかもしれませんが、天皇政治を謳歌する祥瑞現象としては社会的に最も有効なものであったのでありましょう。大化の化は自然界における生滅変転の陰陽道の原理を意味し、ひいては物を生じ成長させる原動力をあらわす言葉でもあり、霊水涌出がいかに当時の社会によろこばれたか想像に難くないでありましょう。

醴泉に限らず、祥瑞の現象をきめる基準はどこにあるのでしょうか。十世紀初めの朝廷の儀式行事に関する法令を集めた『延喜式』には、中国の陰陽書に基づいてその項目が列挙され、これを大瑞・上瑞・中瑞・下瑞の四等にランクづけがしてあります。例えば大瑞には慶雲・麟・鳳・神亀・神馬・白象・朱草・玉英・醴泉・玉甕など五十八項目、上瑞には白狼・赤兎・白狐・赤雀・赤烏・甘露・紫玉など三十八項目、中瑞には白烏・白雉・赤豹など三十三項目、下瑞に嘉禾・芝草・木連理《もくれんり》・神雀など十五項目が挙げられていまして、動植物の珍しい変形や理想的生物、宝石類、珍しい自然現象が含まれます。これでみますと白雉は中瑞、朱鳥は赤雀のことで上瑞に入ります。文武天皇五年（七〇一）には対馬より金を献上しましたので大宝と改め、大宝四年大極殿西楼上に慶雲があらわれたので慶雲と改元されました。『延喜式』に慶雲とは烟《けむり》の如くして烟に非ず、雲の如くして雲に非ずと要領をえない説明があります。

慶雲出現で改元した例はもう一つ、称徳天皇天平神護三年（七六七）を神護景雲と改めたのがあります。この際は詳しくその事情が述べられています。ちょうど六月十六日申《さる》の時（午後四時頃）、東南の方にあたって美しい七色の雲が立ち上り、これを天皇が親しく御覧になって、側近の臣下も確かめた。伊勢国でも、国司阿倍東人《あずまびと》が同国度会郡の等由気宮（豊受宮）の上に五色の瑞雲が蔽《おお》ったので、そのありさまを写生して献《たてまつ》った。また陰陽寮でも七月十五日、西北方に美しい雲が立ち、同月二十三日、東南方にも本が朱で、末が黄色のやや五色の色のかかった奇雲があらわれた、と報告してきた。これよりさき三河国よりも慶雲出現の報があり、朝廷では六百口の僧を招いて西宮寝殿に斎《とき》を設け、参列の僧侶は俗人のごとく仏法儀礼のはめをはずし、手を打って歓喜する騒ぎがあった云々。この記事の背後には、弓《ゆ》削《げ》道鏡の祥瑞政策があったのでありましょう。以上『続日本紀』の記録に徴しますと、この年六月から七月にかけて何度か美しい瑞雲が観察されておりまして、なんらかの異常気象の結果かもしれません。

この際の改元では、伊勢神宮の禰宜・大物忌・内人など職員は位二級をすすめ、巫以下の人々には一級をすすめ、伊勢国神郡二郡の郡司や諸国の祝部《はふり》はともに位一級を賜い、都の役人六位以下の人、左右京の男女六十歳以上の人々に位一級を賜いました。さらに孝子・順孫・義夫・孝婦・節婦・力田者には位二級を賜って表彰し、終身田租を免除しましたし、五位以上の役人にはお祝いの品が配られ、天下諸国の今年の田租は半減し、八十歳以上の老人や孤独で自活できない者には籾米を施されました。慶雲の改元で朝廷は官僚・神官・庶民に至るまで大振舞をし、思い切った租税の減免をし、大仰なお祭り騒ぎでしたが、当時財政が逼迫《ひっぱく》していた朝廷がこんなことをしましたのは社会不安をまぎらし、人心収攬《しゅうらん》をはかる必要に迫られていたからで、祥瑞を誇張して仰々しく騒ぐほど、現実はむしろ悪化していたのであります。無二の忠臣とたのまれた藤原仲麻呂が叛いて誅せられたあと、後継者のない称徳天皇は猜疑心に駆られ、いささかでも政治的野心ありと疑われた人々は容赦なく処刑され、ここに一種の恐怖政治の時代に入ったのでありました。不破内親王（称徳天皇の妹）の追放、県犬養《あがたいぬかいの》姉女《あねめ》姫、和気王の流罪などはそのあらわれですが、背後に道鏡の策謀があったのでしょう。

いま少し奈良朝の初めから祥瑞の記録を挙げてみますと、和銅（七〇八）は武蔵国から銅が産出して献上されたため、霊亀（七一五）は左京の住民が左目は白く右目は赤く頸に日月星の三公を、背に北斗七星をあらわし、前脚に易の離の卦、後脚にも一つの爻《こう》（卦を組立てる⚊⚋をさす）があり、腹に赤白の点と八つの文字をつけた不思議な亀を献上したので改元されました。養老（七一七）は前述のように美濃国多度山から美泉が涌出したため、神亀（七二四）は左京の住民が白い亀を献ったため、天平は左京の住民より背中に「天干貴平知百年」の文字のある亀を献ったことから改元されましたが、亀の祥瑞はこのほかにも多数の報告が『続日本紀』にのせられています。珍しく戦国時代には文亀（一五〇一）・元亀（一五七〇）の二つの元号がありますが、これは祥瑞によるものではありませんでした。また天平宝字（七五七）の元号は、皇居寝殿の天井裏より天下太平の文字が出た、いわゆる文字の瑞によるものでありまして、この辺になると根拠は甚だ怪しくなるのであります。実際、奈良朝には恩賞目当ての祥瑞偽造が横行し、宝亀三年（七七二）七月二十二日、上総国より前脚二つとも牛に似た珍獣が祥瑞として献上されましたが、実は人が脚に細工したことが露見して、国司以下関係の役人は罷免されました。しかし亀の祥瑞のごときも造作の疑いが濃いものでありまして、これを祥瑞として採用するかしないかは裏工作に左右されるものであったでしょう。そこに政治的陰謀の入り込む可能性は充分あったわけです。

奈良朝の元号で目立つのは天平感宝（七四九年四月）、天平勝宝（七四九年七月）、天平宝字（七五七）、天平神護（七六五）、神護景雲（七六七）の五つの年号で、四文字から成り、日本歴史上他の時代にその例をみません。実は四文字の年号は光明皇后の発意に出たのでありました。皇后は藤原不比等の娘ですが、甥の藤原仲麻呂とはかって聖武天王崩後の政権を掌握し、皇后宮職を拡張して紫微中台《しびちゅうだい》と称する強大な機関とし、その長官である紫微内相に仲麻呂を就任させ、これに兵馬の大権を与えたので、太政官の機能は一時骨抜きにされてしまいました。皇后は、前章にもふれました唐の天下を一時奪って周の王朝を立て、みずから聖神皇帝と称した中国の女傑、則天武后《そくてんぶこう》を手本とされ、みずからは帝位につかなかったものの、政権を握って孝謙女帝をロボットにしました。武后が天冊万歳・万歳登封・万歳通天など四文字の元号をたてたのは、すべては天命が武后に下ったことを天下に宣布するものであったのです。その上、武后は一年に二度も年号をたてること五回に及びました。嗣聖元年（六八四）に文明・光宅と二度、光宅二年（六八五）に垂拱、垂拱五年（六八九）に永昌、永昌二年（六九〇）に載初・天授と二度、天授三年（六九二）に如意・長寿と二度、延載二年（六九五）に証聖・天冊万歳と二度、天冊万歳二年（六九六）に万歳登封・万歳通天と二度、改元したのがそれであります。光明皇后はこれをまねて天平二十一年（七四九）四月十四日、天平感宝元年とし、七月二日さらに天平勝宝元年と改められました。この間、聖武天皇は重病のために正月の朝賀は廃せられましたし、東大寺大仏礼拝に行幸されたというのも、ほんの形式的なものではなかったかと思われますので、政治は全く皇后が代行された観がありました。

平安初期における災異思想の横行

平安朝に入りますと、その初め頃、平城《へいぜい》・嵯峨・淳和《じゅんな》の三朝には儒教的な合理主義が喜ばれました。ことに嵯峨天皇は大唐文化を手本として内裏の殿閣諸門に唐風の佳名をつけた額を挙げ、宮城の正殿には北極星座中、天子の居位とされる紫微星の名をとって紫宸殿と名づけました。また左京を洛陽城、右京を長安城と称し、各条坊にも唐名をつけて、行事や服装に至るまで大陸風に改められる一方、陰陽道的呪術思想は極力排撃されたので、祥瑞・災異の上奏も少なく、予兆思想は低調になりました。しかし仁明天皇が即位し、北家藤原氏が外戚となる頃より物怪や霊の祟りが強調され始め、陰陽道的卜占が次第に注目されてまいりました。

人臣として初めて摂政の地位についた藤原良房は、つぎの文徳天皇に対しても外戚として権を振るい、以後、清和・陽成と引続き母后を藤原氏より出しましたが、陰陽道的卜占や予兆思想は、天皇をロボット化し、政敵を抑え、権力を握るのに好都合でありました。仁明天皇以来、北家藤原氏は親戚関係にある天皇の徳を謳歌する一方、不測の事態に備えてその健康に神経を遣い、いささかの物怪・不吉も見逃すことなく、祓や禁忌その他の呪法を頻繁に行って、天皇の形式的権威づけとその安全をはかったのであります。こうして祥瑞・災異ともに正史に記録されることが急増してまいりますが、災異の方が祥瑞をしのぐ形勢となってきますのは、上記のとおり藤原氏が専制化の方向を推しすすめる上での一つの防衛策のあらわれとも解されましょう。

つぎに文徳朝の祥瑞・災異両方の例を挙げてみますと、祥瑞では嘉祥三年（八五〇）備前国より白亀、石見国《いわみ》より甘露が献上され、斉衡元年（八五四）石見国から醴泉が出で、天安元年（八五七）常陸国より木連理（別々の木でありながら枝が接触、癒着する特殊現象）、美作国《みまさか》より白鹿が献上され、これらによって天皇在位わずか八年で三度も改元しておりますが、これは虚弱な天皇の体質を気づかった呪的政策ともみられましょう。これに対して災異の方は嘉祥三年、魚虎鳥《かわせみ》が東宮の樹の間を飛びまわった。雷が鳴った。仁寿元年（八五一）、鷺《さぎ》に似た名前のわからぬ鳥が御殿の前の梅の木に集まった。冬であるのに暖かくなった。南殿の前に死蛇が見つかった。斉衡三年（八五六）三月（旧暦）に雹《ひょう》が降った。禁中の御池の水が黒色に変じた。太政官庁前に虹が立った。禁中の庭の版位《へんい》（公家が儀式のとき列ぶ位置を示す標木）の下に鷺が集まった。藻壁門が自然に崩れた等々、実に取るにたらぬ出来事であって、それでもこれらの記事は災異であるからあえてのせたのだと断っています。これも、天皇の一身を案じての神経質な気の配りようを示すものであります。

つぎの清和天皇は良房の強引な策謀により、九歳で即位され、唐の太宗の年号にあやかって貞観《じょうがん》と改元され、十八年間の在位はこの元号で押し通されましたが、祥瑞はほとんど姿を消し、災異が圧倒的な時代を迎えました。鷺が朔平門上や紫宸殿前庭、神泉苑などに集まり、烏が漏刻の点数を書いた籌木《ちゅうぼく》を引きぬき、狐が太政官庁・紫宸殿・主殿寮《とのも》に出現して鳴いたり、屎《くそ》をしたり、死んだりする。また、外記候庁前に旋風が起って無数の虫が飛散し、毎夜数万の鼠の脚跡が京中で発見されるなど、動物に関する現象のほか、太政官庁前に鬼の足跡が見つかり、紫宸殿の前に虹が立ち、陰陽寮、長楽門をはじめ筑前・肥後・壱岐・石見・美作・若狭・但馬・佐渡・遠江の諸国で兵庫・倉庫が鳴動する、いわゆる鼓妖《こよう》の怪が続々報告され、多分に時勢に便乗した怪異の造作の疑いが看取されるのであります。こうした社会不安をことさらかき立てるような風潮は、天災地変が多かった自然条件にも原因があったのでありましょう。

『三代実録』をみますと、清和朝だけで地震の記事は百七十八回に上っていますし、富士山・阿蘇山・鶴見岳・鳥海山・開聞岳など火山の噴火または鳴動が相つぎ、大火は約三十回、大旱魃は十一回を数え、天文では流星十数回、その他惑星の異変続出の有様でした。いわば災異充満の世相を反映して、陰陽師たちは天行の災異なるものを強調し始めました。天行とは天の運行を指し、周期的に起る現象を意味したもので、卜占による臨時の災異ではなく、あらかじめきめられた理論的なものであります。貞観十五年（八七三）、陰陽寮がとなえた三《さん》合《ごう》の厄歳《やくさい》はその一つです。同十七年にも、明年同様の厄歳だと宣言しています。

その先例は奈良朝、淳仁天皇の天平宝字二年（七五八）八月、『九宮経』という中国の陰陽書に基づいて三合の歳は水旱・疫疾の災厄が起るからとて般若波羅蜜多を天下の人々がすべて念誦するよう詔勅を出されたのがそれであります。三合とは大歳《たいさい》・客気《かっき》・太陰《たいいん》の三神が合うとの意ですが、それがなぜ災異とすべきなのか、今日では不明になっています。貞観十八年四月には、天皇権威の象徴とも申すべき大極殿及びその付属の建築物が炎上し、数日間燃え続ける大災厄が発生しておりまして、その前年に上奏せられた三合の厄歳説は適中する形となって、いよいよ天行の災異説は信頼度を高めました。天皇が公式に方違《かたたが》えを行われたのも前例のないことでした。光孝天皇のときには夜更け、紫宸殿の前に背丈の高い鬼らしきものを時刻を知らせる役人が見つけて失神し、その後、この怪物が首を絞められるような声を出したのを聞いた者があり、世にこれを鬼絞と呼び、世人恐怖の的でした。また同じ頃、深更に武徳殿の東側の松原で通行中の女性を、容色端麗の男子に化けた鬼が取って食う事件がありました。『三代実録』は仁和三年（八八七）八月の条に、この月、この種の怪談が三十六種も人の口に上ったと記していまして、これはとりもなおさず治安の悪化、世相の頽廃を裏書きするものであります。

光孝天皇は、平安朝に入って以来天皇のために行われてきた、御体御卜《みまみうら》の儀と称する夏冬二回の定期的な御卜占が一時途絶えたのを復活されましたが、これは中臣氏と宮主《みやじ》・卜部《うらべ》が奉仕するもので、陰陽道的亀卜《きぼく》が行われたのであります。また、つぎの宇多天皇が、恒例的なものとされました正月元旦の四方拝の儀は、天皇が清涼殿東庭で自分の本命である属星と、天地四方ならびに御陵を拝せられるもので、四方を拝せられるのは陰陽道の四神にほかなりません。その際、道家・陰陽道の呪文が唱えられ、終りに「急急如律令《きゅうきゅうじょりつりょう》」の言葉がつけ加えられます。これはもと漢代で、律令に明示された事柄を指示する際、「律令の如くせよ（如律令）」と書き、あるいはその上に「毋レ忽」（ゆるがせにするなかれ）と厳命の意味の言葉が重なり、それがいっそうきびしく「急急」という表現に変ったものでしょう。後世、修験道の行者がつくった呪文には、「急急如律令」の句はきまり文句としてつけ加えられる慣例ができました。

宇多天皇は御譲位後、仏門に入られ、とくに真言密教の奥義を究められました。大学博士善淵愛成《よしぶちのちかなり》を師として『周易』を学ばれ、約二年かかってその業を終られました。これほど『周易』を勉強された天皇は他に例がなく、今日、京都御所東山御文庫に収められている宸筆の『周易抄』は『周易』の経注より必要な字句を摘出メモされた極めて珍しいものであります。

以上述べてまいりました時勢から、元号においても最早、祥瑞改元のムードは去ったことがおわかりかと思います。すなわち貞観十九年（八七七）但馬国から白雉、備後国から白鹿、尾張国から木連理が得られたのを祝って元慶《げんぎょう》元年と改元されたのを最後に、祥瑞改元はあとを絶ちました。これは陽成天皇即位の翌年四月のことでありました。以後、光孝・宇多両朝とも改元はありましたが、祥瑞・災異いずれの理由とも示されておりません。たんに天皇治世の初めという意味でありましょう。

災異改元の流行

醍醐天皇も代替りで昌泰と改元されましたが、昌泰《しょうたい》四年（九〇一）七月十五日に至って災異を理由に延喜元年と改められ、災異改元の先例をつくられました。この年正月二十五日、菅原道真は藤原時平一派の策謀にかかり、大宰権帥に任ぜられてにわかに九州へ追放されました。その理由は、道真がその女婿斉世《ときよ》親王の擁立、醍醐天皇の廃位をはかったとされる、いわゆる逆臣のクーデター計画なるものがあたかも革命が起ると陰陽道の讖緯《しんい》説でとなえられてきた辛酉の歳に一致すると考えられたのによるのであります。上記の天行の災でありまして、これをとなえたのが文章《もんじょう》博士三善清行《みよしきよゆき》でした。易に造詣深い清行は、この前年に道真に書簡を送り、明年は辛酉で変革の歳に当たり、二月頃には政変がありましょう。あなたの栄達は奈良朝に右大臣となった吉備真備《きびのまきび》以外、学者では例がありません。この辺でもう身を退かれるのが、あなたのためでしょうとすすめました。同時に清行は預論革命議を朝廷に提出し、明年二月は帝王革命の期、君臣剋賊の運に当たるので、天皇は充分警戒されるよう進言しました。たぶん彼は時平の策謀を予知していましたので、道真に下野をすすめて追い詰め、他方では天皇に道真追放をほのめかし、政界の注目を集めようとしたのでありましょう。

道真が彼の予言どおり追放されますと、つぎには革命勘文を上奏しました。それによると、中国の陰陽書に基づいて辛酉は革命、甲子は革令、戊午は革運の歳となっているが、とくに辛酉は神武天皇即位の年であって、それから一蔀《ぽ》という大変動の周期をへた年には、斉明天皇が百済救援に九州へ赴いてその地で崩じ、天智天皇と代った災厄の歳となった。それから二百四十年を経た昌泰四年は、四六の変といってこれまた大変革にあたるとし、いっぽうでは藤原仲麻呂が滅ぼされて天平宝字九年が天平神護元年と改められた歳でもあり、また前年の昌泰三年は彗星・老人星が出現したと、要するに昌泰四年の辛酉歳が大災厄の歳であることを極力誇張して朝廷に改元を迫ったのであります。しかし、実際は斉明天皇の崩御や藤原仲麻呂の誅滅は清行の牽強付会であって、べつだん辛酉と直接関係はなかったのです。所詮、災異改元によって清行は陰陽道界の主導権を握り、出世の足がかりにする野心があったところから出たものでありましょう。

朝廷ではその意見をいれて七月十五日、延喜と改元されました。その結果、学者知識人は些細な不祥事でも誇大に宣伝して改元のイニシアチーブをとり、手柄にしようとする風潮を招きました。清行は甲子革令についても、聖徳太子が憲法を発布された歳として世上の注意を喚起しましたから、村上天皇の応和四年（九六四）には、菅原文時らの主唱でついに康保《こうほう》と改元されました。辛酉から甲子までは三年しか間がありませんので、辛酉に改元した年号は四年しか続かない勘定です。延喜は二十三年続き、洪水や疾病流行の理由で延長と改まりましたが、これは皇太子保明親王の急死が道真の怨霊の祟りだとする風説に天皇がショックを受けられたのがきっかけのようで、表面上の理由である洪水・疾病はさきにも述べた三合の厄を意識したものであったのです。やがて村上天皇の天暦《てんりゃく》十一年（九五七）には、はっきりと三合の厄の名目で天徳元年と改められました。些細な出来事を災異として問題にするのが九世紀以来、日常茶飯事化したことはすでに述べたとおりで、やがてそれが改元の理由とされるようになってゆきます。

天禄四年（九七三）、天延と改められたときは、太政官庁の前に数百の犬の足跡が見つかり、版位が抜け落ちたので、占いの結果、丑未の方位が凶で卯酉の歳の人は病に冒される恐れがあると占われ、方々で地震も頻繁であったことが理由でした。永観三年（九八五）には水鳥が宜秋門（内裏西方の門）の陣の前、桜の木に集まり、これが盗兵・火事・疾病の予兆と占われたので寛和《かんな》と改められました。改元の乱発で円融朝は十六年間の在位に五回改元し、一条朝は二十五年の在位で六回も改元されています。こうして天禄元年（九七〇）より延久二年（一〇七〇）までの二十五の年号のうち、八、九年続いたのは寛弘・長元・永承・康平の四つで、そのほかは大かた三年から六年ぐらいの寿命に終ってしまいました。

院政ならびに幕政下の改元

やがて白河上皇に始まる院政時代には上皇の意向で改元が左右され、堀河朝は在位二十二年間に改元七回に及び、一人の天皇で改元度数の最高記録をつくりました（鎌倉時代には、四条天皇在位十年で七回というこれに劣らぬ記録が出ました）。いま白河・鳥羽・後白河・後鳥羽四代の院政について、各院政期に改元された度数をみますと、白河一四、鳥羽一〇、後白河一五、後鳥羽八となり、各院政の年数、白河四四年、鳥羽二八年、後白河三五年、後鳥羽二四年をそれぞれ改元の度数で割ってみますと、白河・鳥羽・後鳥羽の三代はほぼ平均して三年に一度改元されていることとなり、後白河は二・三年で平均二年に近い頻度の改元であることがわかります。これらの改元がすべて上皇の意思のみであるとは申しませんが、これに強く左右されていたことは疑うべくもありません。後白河の改元癖はとくに甚だしく、理由なしに改元しようとして関白藤原基房に諫められたこともありましたが、それでも一年しか続かない年号を平治・永暦・永万・養和・元暦と五つもつくり出したのでした。

元号乱発の四条朝で即位のはじめに改元された天福の元号は評判が悪く、歌人藤原定家はこれは中国では後晋（十世紀初）の高祖の年号であるが、つぎの代でこの王朝は滅びた。福の字の用い始めは唐の昭宗の景福で、このとき節度使朱全忠は諸州を陥れ、都を洛陽に遷して宮廷を侵略した。だから縁起のよい字ではない。漢代以来、魏・呉・蜀・南北朝と千年以上も中国では福字は複（並列）の意味があるとして避けられた云々、と非難しました。同じ四条朝の暦仁についても音が略人に通じ、略人とは人をおびやかし奪いとる意味があり、そのためこの頃死ぬ人が多いと非難され、わずか二カ月余で延応と改元されています。

室町幕府ができますと、将軍は改元に嘴《くちばし》をいれ、永和五年（一三七九）、康暦《こうりゃく》と改元した際には初代将軍尊氏が延文三年（一三五八）、二代将軍義詮《よしあきら》が貞治六年（一三六七）に死んだので、これらの年号の文字は使用するなと朝廷に申し入れています。三代将軍義満は明徳五年（一三九四）応永と改元された際、洪の字を用いるよう強く主張していますが、これは当時中国の明の年号が太祖の洪武で、義満は太祖を崇拝していましたところから、これにあやかろうとしたのでありましたが、外国の年号に追随するのは国の恥との意見が出て、とうとう実現しませんでした。日本の元号では洪の字はついに使用されずに終りました。義満のあとをうけました四代将軍義持は、父と折り合わなかった事情から改元にも冷淡な態度をとり、天皇が後小松から称光に代っても改元に賛成せず、応永はついに三十四年の長い記録を示しました（明治以前では最長）。三十五年目になって義持が死に義教《よしのり》が将軍となりますと、代始めということで正長と改元されましたが、天皇は代っても改元せず、将軍が代ると改元するという異例の事態があらわれました。ただしこの年、称光天皇もなくなりましたので、正長は一年で翌年永享《えいきょう》となったのであります。

江戸時代に入りますと、改元に幕府が干渉し、後光明天皇即位で正保と改められました際は、三代将軍徳川家光の御前で裁断が行われ、その後も朝廷で出された案を幕府に廻し、老中等の評議や大学頭林家の人々の意見なども参酌して、将軍が裁定を下したとのことであります。とくに六代将軍家宣は中御門《なかみかど》天皇のところで選出された寛和の年号をしりぞけ、正徳の年号にして、天皇の御憤懣を買ったのでありました。このような次第で、家光が将軍職にあった元和九年（一六二三）から慶安四年（一六五一）までの間、後水尾《ごみずのお》天皇から明正天皇へ、明正天皇から後光明天皇へ譲位されたときも代替りの改元はなく、寛文三年（一六六三）霊元天皇の即位にあたって改元されようとしましたが、将軍家綱が許さなかったといわれています。要するに改元の実権は事実上徳川氏が握っていたのでした。

元号に選ばれた文字

改元の実情についての話はこれぐらいにいたしまして、最後に元号に選ばれた文字についていま少し補足したいと思います。孝徳天皇の大化に始まり、現在に至るまでの日本の元号二四七の頭に用いられた漢字を、頻度の高いものから順に使用度数を挙げてみますと、大体つぎのようであります。

永二七、元二七、天二七、正一九、長一九、和一八、治一八、文一八、応一七、安一六、暦一六、延一五、徳一五、寛一四、保一四、承一四、仁一三、嘉一二、建九、慶九、貞八、明七、大六、久六、禄六であります。これでみますと永・元・天の三字は飛び離れて使用が多く、中国でも同様で、これは当然日本が彼の国の元号をまねた結果です。つぎに多いものとしての正・長・和・治・文・応のうち、和は中国でも非常に頻繁に使われていますが、そのほかは用例が少なく、日本の元号のつけ方の特色を示しています。長は永にも通ずるわけなのに中国では五例、治は泰平を意味して嘉字と思われるのに三例しかないのは意外です。さらに安・暦・延・徳についても中国の使用例はあるが少ない方、寛・保・承・仁に至っては保と仁がごく稀に中国では使われるものの、寛と承は全く使用されておりません。嘉・建・慶については建が中国では永・元についで多く、嘉・慶はやや多い程度、貞以下は中国でも用例は少ないが、大はわりあい多く出ます。とくに寛と承が全く中国では用いられず、仁が一度しか例がないのは意外ですが、中国では寛や仁は天子の個人的な徳として被治者からは望まれるものであっても、強力な支配者としての表現には弱く、避けられたのでしょう。承は本来、天子の命を承る意味であるから適当でなかったのが、日本では人民に対して承れとの意味に代えて考えられたのではないでしょうか。

またわが国では主として鎌倉期につけられた建の字は九例に止まりますが、中国ではその四倍以上もあり、元来、建は『尚書大全』や『老子』にみえる字ですが、中国では王朝の交代が繁く、新しい王朝を創《はじ》めた君主が好んでとりあげた文字であったのでしょう。大はわが国では六例しかないものが中国では四倍もあり、これに似た太の字を用いたものは七倍以上にも達し、大は太に通じ、天地創造の元気である太一、天帝をさす意味の太一などから来た太、大でありましょう。また泰にも通ずるところから泰を使った年号も多いのですが、日本では太や泰は嫌われたのか、全く使用されませんでした。永に関係のある文字としての長・延・久が中国では少ないのも注目されます。延は天子の徳政がゆきわたる意味をもちますが、日本では天子の寿命の長久の意味も含まれていたのでしょう。長や久は天子の治世がいつまでも続くことを願う意味がこめられていますが、中国ではそれも永の字の使用の方に魅力があったらしく思われます。

そもそも改元を行うためには、まず年号勘文（適当な年号を考え出して提案する文）を提出させる人物―儒学者の任命が行われますので、数名が藤原・大江・菅原等の儒家出身者から銓《せん》衡《こう》されます。選ばれた人は、中国の元号を参考にしながらこれとなるべく重複しない文字を探し出します。その典拠となる書物はすべて中国の古典であって、『論語』『孝経』『礼記』『毛詩』『尚書』『左伝』『周易』『易緯』『五行大義』『孝経援神契』『春秋元命苞』をはじめ『史記』『漢書』『晋書』『宋書』『斉書』『魏志』など四書五経や歴史書、それらの註釈書など数十種が利用されます。とくにこの中でも『周易』やその関係書『孝経援神契』や、『春秋元命苞』『易緯』など陰陽道の予言書が重んぜられています。各儒家の勘文が出揃った上で、候補に上った年号について互いに他人の推薦する年号の吉凶を論じ合うわけで、これを難陳《なんちん》といいます。縁起のよいことが重要な条件になりますので、そのためには吉凶を説く陰陽道関係の書が重んぜられるのは当然でありましょう。

このようにして、陰陽道と儒教の習合による王道政治・徳治主義と革命思想からなる中国の政治理念は、明治まで長い間わが国天皇制を支えるものとなったことがわかります。しかし、上述のようにすべてが中国の模倣であったわけでなく、中国で全く、あるいは稀にしか使用しない文字を盛んにとりいれている場合もあり、陰陽道・儒教・道教等の中国書に準拠しながらも、日本人独得の政治観・道徳観・世界観に立って選定が行われたのであります。したがって元号は、わが国各時代の世相や政局の動向を察する恰好の指標であるともいうことができるでありましょう。

なお祥瑞思想は、わが国では神仙思想として庶民の間に普及してゆきますが、つぎの章で述べることにしましょう。

第三章　神仙と冥府

中国の二大思想・信仰

道教と陰陽道は中国の漢民族が生み出した思想・信仰の双璧と申せましょうが、互いに別個の原理に立つものでなく、黄河の流域を中心とした太古の専制君主国家の社会に発生し、ともに個人や天下の安穏幸福のために、あらゆる技術・手段をもってこれを可能ならしめようとするものであり、長い年月の間に思想・信仰と技術・理論の両面で格段の進歩をとげ、複雑な体系をつくり上げるに至りました。もっとも両者を比べてみますと、陰陽道の方が森羅万象の中で根源的原理的なものを深く追究し、緻密な理論を導き出し、国家社会の動きを理解する上に各種の呪術や卜占《ぼくせん》を考案し、ひいてはこれを個人についても利用したのに対し、道教は人生の理想や願望に基づいて個人の生活や環境をこれに近づけるために、あらゆる自然の事物や呪術を駆使しました。したがって、思想的背景としては陰陽道の方が大規模で哲理的なものをより多く含んでおり、一段と高度で歴史も古いものがありました。むしろ道教は陰陽道的思考によりどころを求めつつ、のちには仏教の形式をもとり入れて、実践的な信条として利用しようとする性格を有し、それだけ無智な民衆を引き入れて教団的活動へと発展する結果をも生み出しました。陰陽道はこれだけで教団的な宗教活動が起ったことはない代りに、政治・経済・文化や日常生活など広範囲に慣習的常識的なものとして浸透してゆきました。

これがわが国に伝わりましたのも、むろん道教・陰陽道が互いにからみ合った形においてであり、その上、伝えた人々には知識階級である僧侶が多かったので、仏教との関連も度外視しては考えられません。いいかえますと、わが国では道教は陰陽道と切り離しては考えられず、陰陽道は仏教と無関係に発展しえず、しかもそれらはわが伝統的な原始呪術信仰の基盤の上に展開したのでした。以上の主旨をご承知いただきながら、つぎに具体的な説明に入ってゆきましょう。

泰山と蓬萊山

道教を最もよく特色づけているものは神仙思想であります。神仙は神僊とも書き、不老長寿の術を心得た変化自在の超能力的人間のことで、その住むところは永遠不滅の桃源境ともいうべき神仙郷（境）であります。この理想郷は『列子』によりますと、渤海《ぼっかい》の東、幾億万里の彼方に位置し、岱輿《たいよ》・員嶠《いんきょう》・方壺《ほうこ》・瀛洲《えいしゅう》・蓬萊《ほうらい》の五山があり、たくさんの仙人が棲むとしています。また『史記』『漢書郊祀志』『後漢書東夷伝』では渤海の中に蓬萊・方丈・瀛洲の三神山があり、蓬萊は中央に位置し、仙人が居り、不死の薬を産し、禽獣はすべて白色、黄金や銀で造られた宮殿があり、遠く眺めると雲のごとくであると述べています。これによりますと、神仙思想は紀元前二〇〇年ないし三〇〇年頃の戦国時代に発達したもので、その中心は泰山《たいざん》の信仰にあったと思われます。

泰山は山東省にある一五二四メートルの大して高くもない山ですが、華北平野の中では他にめぼしい山がなく、遠くから望まれるので名を知られていました。そもそも

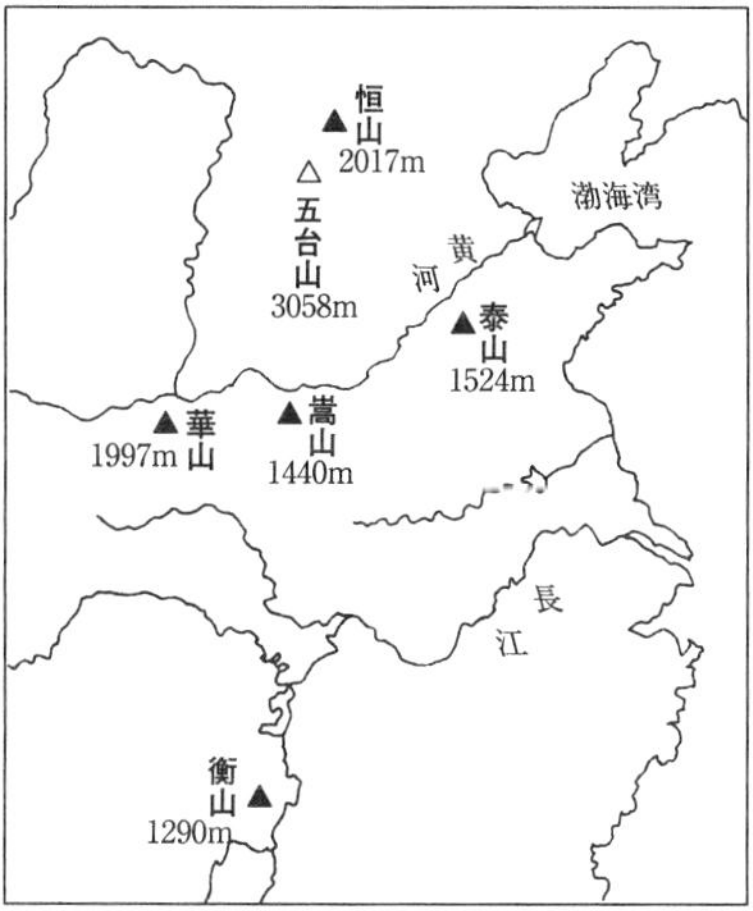

●図 4 ——中国五山地図

古代の中国では、宗教的に尊ばれた名山が五つありまして、これを五嶽《ごがく》と称し、東嶽泰山（山東省）、西嶽華山（陝西《せんせい》省）、南嶽衡山（湖南省）、北嶽恒山（山西省）、中嶽嵩《すう》山（河南省）の五山を含みますが、これは周末（紀元前五〇〇―六〇〇）に起った陰陽道の五行説を地理的に解釈したもので、その地理的配置は東周の都洛邑《らくゆう》（河南省）を中心の軸にしていると考えられます（図4）。この五山の中でも、泰山が最も重んぜられたのは東は日の出る方、五行で木、四時で春、陰陽の気始めて動き、万物始めて生ずるところとされたからであります。戦国時代、泰山のあるところは山東半島から黄河の下流にかけての一帯を含めて斉《せい》という国があり、この国には多数の巫祝《ふしゅく》（シャーマン）・方術士が出て神仙思想を説きました。そして泰山を神聖化するとともに、渤海湾の海中にも理想的仙郷のあることを教え、やがてこれらの思想が秦《しん》の大帝国をつくった始皇帝にとり入れられました。

　彼は紀元前二一九年、即位三年に東の方を巡幸して泰山に登り、山頂で天の神をまつり、麓では大地の神をまつりました。すなわち第一章で申しました封禅《ほうぜん》の儀でありまして、以後中国の帝王が権威を示すための儀礼となりました。始皇帝がこれを行った目的は延命長寿を祈ることにあり、泰山は不老不死の神仙の世界を支配する神のおるところと考えられたからでありました。泰とは天地相交わって万物が生々発展する根本的な力を意味し、そこに神の存在を想像したのです。渤海湾中に仙郷が想像された理由については、この湾でよく蜃気楼《しんきろう》が出現したためと考えられています。この考えについては反対の意見もないではなく、また神仙思想の発生は必ずしも渤海湾沿岸の地方に限られないわけですが、渤海湾に面し、泰山の雄峯を仰ぐ斉の地方が夙《はや》くよりこの思想の中心的位置を占めたことは疑えないでありましょう。渤海中に三つあるいは五つの神山があるとされたのも、陰陽五行思想に関係があるようですが、代表的な蓬莱山の蓬は「よもぎ」で、桑の弓と「よもぎ」の葉を羽にした矢を用いて鬼を祓《はら》い鎮めることは中国の古い呪法で、わが国にも伝わりました。陰陽道ではこれを蓬星と称し、天下太平、五穀豊穣の象徴とするが、蓬には乱れるの意味もあり吉凶両面で注目されている。

その後、二世紀の後半、後漢末には新しい伝説が加わりました。それは泰山の上に金の箱に入った玉冊、つまり短冊《たんざく》形の細長い版が多数あって、それには数字が刻まれている。人はおみくじ同様、その一片を引くと自分の寿命がわかるので、漢の武帝もその片を引いてみたが、十八と出たのでこれを逆にして八十と読み代えたところ、果して長寿をえたというのであります。武帝は泰山で封禅の儀を行った際、土壇の下に長寿を祈る文を篋《はこ》に入れて封じ込めたと伝えられますので、それからこのような俗説が生じたのでありましょう。とにかく泰山には、現世の人間の寿命を教える神がいると信ぜられたわけです。

三世紀後半、晋の時代に入りますと、この山の神は天帝の孫であって人の魂魄を召すことを司るとの信仰が加わり、泰山は生命発祥のところでもあると同時に、死者の赴く山、死霊のこもる山とみられました。そして、人の魂魄を召す神は泰山府君《たいざんふくん》と呼ばれて冥府の君主にまつり上げられ、山中に死後の世界の存在が想像され、やがて仏教の六道思想とも結びつくに至ったのです。府君は漢代には地方長官、太守の別称でありましたから、泰山府君と名づけられたはじめの頃は地方の偉いお役人といった感じで、すこぶる人間的な親しみをもたれたものであったのでしょう。この泰山府君の信仰がわが平安朝の公家社会に拡がり、仏教の浄土信仰と結びついていった次第は、改めて後章で述べることにいたしましょう。

西嶽真人と西王母

さてこの泰山府君に対し、西方の西嶽華山には西嶽真人《せいがくしんじん》と名づける神が棲むと考えられ、わが平安朝には西嶽真人祭が陰陽師によって盛んに営まれ、その護符は家屋の災厄を防ぐ呪力があるものとして流布しました。この神は泰山府君と同じく大地の神ではありますが、人間の生命よりも住居を護り、大地の悪霊を鎮める呪能をもつと信ぜられ、中国よりも日本の方が盛んにまつられました。

中国では同じ西嶽で最も人気を博したものに西王母《せいおうぼ》があります。これは女性の仙人の領袖《りょうしゅう》ともみられるもので、東嶽泰山にいる東王父《とうおうふ》、男の仙人の領袖に対しておりますが、西王母の信仰の方が圧倒的に盛んであります。西王母は玉山または崑崙《こんろん》山に住み、はじめは怪獣のイメージから次第に絶世の美人と変り、そこには三千年に一度花咲き実がなる桃の木が生え、漢の武帝は長寿延命を願って西王母からこの桃を貰ったと伝えられます。このようにして東王父・西王母は神格化され、陰陽道の神々の仲間入りをしてくるのであります。

思いますに華北の大動脈黄河は、その源をはるか西方崑崙山に発し、末は泰山の麓をかすめて渤海湾に注ぐ東西一つの神仙郷をつなぐもので、中国古代の大帝国をはぐくんだのみならず、山岳に対する神秘思想、ユートピア思想である神仙思想を生み出す源泉となったのでありましょう。いいかえますと、黄河流域は太古において易や神仙を説く陰陽道的シャーマン（巫祝・方術士）が最も活躍した中枢地帯にほかならず、やがてこの地帯が唐の時代に入ると、わが留学僧が仏教の奥義を求めて往来する求法ルートへと変貌していったのであります。

この東王父・西王母は陰陽道の神として、奈良時代から六月・十二月晦日《みそか》二度の大祓にはまつられることになりました。陰陽道の祓は、神祇信仰のそれとまぎらわしいところがあり、奈良朝より平安朝にかけて神官の儀礼作法を陰陽師が行うことが多く、神祇の祭りに陰陽道的要素の混入が進んでまいりますが、年二度の大祓はその一例であります。

『延喜式』によりますと、文武天皇の慶雲三年（七〇六）、天下に疫病が流行し、百姓が多く死んだので、初めて土牛を立てて大祓をしたと記しています。中国では四方の門に土牛を立て、邪気を祓ったといわれ、立春の農作業始めに牛を立てたのに淵源するとのことであります。嵯峨天皇の頃からは大寒の日の夜半に、土牛・童子の像を宮廷の諸門に立てるふうが生じました。土牛のほか追儺《ついな》では金装《こがねづくり》横刀《のたち》二口、金銀の人像各二枚、烏装《くろづくり》横刀六口が用意され、東西文部《ふびとべ》が祓刀を奉り、祓詞を読みます。その祓詞に、

謹んで請う、皇天上帝、三極大君、日月星辰、八方諸神、司命司籍、左に東王父、右に西王母、五方五帝、四時四気、捧ぐるに銀人を以てし、禍災を除かんと請う、捧ぐるに金刀を以てし、帝祚を延さんと請う、呪に曰く、東は扶桑に至り、西は虞淵に至り、南は炎光に至り、北は弱水に至る、千城百国、精治万歳、万歳万歳

とありまして、陰陽道・道教の神々を迎え、銀人・金刀を献じて攘災と長寿延命を祈りました。穢《けがれ》を負う人形はそれ自体、穢を消し去る福神的呪力をそなえていましたので、金銀は降

魔の色をあらわします。刀の金装と烏装は陰陽を象徴し、同じく除災の呪力が考えられたのでしょう。ここでは東西文部は陰陽師としての役を演じたのでした。まず中臣氏が御祓麻《ぬさ》を奉ったあと、これら文部が祓刀を奉り、祓詞の呪言をとなえ、ついで中臣氏が大祓の祝詞を読み、卜部《うらべ》氏が解除をしましたので、この呪言は穢を除くだけでなく、祥瑞《しょうずい》をことほぐ道教的陰陽道的主旨に出たものであります。

冥府冥官の信仰

一方、泰山府君の方は仏教の焔魔《えんま》天に結びつけられて、閻魔《えんま》（閻羅王）の配下に入り、冥府十王の一人にまつり上げられました。冥府十王の信仰を説く経典を『仏説閻羅王授記四衆逆修生七往生浄土経』略して『仏説預修十王生七経』と称し、撰述者を成都府大聖慈寺沙門蔵川と記しておりまして、印度伝来でなく、唐の時代、中国でつくられた偽経であります。これが日本に伝えられますと、平安朝末には日本人の信仰にマッチした『仏説地蔵菩薩発心因縁十王経』と名づけた偽経が日本人の手でつくられ、ますます冥府の信仰が民衆化してゆきます。

まず中国の経典によりますと、一切の衆生は死後冥府の十王の裁断をうけ、様々の罪苦を負わなければならないが、できる限りその苦しみを遁《のが》れるためには、生前に斎供礼拝を預修すべきことを教え、そのために供養・礼拝の対象となる冥府の十王と裁断をうける時期が示されております。すなわち一七日は秦広王《しんこう》、二七日は初江王《しょこう》、三七日は宋帝王《そうてい》、四七日は五官王、五七日は閻魔王、六七日は過変成王《かへんじょう》、七七日は太山王《たいざん》、百日は平等王、一年は都市王、三年は五道転輪王となっており、焔魔天である閻魔王以外の九王は、すべて道教・陰陽道の神であります。

とくに太（泰）山王は九王の筆頭で、閻魔王の側近にあって人の善悪を記録し、死籍を司り、人を冥府へ召し、罪をさばく権能を有しましたから、事実上冥府の最高権力者でありました。焔魔天の方はもとヴェーダー時代（紀元前一四〇〇―一〇〇〇）の夜摩神で、衆生のために冥界への道を発見したと伝え、大地の神と悪魔の性格を具《そな》え、泰山府君と共通するところがあり、閻魔王と泰山府君は同一視される場合もあります。なお、焔魔天の供養については第八章で詳しく説明しましょう。

『日本霊異記』にみえた冥土観（その一）

奈良朝末ないし平安朝初期（八世紀末―九世紀初）につくられた説話書である『日本霊異《りょうい》

記《き》』は、閻魔王の信仰に関する話を多数のせたわが国最古の文献として、珍重すべきものでありります。著者の景戒《きょうかい》は、もともと市井にあって私度《しど》僧（個人で勝手に出家したもの）として生活し、妻子をもうけていたので、その間に民間の噂話・俗説を集めたものでありましょう。やがて薬師寺に入り、延暦十四年（七九五）十二月三十日、伝燈法師位という僧位を得、延暦六年、ひとまずできた稿本を弘仁十四年（八二三）頃さらに整備・完成したことが内容から推察されます。正式には『日本国現報善悪霊異記』と呼び、仏教で説く因果応報の理を一般の人にさとらせるのが目的となっています。本書によって八世紀には、冥府の存在がわが国民間でも説かれていたことがわかるのであります。

まず上巻第三十の話をとりあげてみましょう。文武天皇慶雲二年（七〇五）九月十五日、豊前国京都《みやこ》郡の少領という地位にあった役人膳《かしわでのおみ》臣広国が急に死に、三日たって蘇生して語るには、大人と子供の二人の使に連れられて、遠い道程を歩いていった。途中、大河があって金の大橋が架かり、これを渡ると見なれぬ国があった。使の者にどこの国かときくと、度《と》（図）南《なん》国と教えられた。その都につくと、八人の武装した官人がついてくる。前方に黄金の宮殿が建ち、宮門を入ると帝王が黄金の座に腰をかけていた。王は広国に、いまお前を召すのはお前の妻が訴えるためだといって、一人の女を呼び出した。広国がみると昔死んだ彼の妻であった。鉄の釘を頭から打ちつけて尻に通し、あるいは額に打ちつけて後頭部につき通し、鉄の縄で手足をしばり、八人の人がかついできた。

王はこの女を知っているかと問い、広国がわが妻だと答えると、お前は何の罪を責められてここに来たのか知っているかとまた問い、広国が知らぬと答え、女に問うと女は自分を家から追い出したので怨んでいるのだと述べた。王はさらに、もし父がみたければ南の方へゆけと指示し、広国が行ってみると、父は熱い銅の柱を抱かせられ、鉄の釘三十七本を身に打ち立てられ、鉄の杖で朝昼晩と合せて九〇〇回打たれていた。父は広国に対し、この苦をうけるのは生前妻子を養うために殺生したり、高利貸をしたり、強姦・不孝など数々人倫に反した行いをしたためだ。お前が自分のために仏像を造り写経し、罪苦を贖《あがな》ってくれと頼んだ。広国は、王がもう家へ帰ってよいと許したので帰途につき、金の大橋までくると、この門の番人が宮殿へ入ってきたものは帰すわけにゆかぬと拒み、困っていると子供があらわれ、番人はその子供にひざまずいて礼拝した。子供は広国をつれて門の脇門から出してくれ、早くゆけと命じたので、あなたは誰かときくと、自分を知りたければお前が幼時写した観世音経だと教え、やがて広国は蘇生した。こうして広国は黄泉《よみ》国を遍歴して善悪の報いを見、蘇生してからは死者のために、造仏・写経・供養を行ったとあります。

以上の話で、いわゆる閻魔王宮のあるところは図南国と称する黄泉国で、金の橋を渡ると王の棲む黄金の宮殿があるとされていたことが知られましょう。

『日本霊異記』にみえた冥土観（その二）

第二の話（中巻第二十五話）はいささか複雑な筋で、しかも滑稽な要素を含んでいます。聖武天皇の御代、讃岐国山田郡に住む布敷臣衣女《ぬのしきのおみきぬめ》が急病にかかったので、たくさんの山海の珍味をととのえて家の門の左右にそなえ、疫神へ贈物をして平癒を祈った。ちょうど閻羅《えんら》王の使の鬼が来て衣女を連れてゆこうとしたが、走り疲れてこのお供え物を見、御馳走になった上、衣女に対し、自分はお前の饗応をうけたからには、御恩返しをせねばならない。お前と同姓同名の人を知っているかといった。衣女が同じ国の鵜垂《うたり》郡に同姓の衣女がいると教えると、鬼はこの衣女に鵜垂郡の衣女のところへ案内させ、持参の緋の袋から一尺の鑿《のみ》をとり出し、その衣女の額に打ちつけて冥府へ連れていった。冥府では、待ちかまえていた閻羅王が鬼の連れてきた女を見て、これは自分が命じた衣女でない。間違っている。本当の山田郡の衣女を呼んでこいと指示し、鬼はやむなく山田郡の衣女を連れてきた。こうして鵜垂郡の衣女は許されて家に帰ったが、三日たっていたので彼女の身体は火葬されてなくなっていた。

彼女は困って閻羅王に身体がなくなったので、生き還るところがないと訴えた。王はそれでは山田郡の衣女の身体はまだ残っているかときき、残っていると答えると、その身体をお前の身体にして生き還れと命じた。鵜垂郡の衣女がそのとおりにした結果、彼女は山田郡の衣女として蘇生した。しかし彼女は、あくまで自分の家は山田郡でなく、鵜垂郡にあるといって山田郡の衣女の両親の止めるのをきかず、家を出て鵜垂郡の両親のところへ行った。しかし鵜垂郡の家では、その両親がここの衣女はすでに火葬したのだといって山田郡から来た衣女をうけ入れようとしない。そこで鵜垂郡の衣女は閻羅王の裁決した経緯を詳しく山田・鵜垂両郡の両親に説明して、納得してもらい、結局両家の財産を貰い受けて、二組の両親をもつことになった。

鬼を饗するとこのような功徳もあるものだと、この第二話は疫神つまり閻羅王の使の鬼に対して充分供養し、まつることの大切さを教えたものでありましょうが、間違われた衣女は得をしたのに反し、饗応した方の衣女は結局その効果がなく、冥府に召されてしまったわけで、いささか話の筋が通らない嫌いがあります。それはとにかくとして、人が病気になるのは冥府から閻羅王の使でやってくる鬼（疫神）が鑿でその人の額を打つからだと考えられていたこと、死ぬのは鬼が王の命でその人の魂魄を冥府へ連れてゆくからであること、疫神をまつって家の門に食物を供える風習があったことが、この話から推察できましょう。

『日本霊異記』にみえた冥土観（その三）

中巻の第二十四話はこれと似ていますが、やや建前を異にする部分があり、興味を惹きますのでご紹介しましょう。聖武天皇の時代、平城京左京六条五坊生れの楢磐嶋《ならのいわしま》は大安寺の西の里に住んでいた。その頃、大安寺では大般若経を読誦し研修する学団があって、修多羅衆《すだら》と呼ばれ、その財源として寄付されたお金をもとに修多羅分銭と称してこれを一般の人々に貸し出し、その利子をもって修多羅衆の維持費に宛てていた。磐嶋はこの修多羅分銭を三十貫借用し、越前国敦賀《つるが》の津へ往って商取引をし、仕入れた品物を運ぶために、琵琶湖を船にのせて来る途中、にわかに病にかかった。そこで船を留め、自分一人馬を借りて帰りを急いだ。ちょうど近江国高島郡志賀の唐崎まで来ると、一町ほどあとから三人の鬼が追ってくるのに気づいた。そして山城国宇治橋で追いつかれて一緒になった。磐嶋はどこへゆくのかときくと、閻羅王がお前を召されたのでその使として来たのだ。先にお前の家へ行ってみたら、商売に出たといわれたから敦賀までやってきてお前を見付けて捕えようとしたが、四天王の使が寺の交易の銭で商取引に来たのだから、許してやってくれと頼むのでしばらく猶予してやった。お前を捕えるために日数がかかって、われわれは飢え疲れた。何か食う物はないかと請求するので、いまは旅の途中で干飯《ほしいい》しか持っていないといって磐嶋はこれを与えた。鬼はわれわれの疫気で病気にかかるといけないから近づくな、しかしこわがることはないと諭《さと》しつつ家につき、食事の接待をうけた。鬼はわれわれは牛の肉を好むゆえにこれを御馳走せよ、牛を捕《と》る鬼とはわれわれのことであると名のる。磐嶋は自分の家に斑牛《まだらうし》二頭あり、これを進ぜるから冥府へ連行するのは勘弁してくれと頼むと、鬼は馳走になったから願いをきいてあげたいが、そうすると自分たちが重罪を負い、鉄杖で百回も打たれねばならぬ。だからお前と同じ年の人を知っているかときく。別の鬼に磐嶋が自分は戊寅《つちのえとら》の年の生れだと教えると、その鬼は確か奈良率川《いさがわ》の社の近くにいる八卦見《はっけみ》がお前と同年の生れだから、その人を連れてゆこう。お前の持っている牛二頭のうち一頭だけ貰い受けよう。いずれ罪に服して打たれるだろうからわれわれ三人の名を呼び、金剛般若経百巻を読んでくれ、三人の名は高佐麻呂、中知麻呂、槌麻呂《つちまろ》だと教えて夜半に去った。翌日、磐嶋がみると牛が一頭死んでいた。彼は鬼の頼んだとおり、大安寺南塔院の仁耀《にんよう》法師を請じて金剛般若経百巻を二日間読んでもらった。その三日後に鬼がやってきて、大乗の力によって百回打たれる罪をまぬがれ、常食より一斗多く飯を恵まれた。有難い。今後も毎月、六斎日ごとにわれわれのために供養をしてくれといいのこして消えた。磐嶋は九十余歳まで生き、天寿を全うした。

この第三話を第二話と比べてみますと、閻魔王は同姓同名の替え玉はいけないが、同じ干支の生れの人なら人違いでも差し支えない理屈で、しかも身代りになった同じ干支の人物が卜占師であることから、冥府の信仰に陰陽道が強く影響している次第を察知できましょう。また鬼がわれに近よるな、疫気に触れるなと警告しているように、鬼はまさに行疫神であり、牛の犠牲を要求すると洩らしているところに、異国の疫神祭祀の風習を示唆するものがありますし、ひいて疫神そのものの形貌が牛同様、角のある悪魔的存在を連想させるでありましょう。実際、当時牛を供えてまつる異国神（漢神）の信仰が行われていたことは、つぎの第四話（中巻第五話）をみれば明らかであります。

『日本霊異記』にみえた冥土観（その四）

摂津国東成郡撫凹《なでくぼ》村に一人の富裕な家長《いえきみ》が住んでいた。彼は漢神の祟りをうけたために七年間を限り、毎年牛一頭を殺して神をまつっていたが、祭りが終ったあと、重病にかかった。家長は殺生の報いと覚り、病になってからは毎月斎戒を受け、放生の業を修し、他に生類の殺されるのをみれば買い取って放ってやった。それでも命が終るときが来たので、妻子に自分が死んでも九日間はそのままにして焼くなと遺言した。果して九日目に家長は蘇生し、つぎの話をした。牛頭《ごず》人身の怪人七人が自分の髪に縄を懸けて、捕えて連れて行った。ついたところは楼閣のそびえる宮殿で、閻羅王の前に引き出された。七人は王に、われわれを殺した仇《かたき》を連れてきたからこれを膾《なます》に切って食べたいと要求し、膾机と小刀を持ち出した。そこへ突如千万余人が出現して家長の縄を解き、この人が悪いのでなく、祟りの鬼神のためにやったことであると弁護し、互いにはげしく論争の末、王は多数の意見に従うといって家長を許した。家長は千万人に護られて王宮を出、見送られて娑婆に戻るとき、千万人に誰かときくと、お前が買い求めて放生したものだ、その御恩返しだと答えた。以上のように語った家長は、漢神をまつることをやめ、自分の家を寺にし、放生を行い、九十余歳で天寿を全うした。

この第四話に出てくる牛頭人身の怪物は、いかにも牛頭をした疫神のイメージであり、かつまた生贄《いけにえ》の祭儀に対する仏教側からの非難がこめられたものとなっています。陰陽道では丑は十二支の二番目にくるもので、五行に配すれば土に相当し、寒気が解け、春を迎え、人は手をあげてまさに仕事にとりかかる意味をもっておりまして、農耕を基幹とする社会において最も重視、かつめでたいはずのものです。しかし日本では三、四世紀の頃、大陸から初めて渡来した動物で、鹿とは異なり、たくましい角をつけた牛頭は畏怖的感覚を伴い、疫神としての暗いイメージにつながりましたので、これがついに牛頭天王をまつる祇園社の進出にも素地を与えました。中世、星宿《せいしゆく》信仰が盛んとなりましてからは、二十八宿中、牛宿を最も吉祥とするようになります。

泰山府君の祭りと都状

さて、冥府十王のうちでも太山王（泰山府君）をもっぱらまつるふうが流行したのは平安中期、陰陽道の宗家として賀茂・安倍両氏が進出してからでありまして、とくに安倍氏はこの祭りに力をいれ、そこで読まれる祭文は神祇の祝詞《のりと》のようなもので、都状《とじよう》と申しました。いま知られる最古のものは後冷泉《ごれいぜい》天皇の都状で、つぎのような内容のものです。

　　都状

謹上　泰山府君都状　南閻浮洲大日本国天子親仁御筆二十六

献上　冥道諸神一十二座

　銀銭　二百四十貫文

白絹　一百二十匹

右、親仁謹《つつし》んで泰山府君・冥道諸神等に啓す、御践祚《せんそ》の後、未だ幾年を経ず、而して頃日《けいじつ》、蒼天変を為《な》し、黄地妖を致す、物怪数々夢想紛々たり、司天・陰陽勘奏軽からず、其の徴尤《もつと》も重し、若《も》し冥道之恩助を蒙るに非ずんば何ぞ人間の凶厄を攘《はら》わん哉、仍《よつ》て禍胎を未萌に攘い、宝祚を将来に保たんが為、敬《つつし》んで礼奠《れいてん》を設け、謹んで諸神に献ず、昔、崔夷希の東岳に祈って九十の算を延べ、趙頑子の中林を奠《あが》めて八百の祚を授く、古今異なると雖《いえど》も、精誠惟《こ》れ同じ、伏して願くは彼の玄鑒《かん》を垂れ、此の丹祈に答え、災厄を払除し、将に宝祚を保ち死籍を北宮より刪《けず》り、生名を南簡に録し、延年増算、長生久視せんことを、謹んで啓す、

永承五年十月十八日　天子親仁（御筆）謹状

（原文は漢文）

つぎにいま一つ臣下のものを掲げましょう。前者についで古い実例であります。

謹上　泰山府君

日本国従四位上行右中弁兼備中介藤原朝臣顕隆年四十五

本命庚戌　行年庚戌

献上　冥道諸神一十二座

銀銭　二百四十貫
白絹　二百二十疋
鞍馬　一十二疋
勇奴　三十六人

右某、謹んで泰山府君・冥道府君等に啓す、夫《そ》れ信の至って高きは天神之を憐れむ、慎み至って深きは地祇之を護る、某官、右司郎中を帯し、位大中大夫に昇る、是れ則ち天に蹐まり地に跼して神を仰ぎ、祇を敬するの故也、重ねて冥応を祈り、更に清奠に備え、聊《いささ》か黍稷《しょしょく》の味を薦め、以て明徳の馨《かおり》を望む、伏して乞う、加級思いの如く昇進意に任せ、蘭台を蹈《ふ》みて秋月に攀り、槐路を歩みて青雲に接せん、彼の趙氏の算を延ぶるは誠に是れ天応、此の魯性の恩を祈る、盍《なん》ぞ地望を成さざる、息災延命一家福有らん、謹んで啓す、

永久二年十一月二十三日、従四位上行右中弁藤原朝臣謹状

（原文は漢文）

まず謹上泰山府君とあるつぎに祈願を捧げる人の名前が掲げられますが、後冷泉天皇の場合、「親仁」の御名前、臣下の場合「頭隆」の名前のみは、それぞれ当人が自署します。献

上冥道諸神一十二座とあるのは天曹《てんちゆう》地府・水官・北帝大王・五道大王・泰山府君・司命・司禄・六曹判官・南斗好星・北斗七星・家親文人を指すもので、最後の家親文人だけは神でなく、隋・唐以来、中国で官吏の登用試験である科挙にパスした人で、なぜこういうものを加えたのか、理由は定かではありません（近世の都状になりますと文人は丈人に変ってきますが、丈人は聖人を意味しますからこの方が筋が通るといえます）。そのほかはみな福禄寿を司る神々であります。

祭文本文の内容は天皇では長寿延命を祈り、臣下では息災延命と官位栄達を冀《こいねが》うもので、これをむつかしい漢字をたくさん並べ、様々の表現を重ねて慇懃《いんぎん》丁寧と祈請の誠をあらわしたにすぎません。要するに冗長執拗の感じをまぬがれないものです。しかし、この程度の文は都状としてはまだまだ簡単なものでありまして、中世末から近世に入りますと、これらの何倍も長文のものが一般化します。冥道諸神への供え物である銀銭・白絹・鞍馬・勇奴のうち、前二者は贈物として最も貴重な銭貨と衣類であり、銀や白は神仙の色をあらわし、金闕《きんけつ》に住む神々に対して多少謙遜の気持をみせたものでありましょうか。鞍馬・勇奴は神々を武将的な形で観念せられたところから来るもので、鎌倉時代にはこのほか甲冑・弓箭《きゆうせん》・太刀などを献ぜられました。このほか七宝・砂金・琴・琵琶が加わることもあります。むろん献上品はすべて紙などで模型がつくられ、供えられるのであります。

日本に現存する江戸期の都状によりますと、黄紙を用いて朱書されており、祈願する本人の署名のみが墨書され、あとは陰陽師が書くのでありましょう。京都府立総合資料館に保存されていますもと陰陽師若杉家所蔵の都状には、応永二年（一三九五）三月十八日付の三代将軍足利義満の都状や、文明十年（一四七八）九月二十七日付の九代将軍足利義尚の都状、弘治三年（一五五七）七月付の十三代将軍足利義輝の都状などがあり、義満のものは案、つまり控えですが、義尚と義輝は本式のもので、黄紙に朱書され、自署の名前のところだけ墨書されています。

泰山府君の祭りをいっそうものものしくしたのが天曹地府祭で、曹の字はとくに「𦣪」と特別の字体にしています。これも黄紙朱書で都状の実物は後陽成天皇・後水尾天皇はじめ、江戸期歴代天皇のものが仁孝天皇まで遺存しています。天皇歴代の盛大な天曹地府祭につきましては、同じく若杉家にもと伝わりました式次第によってその詳細がわかるのでありまして、これより泰山府君祭も大体推察できるでありましょう。つぎにあらましをご紹介しましょう。

祭りが始まりますと、太鼓が六度打たれ、陰陽道の長官（ここでは安倍氏）以下職員が入場し、祭郎と称する役人が法螺貝《ほらがい》を吹きます。ついで神饌《しんせん》が運ばれます。また祭文都状の筥《はこ》が祭壇に置かれます。各職員の礼拝が終り、長官は洒水加持《しゃすいかじ》を行い磬《けい》（僧侶が仏前で勤行《ごんぎょう》のとき打ち鳴らすもので、枠の中に金銅製の板をつりさげたもの）を打ちます。ついで勅使が到着し、御撫物《なでもの》（天皇お召の衣類）を迎えます。御撫物は天皇の玉体を意味し、この玉体である御撫物を撫でて、その穢を人形に移すためのものです。長官は御撫物に対し洒水加持（密教で香水を祭壇上に注ぐこと）、執事が香を燻じ、長官は「迎神文」を読み、職員が中臣祓を読みます。それにつれて泰山府君をはじめ十二座の神々が降臨されるわけです。様々の山海の珍味があらかじめ前に供えられますので、降臨されたあとは祭官がお酒を三献奉ります。三回献進には名香を焚き、磬が打たれます。この二献と三献の間に都状が朗読され、銀銭・白絹・鞍馬・勇奴が献上されます。三献が済んで祈禱に移り、長官は香を焚き日鐸《たく》を振り、印像・呪符・撫物を加持し、祈りを捧げ、さらに月鐸を振ります。この際、撫物に呪法をかけ、天皇に罹るすべての災厄は払い去られるわけであります。このあたりが正念場で、日鐸・月鐸を振って呪法をかけるのは陰陽道の祭りの特色をよく示しています。古代中国で学者が教えを施すとき、軍中で命令を下すときなどに鐸が振られましたが、これは大鈴でありました。上司が教令を宣べる際、衆を警《いまし》める意味があって、文事には木鐸、武事には金鐸を用いました。

陰陽道祭はこれをまねたのでしょう。

こうして御祈禱が済み、供え物は撤せられ、長官は神々に御帰還を願う「還祈之文」を読んで拍手し、磬を打ち、法螺貝を吹き、勅使は退出し、長官以下祭官は万歳を唱え、これで祭儀を終了します。さきの『延喜式』によると、追儺《ついな》では東西文部が読んだ祓詞の最後に万歳万歳とあるのに相当し、これも長寿延命をことほぐ呪法で念を押したことを示しています。以上の式次第で法螺・洒水・加持・熏香・打磬などが修験道や密教の影響をうけたものであることが知られ、日本的に合成された独特の作法であったのであります。

吉野金峯山地方の神仙郷

さて、泰山府君信仰が盛んになった平安朝は九世紀に祥瑞改元より災異改元に移り、陰陽道的禁忌呪法がやかましくなって、物怪・悪霊の祟りを恐れる暗い世相に入ったかにみえますが、反面、吉祥を求め、縁起を祝う気持の高まりも著しく、それが神仙思想の日本的展開としてあらわれてくるのであります。

わが国では古く大和朝廷時代以前より大陸との交通によって道教思想の影響があったと考えられますが、そうしたごく古い頃の様子は後章に譲るとしまして、奈良朝には平城京周辺の山岳地帯である葛城山《かつらぎ》や吉野金峯山《きんぷせん》が神仙郷的な神聖観をもってみられ、多くの密教僧侶たちの修行道場となりつつありました。ことに山岳重畳する吉野金峯山より奥の大峯山《おおみね》一帯は、吉野川水源を守る神々が鎮《しず》まる幽境であり、仙郷にふさわしい条件を具えておりました。持統天皇が頻繁に通われた宮滝には、水神＝雷神＝山神をまつる社があり、この辺から下市に至る一帯には丹生《にゅう》すなわち水銀の産地があり、丹生川上神社がまつられています。丹は仙薬として道教では珍重されたものでしたから、この点でも吉野川流域の山々は神仙視される条件を具えていました。

『万葉集』によって知られる柘枝仙媛《つみのえせんひめ》の羽衣説話式神仙譚が、宮滝の地に生れたのも決して不思議ではありませんでした。その概要をお話ししますと、吉野に梁《やな》を打って魚を取り、生計を立てている味稲《うましね》なる男がいました。この頃、吉野川上流に常に八人の天女が天降って水浴をするところがありました。その一人の天女が、柘の枝に姿を変えて川に入っていたとき、味稲がこれを拾い取りました。他の七人の天女は羽衣をつけて天に帰ってゆきましたが、味稲に拾い取られた柘枝姫だけは留まって味稲と結婚しました。のち味稲は天女と結婚したとして朝廷より咎《とが》められたため、ともに遁《のが》れて天へ飛び去りました。この説話の背後には、中国の武陵桃源の仙郷説話をのせた陶淵明の「桃花源記」が、当時朝野の人士に知られてい

たことがあるのでありましょう。奈良朝の漢詩集『懐風藻』には、高向《たかむこ》朝臣諸足《もろたり》が天皇に従って吉野宮を訪れたときの詩、

在昔《むかし》、魚を釣りし士、方今《いま》鳳《しおおとり》を留むる公、琴を弾《ひ》きて仙と戯れ、江《かわ》に投《いた》りて神と通う、柘歌《しゃか》寒渚に泛《うか》び、霞景《かけい》秋風に飄《ひるがえ》る、誰か謂《い》わん姑射《こや》の嶺、蹕《ひつ》を駐む望仙宮

（原文は漢文）

や、中臣朝臣人足《ひとたり》が吉野宮に遊んだときの詩、

惟《こ》れ山にして且《また》惟れ水、能《よ》く智にして亦《また》能く仁、万代埃《ちり》無き所にして一朝柘《つみ》に逢いし民あり、風波転《いよいよしらべ》曲に入り魚鳥共に倫《とも》を成す、此の地は即ち万丈、誰か説《い》わん、桃源の賓

（原文は漢文）

を収めていまして、共に吉野が神仙郷であることをたたえ、柘枝仙媛の説話をなつかしんでいるのであります。吉野の山が金峯山、カネノミタケとして親しまれ、山中金が埋蔵されていると信ぜられましたのも、金の呪能を尊ぶ道教思想に由来するものでありましょう。『今昔物語集』には、大峯山中に迷い込んだ一人の僧が酒仙郷（酒の泉のある村落）を見つけた話が収録されており、ここにも金峯山の神仙観への一端が看取できましょう。

神仙思想の日本的展開

奈良朝における漢文学の隆盛は平安初頭も引き続き、この時流に乗じて神仙謳歌の風潮もいよいよ高まりました。『凌雲集』『経国集』などの勅撰漢詩文集には、西王母の仙園や蓬萊山を詠じたものが目につきますが、嘉祥二年（八四九）三月には、仁明天皇四十の宝算祝賀に興福寺衆徒が前例のない珍しい奉献を行いました。その奉献物とは観音像四十体、金剛寿命陀羅尼経四十巻、薬をささげくる天人の像、雲上に昇って長生した浦島子像、吉野柘枝仙媛の像とそれに添えられた長歌の詞であります。

実は天皇はこの祝賀より満一年後になくなりましたが、当時すでに御病気の御様子でした。皇后順子は藤原良房の妹であり、すでにその所生の道康親王が皇太子に立っておられました。最高権力者の良房は皇太子の即位を急ぐあまり、仁明天皇の時代が早く終ることを望んでいるかのごとき印象を世人に持たせないために、ことさら仁明天皇御不快の実情を蔽《おお》い隠し、四十歳の奉祝、長寿延命祈願のムードを盛り上げようとして、氏寺である南都興福寺の僧侶に神仙味たっぷりの彫像と賀詞を用意させたのでしょう。長文の賀詞を紹介することは省略しますが、その中には、

故事《ふる》云いつぎ来る澄江《すみのえ》の淵に釣せし皇《きみ》の民、浦島子が天女に釣られ来りて紫の雲泛《たなび》引き

て片時に将《い》て飛行て是ぞこの常世《とこよ》の国と語いて……
磯上の緑松は百種の葛《かつら》にことに藤花開き栄えて万世に皇を鎮《いわ》えり、鶯は枝に遊びて飛舞いて囀り歌い、万世に皇を鎮《いわ》えり、沢の鶴命を長み……
今年の春は物ごとに滋栄《しげり》えて天地《あめつち》の神も悦び海山も色声《ね》変らじ、梅・柳常より殊に敷《しき》栄え、咲《え》まい開きて鶯も声改めて……

などの句が用いられ、梅・柳・緑松・沢の鶴・鶯などがめでたい風物として詠まれ、日本的神仙郷の観念がつくり上げられております。原文は宣命風で万葉仮名を交え、いかにも悠古の倭歌を再現したかにみえますが、実は古典神話や神仙的故事、密教思想を織りまぜ、その上「藤花開き栄えて」と藤原氏の繁栄を露骨にたたえた念の入ったもので、倭歌としての率直明朗さはありません。浦島子につきましては『帝王編年記』に、天長二年（八二五）彼が蓬莱より帰朝したとき、その容貌は童顔で、雄略天皇二十五年、仙宮を訪問してより三四八年になると述べていまして、いまも京都府与謝《よさ》郡伊根町本庄に鎮座する宇良《うら》神社は『延喜式』にのせられた古社であり、平安初頭、神仙思想謳歌の時代に仙郷遍歴を語る巫童が神社におったのかもしれません。

院政期に流行した今様にはこの祝賀歌がとり入れられ、後白河上皇の撰せられた『梁塵秘

抄』には、

万劫《まんごう》年経る亀山の下は、泉の深ければ、苔生《こけむ》す岩屋に松生いて、梢に鶴こそ遊ぶなれ

万劫亀の背中をば、沖の波こそ洗うらめ、如何なる塵の積りいて、蓬萊山と高からむ

黄金の中山に、鶴と亀とは物語、仙人童《わらわ》の密《みそか》に立聞けば、殿は受領《ずりょう》になり給う

など、祝儀物として利用された歌が収められています。最後の歌は、受領すなわち国司任官の祝いに歌われたものとみえます。これら今様は、遊君や白拍子が舞いながら歌ったものですが、南都北嶺の寺院でも延年の舞で歌われました。元来、延年は寺院で法会のあとに催された演技をさすもので、遐齢《かれい》延年から出たものであります。この演技には舞楽・朗詠・童舞・開口（滑稽の問答）・風流《ふりゅう》・白拍子・相乱拍子など様々で、とくに児童・若衆の演じたものに人気が集まりましたが、延年の語からも察せられるように、そもそも芸能を演ずること自体は長寿延命の呪法とみられたところもありまして、神仙的要素をもった歌詞がいろいろとつくられました。例えば室町時代、六代将軍足利義教が南都に下向したとき催された延年には、崑崙山の造り物が出て、仙人があらわれ、仙宮からは乱拍子児《ちご》二人が出て舞う趣向のものでした。これは相乱拍子と呼び、

長生殿の裡には千年春秋をとどめり、不老門の前には年は行けども老《お》いせず、万歳年経

る亀山の下には泉の深ければ、苔むす巌に松生いて、梢に鶴こそ遊ぶなれ、諸法実相と観ずれば、峰の嵐も法の声、万法一如と見る時は谷の巌も花の色、花の色に春開くは岸の青柳窓の梅、桜、山吹、岩つつじ、夏にかかれる藤の花

といった詞を謡うもので、さきに挙げました『梁塵秘抄』の今様がとりいれられていますが、仏教臭の強いものであります。

白拍子は白拍子女の舞を児《ちご》が舞って謡うものでして、これも、

姑《こ》射《や》山の裏には嵐万歳の名をよばい、南陽県のほとりには、水千年の徳をあらわす、屢仙蓬にたずさえば斧の柯《え》千たび朽ちぬべし、宝山を数うれば、浜の真砂《まさご》も数ならぬ

云々と神仙的祝儀物が多かったようです。これら仏教臭をおびた神仙思想は、既述の仁明天皇四十の宝算祝賀の歌にその先駆的なものを求めることができますが、平安中期よりの浄土信仰の拡がりに刺戟《しげき》されたユートピアへの憧憬の高まりが、一方では現世否定でなく、現世の延長線上にある神仙郷への関心を深めることとなりました。中世、専修念仏の仏教が盛んとなりましても、一般日本人の浄土観は現世的な祥瑞思想ないしは神仙思想と無関係ではありえなかったのでありまして、このことは同時に地獄観も陰陽道的で道教的な災異思想と結びついたものであったことを意味していたのであります。

第四章　王朝貴族と陰陽道の名人たち

平安初期の陰陽家

平安朝は律令制の崩壊がすすみ、北家藤原氏が政権を握るにともなって陰陽道官僚も天皇や公家の私的生活に奉仕する方向へすすみ、禁忌や物怪を強調し、頻繁に卜占《ぼくせん》を行ってこれを日常化し、宮廷人の有職《ゆうそく》的で教養的な知識とするに至りました。そうしたところから少数の専門家の家筋が生じ、宮廷社会の因習的形式的な権威づけに陰陽道は大きな役割を演ずることになったのであります。

すでに平安初期、九世紀より帰化系でない家筋、あるいは日本に渡来してから何代もたち、日本化した人々の家筋に、この道で非凡な才能をもつ名人が相ついで登場したのでありました。春苑玉成《はるぞののたまなり》・刀伎直《ときのあたい》浄浜《きよはま》・大春日《おおかすが》真野麻呂《まのまろ》・刀伎直（滋岳《しげおか》）川人《かわひと》・笠名高《かさのなだか》・日下部《くさかべ》利貞・弓削是雄《ゆげのこれお》・家原郷好・二善清行《みよしきよゆき》らが知られますが、彼らは中央の下層官僚か地方官僚の地位に止まり、才能のあるわりには、めぐまれませんでしたので、なんとか手腕を発揮し、上層貴族に認められ、出世できる機会を求めておりました。いまその中でもとくにすぐれた二、三の人物を、以上の中から選んでお話ししてみましょう。

陰陽頭になった滋岳川人は『世要動静経』『指掌宿曜経《すくようきょう》』『滋川新術遁甲書《とんこうしょ》』『金匱新注《きんきしんちゅう》』『六甲六帖』『宅肝経』など多数の著作を遺しておりますが、残念ながらすべていまは伝わっておりません。題名から推して遁甲方術や宿曜道・式占《ちょくせん》に精通したことが想像され、滋川新術の名のつく彼独特の方術もあったことが窺われます。

つぎに紹介する『今昔物語集』の話は、彼の得意な遁甲隠形の術を示したものでありましょう。文徳《もんとく》天皇がなくなって陵墓地を選ぶため、彼は大納言安倍安仁《やすひと》についてゆき、用務を済ませての帰り道、深草の北辺を通っていると、地神が追ってくるのに気付いた。彼は大納言にすすめて二人とも馬を下り、田に苅上《かりあ》げた稲の中へもぐり込んで隠れた。しばらくすると、地神が大勢の眷属《けんぞく》をつれてその辺を探し廻った末、見つからないので今年十二月晦日《みそか》の夜半に家の天井裏までくまなく探すから、その夜また集まれと指示する声がして去っていった。やがて大晦日になり、川人は大納言を連れて嵯峨《さが》の寺へ行き、堂の天井裏に上って呪を誦し、大納言も三蜜を唱えていたので、見つからずに事なきをえたという話。どうしてわざわざ嵯峨の寺まで行ったのか、あるいはこの寺が京都の中心から乾（北西）の愛宕《あたご》山の方角に位置し、愛宕山は悪鬼の棲むところとされたので、大晦日の追儺《ついな》にはこの方向に対して祓を行うことがあったのではないかとも思われます。

また弓削是雄については、同じ『今昔物語集』やその典拠になったらしい『善家異記』にすぐれた占術の例話が収められています。貞観《じょうがん》六年（八六四）、伴宿禰世継《とものすくねよつぎ》は、朝廷の穀倉院の交易使として東国に出向き、数日後、任務を終って帰京の途、近江国勢多駅に宿泊した。その頃、その国の介《すけ》藤原有陰の館で弓削是雄を招き、属星祭（本命の星をまつる陰陽道の祭り）を営むとのことで、是雄と同宿した。その夜、世継は悪い夢を見たので起きてから是雄に占ってもらった。是雄は式占を試みた結果、世継に身の危険を教え、家に帰るなと告げた。世継は数日出張して帰心矢のごとく、また多くの公物・私物を持っているのでぐずぐずしておれない。どうしたら災難をまぬがれようかときくので、是雄はあなたがどうしても帰宅したいなら、あなたを殺そうとする者が家の艮《うしとら》（丑寅＝北東）すなわち鬼門の方に隠れているから、弓に箭《や》を番《つが》い、曲者の隠れていそうなところに向かって弓をひき推しあてて、早く出てこい、さもないと直ちに射殺するぞと一喝食わしてやりなさい。そうすれば自然、事は明らかになるでしょうといった。世継は教えられたとおり、家につくと艮の角の薦《こも》をかけてあるところに向かって威喝すると、果して一人の法師があらわれた。これを捕えて訊問すると、彼は世継の妻と通じて世継を殺すつもりであったと白状したので、この法師を検非違使《けびいし》に渡し妻を追放してしまった。世継は命をとりとめ、改めて是雄の方に向かって伏し拝んだという。

以上のほか、もう一つ是雄の名人ぶりを伝える逸話が『善家異記』にあります。寛平《かんぴょう》四年（八九二）八月、勅により、諸宗派で経典の学識ある者を試験し、及第する者に僧の地位を与えることになり、三善清行が勅使となって八省院でその試験が実施されました。これには僧侶として位を有する者や智徳のすぐれた沙門が五、六人立ち会い、いろいろなするどい試問を行いました。ときに陰陽頭であった是雄は、一人の沙弥（まだ得度していない修行者）を推薦して清行に書簡を送り、この人は学は乏しいが北山に住み、昼夜念仏し、是雄と師檀の契を結び、もう六十歳になったが未だに僧侶としての位がない。どうかあなたの手で及第させてやってほしいと懇請した。清行は是雄と親しかったので、あらかじめこの沙弥の実力を知ろうとして『法華経』の一品を読ませてみると、注釈はおろか読みもできなかったのでその旨を是雄に知らせたが、是雄はそれでも、とにかく受験させてもらえば気が済むと返事した。いよいよ当日、沙弥が出頭し、立ち会いの試験官である有徳の僧侶知識人ら証師が列席した。

沙弥は第二番目の受験生として読経に入ろうとしたとき、天子より証師らに対してお召しがあり、八月二十六日の光孝天皇国忌の斎飯を給わるので、すべて清行に一任して証師らは座を立ち、内裏へ行ってしまった。こうして沙弥の無能を咎《とが》める者なく清行はここに至って是雄の占験の神異に感服し、沙弥を及第させた。およその道に練達する者は死中に生を求め、凶中に吉を得るのであると是雄を激賞しているのであります。

以上、是雄の逸話をのせた『善家異記』は三善清行の著作ですが、いまは伝わりません。彼は百済人の子孫で昌泰《しょうたい》三年（九〇〇）には文章博士《もんじょう》兼大学頭になり、翌年には初めて辛酉《しんゆう》革命による災異改元をとなえて延喜と改められました。これによって彼は世人の注目を集め、一つには出世の足がかりにしようとしたことは、第二章に述べたとおりであります。その結果、延喜十七年ようやく参議宮内卿の地位に達することができました。清行以後、三善家は代々算道をもって朝廷に仕え、また中世、幕府の重要な地位にもつきました。

当時、藤原摂関家においても、摂政忠平は忠実に物忌《ものいみ》や本命祭を行った熱心な陰陽道信者であり、その子師輔《もろすけ》も『九条殿遺誡《ゆいがい》』『九条年中行事』を著わして陰陽道の禁忌その他の心得を詳しく記し、公家日常の心掛けとしました。いま遺誡の中から若干記事を拾い出しますと、朝起床すれば属星の名号を七遍となえる。人は生れるとその一生を支配する星と、年によって支配が変る当年星があり、前者は北斗七星のいずれかに支配されるとするもので、子年生れは貪狼《どんろう》星、丑亥の人は巨門《こもん》星、寅戌の人は禄存星、卯酉の人は文曲《もんごく》星、辰申の人は廉貞《れんじょう》星、巳未の人は武曲星、午の人は破軍星に属するとされ、後者は日月木火土金水と羅睺《らごう》・計都《けいと》の九星のいずれかに属するとされるものでありまして、これらの星を礼拝供養すれば富貴延命を得、罪業を除き一切の願望が成就されるのであります（詳しくは第八章参照）。

ここでは北斗七星の属星名号唱誦に続き鏡で自分の顔を見、暦で日の吉凶を知り、楊枝を使い、西に向かって手を洗う。仏名を誦し、常に崇敬する神社を念じ、昨日の出来事を記し、粥《かゆ》を食し、頭を梳《くしけず》る。毎日梳らず、三日に一度でよい。手足の爪を切るが、丑日に手、寅日に足の爪を切る。つぎに日を選んで沐浴《もくよく》する。これは五日に一度である。『黄帝伝』によると毎月一日に沐浴すれば短命、八日は長命、十一日は目が明になり、十八日は盗賊に遭う。午日は愛敬を失い、亥日は恥をかく。寅辰午戌など悪日は入らぬほうがよい。こうした心得は、むろん余裕のある貴族でなければ満足に実行できず、神や仏の信仰もすべては陰陽道的な吉凶の意識に結びつくものがあったのです。

陰陽道宗家の登場

　こうした風潮に乗ってさらに賀茂家を中心とする一派の人々が進出し、この道に君臨し、歴史の脚光を浴びるに至りました。その先駆的人物が賀茂忠行であります。そもそも賀茂氏で最も古く知られた人物は、奈良朝初めに出た賀茂役君小角《えんのきみおづぬ》でありまして、後世、修験道の開祖と仰がれました。修験道と陰陽道の関係についてはいずれあとで述べることにいたしますが、修験道は密教的要素を強くもっておりますのに対し、本来、小角は仏教とは関係のない宗教家であったと思われます。彼は大和国葛城《かつらぎ》山の一言主《ひとことぬし》神をまつり、この神の託宣を司る呪術家であり、道教の神仙的方術の影響もうけていたと思われ、その超人的な優れた呪術活動は、やがて後世、賀茂氏に有能な陰陽家を出す素地となったのでありましょう。

　忠行は近江掾《じょう》・丹波権介《ごんのすけ》・従五位下の地位にあった人で、承平天慶の乱に白衣観音法を修して兵革を鎮められるよう藤原師輔に進言したことがありましたが、当時、密教の高僧らはこの法を知らず、真言宗の寛静《かんじょう》僧正に命じて初めて勤修《ごんしゅう》せられたのでした。この白衣観音は諸星の母であり、北斗七星の変身であって、九曜息災大白衣観音陀羅尼を唱えると兵乱を除き、九曜の星の災禍を祓うとされていますから、星と結びついた観音信仰で陰陽道的色彩のかかったものです。当時、真言密教の僧侶もよく知らなかった修法でありましただけに、彼の進言は注目されました。その卜占の正確さについては、三善為康《ためやす》が十二世紀の初めに著わしました『朝野群載』に、天徳三年（九五九）二月、村上天皇は彼の占術を試みるため、水晶の念珠を箱に入れ、これをあてさせられましたところ、朱糸をもって貫き、八角の匣《はこ》に入っていると鮮やかに看破しました。これは易の射覆《しゃふく》と称する占法で、手に物を握って当てさせる蔵鉤《ぞうこう》の遊びにもなっております。貞観八年（八六六）九月、文徳天皇は紀夏井《きのなつい》ら朝臣とこの遊びを楽しまれ、夏井は射覆にすぐれていて、手中の隠しものをよくいいあて、天皇の御感に預ったと『三代実録』に記されており、平安初期には朝臣たちの娯楽になっていましたが、中世には衰退したもののようです。『今昔物語集』には、忠行の卓越した占術を伝えるつぎの挿話をのせています。

京都の下京辺に富裕な法師が住んでいた。たまたまその家に好ましくないお告げがあったので、忠行のところへその吉凶を尋ねにやらせたところ、某月某日、固く物忌をせよ、さもないと盗人に命を失うとの占いを得た。法師は大いに怖れ、その日には厳重な物忌を行ったが、夕方にかねて懇意な武士平貞盛が陸奥国よりやってきたので、わけを話し、貞盛を泊めてやった。果して夜中に賊が押入ってきたので、調度家具を背負って車宿に隠れた。貞盛は盗賊の中にまぎれ込んで家具を隠した方へはやらず、物のない方へ賊を誘導し、こちらにあるから入れと教えつつ、つぎつぎに矢を射て四人を倒し、残りの賊は退散して法師は事なきをえた。かように忠行はみずから達人であったばかりでなく、その子保憲《やすのり》をも非凡な陰陽師にそだて、安倍晴明なる傑出した弟子をも出すことになって、賀茂氏を他氏の追従を許さぬ斯道の宗家に仕上げたのでした。

その一端を示す話が『今昔物語集』にのっています。あるとき、忠行が祓をするところがあって出かける際、その子で十歳になる保憲が連れていってほしいとせがむので一緒に車に乗せてゆき、先方で父が祓をする間、保憲はじっとこれを見ていた。さて帰りがけ、車の中で保憲が父に語るには、自分が祓のところでみていると、怖ろしい形をした鬼や怪物が二、三十人並んでいて、供えてある物を食べ、造り物の船・車馬などに乗っててんでに帰っていったが、あれは何かときいたので、彼はいまさらのごとく子供の才能を見直し、そのすぐれた素質を知って、以後懇切に子供を教育し、立派な陰陽師にそだて上げたという。

また忠行が所用で夜、車に乗って出かけ、晴明は車のあとからついて行った。そのうち忠行は車の中で寝入ってしまった頃、晴明がよくみると、車の前に怖ろしい鬼どもがやってくるのに気がついた。晴明は驚いて車に走りより、忠行に告げたので直ちに目をさまし、隠形の術をもって危難をまぬがれ、以後、忠行は晴明を大切な弟子としてこの道をことごとく教え授けた。

こうして保憲・晴明とも若い頃より忠行にその英才を見ぬかれ、指導されたので、保憲は父より官途の進みは早く、暦博士従五位下になったとき、父の官位を超えたので、とくに上奏して父にも従五位下を賜わるよう取計い、自分はさらに従四位上、陰陽頭、天文博士、主計頭、穀倉院別当に栄進しました。晴明もまたこれに劣らず、従四位下、天文博士、大膳大夫、左京大夫、穀倉院別当、播磨守等の地位に達しました。保憲には光栄《みつよし》という誰にも恥じぬ秀才の子息がいて、これも従四位上、暦博士、陰陽博士、大炊助、右京権大夫等を歴任しました。そこで保憲は従来伝えてきた暦・天文両職を分ち、光栄には暦道を、晴明には天文道を伝えることになり、賀茂・安倍両氏による暦・天文両道の支配体制は、全盛期の藤原摂関政治体制の下で確立しました。

光栄については、藤原行成《ゆきなり》の日記『権記《ごんき》』にその名人ぶりを示す逸話が記されています。寛弘八年（一〇一一）五月七日夜半、一条天皇の皇子敦康親王の邸で天井に多数の瓦礫の音がしましたので光栄に占わせると、これより三十日のうち、および六月十日の節中、並びに丙丁日は天皇に御慎みが必要でしょう。かねて攘災《じようさい》法を行われれば充分と思います。早くこの旨を上奏されるよう返答しました。ときの陰陽頭秦文高《はたのふみたか》は、それは天皇を驚かすにすぎないと反対し、陰陽助主計安倍吉平《よしひら》は卦の示すところは正直だと弁護しました。果してその月の二十二日、天皇は御悩にかかかり、翌月二十二日崩御になって、光栄の卜占の正しいことが証明されました。彼が著わした『暦林』十巻は後世、陰陽家の指針となりましたが、今日伝わってはおりません。

安倍晴明にまつわる数々の奇譚

一方、晴明についてはその先祖は大化改新の際、左大臣になった倉橋麻呂があり、平安初期には参議左中将兄雄《あにお》が出てその子淡路守春材《はるき》、春材の子大膳大夫益材《ますき》と続き、益材の子が晴明であります。これでみますと、祖父の代より下層官僚の家筋であったことがわかります。晴明の子孫は中世以降土御門《つちみかど》氏として栄え、賀茂氏を圧倒して陰陽道の独専体制をとりましたため、晴明は超能力者にまつり上げられ、幾多の伝説を遺しました。多くの業績もあったのでしょうが、現在『占事略决』という式占による占法を記した本が唯一のもので、陰陽師にとり、最高の指南書となっています。

まず第一の話は、花山《かさん》天皇の譲位を天文の変をみて察知した『大鏡』の記事で、最も有名です。藤原兼家は、娘の詮子が円融天皇の女御となって生んだ懐仁親王が花山天皇の皇太子に立たれたので、一日も早く懐仁が即位して自分はその外戚として政権をほしいままにしようとあせっていた。あたかも天皇が寵愛の弘徽殿《こきでん》女御忯子の死去に遭って悲嘆に暮れられたのを見、三男道兼に申し含めて天皇の譲位と出家をすすめさせた。道兼は言葉巧みに十九歳の天皇を夜闇に乗じて内裏より連れ出し、元慶寺へ案内して出家させ、自分もお供して出家するが、その前に一目親に出家前の自分の姿をみせておきたいと偽って逃げ出してしまった。ときに寛和《かんな》二年（九八六）六月二十三日午前二時頃の出来事で、兼家・道兼ら少数の人しか知らなかったはずなのに、晴明はたちまちこれを察知した。天皇が内裏を出て上東門から東へ土御門通りを元慶寺へ急がれる途中、あたかも土御門通りに面し、西洞院通りより東にあった晴明の家の前を通過されると、晴明は手を何度も打ちながら、御譲位のある天変をみたが、もうそれが完了したらしい。参内して早く奏しよう。急ぎ車の仕度をしろといっているのが聞こえた。家を出るとき、式神一人ついてこいと命じると、目にみえぬ者が戸を押しあけて出てきて、ちょうどいま天皇がここを過ぎてゆかれるようだと答えた。この話は、晴明の超能力者ぶりを誇張して書かれたもので、天皇の譲位を暗示するほどの天変も記録に見当たりません。ただ式神については他の話にも出てきます。

『今昔物語集』に収められた話を一つご紹介しましょう。播磨国に智徳なるしたたか者の法師陰陽師が住んでいた。明石の沖合に海賊があらわれて通行の船を襲い、積荷を奪い乗組員を殺して去った。船主と下人の二人だけが海に飛び込んで助かり、陸に上がって泣いているところを智徳が見つけ、事情をきいて、海賊を捕えてやるからといって襲われた時日をきいた。やがて智徳は船主をつれて小舟で沖に出て、海上に文字を書き呪文をとなえ、陸に戻って待つうちに、七日たった頃、漂流船があらわれた。漕ぎよせてみると、船中には海賊どもが酔ったようになっており、奪った荷物もそのままであったので、すべてを取り返し、海賊どもはよく諭して放免した。

かように智徳の陰陽術は海賊を呪縛し、船を引き寄せる威力をもっていたが、安倍晴明と術くらべをしようと思い、上京して晴明の邸を訪れ、初心者の体を装って弟子入りを頼んだ。晴明は智徳を見て陰陽道に練達の士であることを見抜き、また智徳が連れている二人の童子はその式神に相違ないと直感、袖の中に両手を入れて印を結び、ひそかに呪文をとなえた上で弟子入りの願いは承知した。ただし今日は暇がないのですぐお帰り下さい。そして吉日に来て下さいと応答した。智徳はこうして出ていったが、一、二町行ったところでまた引返し、あちこち探す様子であったが、晴明の前へ来て、供に連れた童子二人がいなくなったが、それを出してもらいたいと求めた。晴明は一向に知らないというと、このとき智徳はごもっともであると兜《かぶと》をぬいであやまった。晴明は、あなたが人の腕前をテストしようと式神を連れて来たのが不埒《ふらち》だと思った、わたしをそんなことでだませるかといって、また袖に手を入れて呪文を読むようにすると、たちまち童子二人が出てきた。智徳は式神を使うことには馴れているが、これを隠すことはできないと告白し、改めて弟子入りをした。

この話に引続いて『今昔物語集』には、彼のあざやかな式神操作を卑近な例について説明しています。晴明が真言密教の高僧である広沢の寛朝僧正のところへ御用命によって参上のおり、若い公家や僧どもが式神を使ってたちまちに人でも殺せるかと晴明にきいた。晴明は人でも虫でもできないことはないというと、ちょうど庭に蝦蟆《がま》が五、六匹とび出してきたので、あれを殺してごらんなさいと注文した。晴明はやむなく草の葉を摘み切って呪文をとなえ、蝦蟆の方へ投げると、草の葉がその上にかかるとみた途端に蝦蟆はひっくり返って死んでしまい、居合わせた人々は色を失った。晴明は自宅で無人のときは式神を使うとみえて、誰がしたわけでもないのに蔀《しとみ》が上げ下ろしされ、門を閉ざしたりすることがあった。

以上のほか鎌倉初期にほぼ成立したとみられる『宇治拾遺物語』には、つぎの式神に関する話が収められています。あるとき晴明が宮廷へ出仕したところ、蔵人《くろうど》の少将という若く美しい公家が車から下りて参内するのに会った。ちょうどそのとき烏が飛んできて少将の頭の上へ糞をしかけたのをみて、烏が式神であると看破し、少将がこのため命を失うのを気の毒に思い、少将に近よって、あなたの命は今夜限りとみえます。わたしと一緒にいらっしゃい。試みてみたいことがありますといって、ともに車に乗って少将の自邸へ戻った。そして夜中、少将を晴明はしっかり抱いて身固めの作法をし、徹夜して呪文をとなえて加持を行った。明け方になって誰か戸をたたく音がし、入れてやると、これは相聟《あいむこ》の五位の蔵人であった。事情をきくと、彼は少将がよい聟だと大切にされ、自分が見下げられた扱いを受けるのを怨みねたんで、陰陽師に頼んで、式神を使って少将を殺させようとしたのでした。しかし少将はたまたま晴明の力で殺されずに済み、かえって少将を殺すはずの式神が戻ってきて、陰陽師を殺してしまったと。晴明は少将にわたしが加持しなかったら危いところだったのですよと教え、その家の舅《しゅうと》は少将を殺そうとした相聟を追い出してしまった。これは晴明が、ライバルの陰陽師の式神を逆用して相手を倒した例であります。

式神はかように使い方を誤ると、自分が殺される怖ろしい妖物でありまして、元来、式占を掌る神としてまつられた人形の蠱物《こぶつ》（まじもの）であったのでしょう。ゆえに陰陽師はむろん霊媒的巫祝的性格をも有していました。晴明ほどの名人になればそれだけライバルも多く、仲間同士のせり合いは激しく、それが政治権力者の確執に結びついた例として、『宇治拾遺物語』にもう一つ話があります。

藤原道長が法成寺《ほうじょう》建立のため、工事現場へ毎日通っていた頃、白い犬を飼っていた。あるとき寺の門を入ろうとすると、お供をしてきた犬が前に廻ってしきりに吠え、衣の端をくわえて離さない。何かわけがありそうだというので、晴明を呼んで調べさせた。晴明は思案の末、これは道長を呪咀する者が蠱物を通り路に埋めたのです。それを越えるとよくありません。犬には神通力があってそれを知らせているのです、と申し上げたので、早速怪しい場所を占って掘らせてみると、土器を二つ合わせ、黄色い紙を捻《ひね》って十文字に縛り、土器の底には朱砂で一文字を書いたものがみつかった。晴明はこの呪法は極秘のもので余り人は知らないはずだが、ことによると道摩《どうま》法師のしわざかもしれない。その者を探し出しましょうといって懐紙をとり出し、鳥形に切って呪文を誦し、空へ投げ上げるとたちまち白鷺《しらさぎ》になって南へ飛んだ。この鳥の落ちたところが呪咀した者の住居だと晴明が教えたので、下部があとをつけてみると、六条坊門万里小路の川原院古屋の戸の内に落ち、そこを探索すると一人の僧がいた。捕えて訊問の末、道摩法師と判明し、左大臣藤原顕光《あきみつ》の依頼で道長を呪咀したと白状したので、本国の播磨へ追放された。顕光は道長の従兄弟にあたり、平素から無能扱いされたのを怨んで死後怨霊になり、道長に祟ったと伝えられます。

この道摩法師も有力な法師陰陽師です。室町時代の播磨の地誌『峰相記《みねあいき》』によりますと、道摩は出身地の播磨国佐用の奥に流されて死に、子孫は瀬戸内海寄りの英賀《あが》・三宅方面にひろがり住んで、陰陽師の業をついだといわれます。

祇園社と吉備真備

古来、播磨国には陰陽師が多く、その上密教と習合した法師陰陽師が目立ち、さきに述べました智徳や道摩はその有力者でありますが、『宇治拾遺物語』の中に内記上人寂心が仏堂を建てるため、材木を求めて播磨国に下ったとき、法師陰陽師が紙冠をつけて祓をするのをみて、何のために紙冠をつけているのかときくと、祓戸の神は仏法を忌むから、法師姿のものは祓の間これをつけるのだと答えた。寂心は怒って紙冠を破り、僧として仏法を忌むことの不都合を責めたが、これも渡世の業であるからやむをえないと法師陰陽師が弁護した話があります。これは、妻子ある民間の法師陰陽師の生活の一面を物語るものでありましょう。

安倍晴明は播磨守を歴任しましたし、滋岳川人は播磨権介で、日下部利貞・弓削是雄も同国飾磨《しかま》郡を本籍地とし、鎌倉時代、京都には播磨の相人と呼ばれる名誉の運勢占い師（宿曜師）がおったと伝えられます。上に引きました『峰相記』によりますと、奈良朝、唐に留学して陰陽道の極意をえて帰朝した吉備真備《きびのまきび》が、途中播磨国広峯山の麓に一泊したとき、牛頭《ごず》天王の夢をみ、ここに勧請《かんじょう》してまつったのがわが国祇園社の最初であるとして、広峯祇園社と陰陽師の関係を示唆しています。しかしこれは平安末、安倍氏から陰陽道を学ぶ者が京都祇園社の祝《はふり》僧（神宮寺である感神院の住僧）の中から出て、主祭神である牛頭天王の疫神信仰が陰陽道と結びつき、後世民間における宿曜道、つまり町易者の源流になりましたところから造作された説で、播磨では祇園社出現以前より陰陽師は活動していたものと思います。

祇園社の信仰と陰陽道の習合はいずれあとに詳しくお話しするとして、平安時代より吉備真備はわが国陰陽道の先駆者として仰がれ、祇園御霊社系統の神社でまつられるほどになっていました。超人化、神秘化された点では、安倍晴明以前のものがあったのです。実際『続日本紀』には、「入唐し留学して業を受け経史《けいし》を研覧して衆芸に該《か》ね渉《わた》れり、我が朝の学生、名を唐国に播《ほど》こす者はただ大臣（真備）と朝衡《ちょうこう》（阿倍仲麻呂）二人のみ」と賞揚しているほどで、白河院政期に成った大江匡房《まさふさ》の『江談抄《ごうだんしょう》』になりますと、真備が唐に留学中、その英才、超能力ぶりを発揮した話がみられます。彼が余りにも諸道芸能に熟達したので唐人はこれをねたみ、楼に幽閉した。風雨の夜に鬼が出て、自分は遣唐使の安倍と名乗り、この楼に幽閉されて餓死し鬼となったが、自分の子孫は日本でどうなっているか知りたいというので話してやると、鬼は大いによろこび、その恩返しに今後、唐の国事を教えてやると約束した。夕方また鬼が出てきて、この国で真備に『文選《もんぜん》』を読ませて恥をかかせようとする企てがあると教えた。鬼の飛行自在の術をもって真備は楼をぬけ出し、鬼に案内されて帝王宮の『文選』が講ぜられる所へゆき、三十人の儒生に交って講義を聞き暗誦し、暦本に書いて唐の勅使を驚かせた。

つぎに唐人は囲碁をもって真備をやっつけようとはかった。鬼がこれを知って三百六十目ばかり組んでこれを教えたので、唐の名人との対局にも勝敗がつかず、真備はひそかに相手の石を一個飲み込み、そのため唐人は負けた。唐人は石を数えると一個足らず、占ってみると真備が飲み下したことがわかったので、怒って呵梨勒丸《かりろく》を飲ませて出させようとしたが、止封の術をもって出さなかった。唐人は怒って食を与えなかったが、鬼が数カ月にわたって毎夜食を持ってきてくれた。つぎにまた唐人は、名僧がつくった結界の文を帝王の前で真備に読ませた。真備は日本の住吉大明神と長谷寺観音を念じたところ、蜘蛛《くも》が文字の上に落ちて来て糸を出し読み方を教えたので、これも難なく読破できた。唐人は楼に真備を封じ込めて殺そうとしたので、鬼がこのことを真備に知らせた。真備は鬼に頼んで百年たった双六《すごろく》筒や卜占の式盤《ちょくばん》をとりよせ、盤で筒を覆う呪法を使って唐土日月を封じ込めた。そのため唐土は天地振動して大騒動になり、これを占うと真備の所為とわかった。真備は日本へ帰してくれるなら封じ込めを解こうといったので、唐人も仕方なく真備を日本へ帰した云々。この話は、匡房の母方の祖父橘孝親が先祖より伝承されたものですが、文献にもみえていて決して昨今の作り話ではないと匡房は断っています。

京都栂尾《とがのお》高山寺が所蔵する『宿曜占文抄』は、平安朝の宿曜道に関する珍しい史料ですが、その中で真備は在唐中、三史・五経・刑名・算術・陰陽・暦道・天文・漏刻・漢書・遁秘術・雑占等十三道に通暁し、とくに宿曜属星祭の秘法をもって従二位右大臣まで昇進し、また自分の定業を薬師仏に祈って知ったと述べていまして、平安朝にはすでに法師陰陽師の間で神格化され、崇敬されていたのです。

泣不動の霊験談と名人揃

密教と陰陽道の習合についてはまた章を改めてお話ししますが、一つ安倍晴明に仮託した挿話が鴨長明《かものちょうめい》の仏教説話集『発心集』に出ているのに注目しましょう。園城寺《おんじょうじ》（三井寺）の智興内供《ちこうないく》と呼ばれる高僧が重病にかかり、その安否を晴明に占わせると、病は定業なれば致し方なし。ただし弟子の中に身代りになる者があれば、その弟子の命ととりかえを泰山府君《たいざんふくん》に頼んでみようといわれた。いかに弟子でも身代りになるのは誰しも遠慮するものだが、一番末弟の若い証空が身代りを申し出た。そこで晴明はこの弟子の名を記し、身代りとしてこの弟子の命を召されるよう泰山府君に祈った。祭りが始まり、証空は死を覚悟し、後生菩提を一心に念じ、守り本尊の不動明王画像を拝み続けた。これに感激した不動尊は眼から血の涙を流し、汝の身代りになろうと声を出し、結局証空は我身を全うし、師匠の智興をも救って一番の弟子として重んぜられた。不動の画像は泣不動とて有名になり、三井寺常住院に保存された。この説話は、鎌倉時代に泣不動縁起という絵巻物にもなりましたが、実際に晴明が関係したかどうかは怪しい。ただ平安時代、公家の間で病気の際、延命を願って盛んに陰陽師に泰山府君をまつらせ、晴明もこの祭りが得意であったことは疑いないところですし、泰山府君が閻魔《えんま》大王と習合して人間の寿命と福禄を支配すると信ぜられましたことは、第三章で述べましたから詳細は省略します。

晴明の名人譚として、最後に鎌倉期の説話集『古今著聞集』が収録しているものを掲げておきましょう。あるとき藤原道長が物忌中、側近に解脱《げだつ》寺の観修《かんじゅ》僧正、安倍晴明、医師丹波忠明、源義家がつきそって一緒に籠っていた。そこへ五月一日、奈良より早瓜を献上する者があった。果して物忌中に道長が召し上がってよいものかどうか、まず瓜のよしあしを晴明に占わさせられた。彼が占ってみると、一つの瓜に毒気があるとてたくさんの中からそれを選び出した。実際に毒気があるかどうか加持すれば毒気があらわれるだろうとのことで観修僧正に加持させられると、その瓜が動いた。そこで忠明に命じ、この毒気を治療せよと命ぜられたので、彼は瓜をあちこち廻して眺めた末、二カ所に針を立てると瓜は動かなくなった。つぎに義家にこの瓜を破るよう申し付け、義家は腰刀を抜いて切ると、中に小蛇がわだかまっていた。忠明が立てた針は蛇の両眼に立ち、義家がわった刀は蛇の頭を見事に両断していた。それぞれの道における名人のわざはかくのごときものである。この語り草は確かな書物にのっているわけでないが、広く世間に伝えて人々が知っていることであるという。

『古今著聞集』の編者が終りに書き添えたとおり、恐らく信拠すべき記録にある話ではなく、いつしか世俗でいいふらされた俗説なのでしょう。余りにも道長の許に名人が揃い過ぎ、造作のあとが歴然としていますが、長期間にわたる道長の物忌に、護身のため医師や宗教家・武芸者を伺候《しこう》させていたことはあったかもしれません。その場合、何を措いても物の吉凶判断が優先したのでありまして、権力者に奉仕するものとして陰陽道が最重要視されたことは、この話が象徴的に示しています。

晴明は寛弘二年（一〇〇五）八十五歳でなくなり、その墓は京都市の東福寺門前遣迎院の竹林中にあるといい伝えております。彼は賀茂川が毎年氾濫するので呪法をもって水を涸れさせ、呪法を修した五条橋の北に法城寺を建立しました。寺号は「法」すなわち水を去り、「城」すなわち土になるの意で、真言僧が住職になりました。晴明没後、ここに葬られましたところ、梅雨の水害で晴明の墓を三条橋の東へ移し、さらに東福寺の門前へ改葬したものである、と江戸期の地誌『雍州府志《ようしゅうふし》』に述べられています。

具注暦と物忌

晴明がなくなったのは、道長を中心とする摂関全盛期がようやく始まろうとする頃であり、あと十年ばかりの間は賀茂氏の光栄が斯道を主宰し、彼が七十七歳でなくなったあとは守道《もりみち》が主計頭・暦博士・従四位下、その子道平《みちひら》は主計頭・暦博士・陰陽博士・正四位下、その子道言《みちこと》は主計頭・暦博士・正四位下と保憲が主計頭であった伝統を継ぎ、四位の地位にありました。また道言になって初めて陰陽頭の地位を得ました。安倍氏の方は晴明の子吉平が陰陽助・主計頭・陰陽博士・従四位上、吉平の弟、吉昌が陰陽助・天文博士・正五位下、吉平の子、章親《あきちか》が安倍氏として初めて陰陽頭につき、天文博士・正五位下に任じました。こうして賀茂・安倍両氏の陰陽道宗家としての伝統は確立し、摂関家その他の公家や後宮に奉仕することによって、その権威が保持されました。

その奉仕の一つとして暦の作成があります。暦といいましても、季節や日の吉凶、陰陽道的禁忌（タブー）などを注記した具注暦《ぐちゅうれき》が求められたのでした。律令制度では中務省管下の陰陽寮で暦博士が造り、十一月一日までに新年の暦を調進し、そのため宮廷では御暦奏と呼ばれる行事があります。奈良時代より造られ、遠江国城山遺跡から断簡で出土した天平元年（七二九）の年紀の入ったものが、実物として最古のものといわれています。また、公家が個人で注文して造らせた完全な具注暦としていま遺る最も古いのは、道長自筆のもので、『御《み》堂《どう》関白記』の名で知られ、これは具注暦に彼が日記を書き付けたものです。長徳四年（九九八）より治安元年（一〇二一）まで二十余年にわたり、当時の政界や宮廷行事のみならず、陰陽道の禁忌に左右された公家の生活をよく窺わせるものです。長徳四年、長保元年（九九九）の二年間は大春日栄種《ひでたね》と賀茂光栄が、寛弘四年（一〇〇七）より六年までは中臣義昌と賀茂守道、寛仁三年（一〇一九）、同四年は賀茂守道によって具注暦の造られたことが明記され、多くの陰陽家が道長のために造暦を行ったことが知られます。

暦の上で最も興味を惹くのは物忌でありましょう。物忌はわが固有の信仰としても古くからあり、一定の期間、外部との交渉を遮断して閉じ籠り、その結果、清浄な身になり神事を勤めるもので、物忌をすることにより新たに清浄な人間として生れ代ることを意味します。

その閉じ籠るために頭からひっかぶる布団のようなものが真床襲衾《まどこおふすま》で、天孫瓊々杵《ににぎ》尊が高千《たかち》穂《ほ》峯に天降《あまくだ》られたとき、この中に入っておられたのでした。物忌中にたくさんの霊魂（spirit）を身につけて、身体の再生復活が行われます。これが鎮魂の儀であり、増殖する霊魂を「みたまのふゆ」といいました。これが冬祭りの原義とされています。かような素地があって陰陽道の物忌がとりいれられました。これには祟る霊や神の存在が考えられ、暦日や方位も祟りの条件に入ります。それらの条件によってあらかじめ物忌がきまっている場合もあり、物怪や夢見の前兆を知って初めて物忌がきまる場合もあります。軽き物忌、固き物忌、重き物忌と様々の程度の物忌があります。

いま『御堂関白記』から道長の物忌を拾ってみますと、約二十年間で三百数十回に上り、年によっては五十回を超え、月によっては十数回を数えるのであります。物忌の期間は一日で済むこともあれば三、四日にわたることも珍しくなく、半月以上に及ぶ場合もみられます。物怪には大和多武《とうの》峯《みね》御神体破裂、禁中の宮殿内へ牛が上がってきたこと、興福寺の塔に烏が巣をしたこと、鷺が寝殿上に集まったことなど些細な事柄が多いのですが、多武峯や興福寺など藤原氏に縁故の深い社寺の物怪は、藤原氏全体を統轄し氏長者の位置にある道長にとっては、自分の身の廻りに起った物怪と見なされました。とくに面白いのは多武峯で藤原鎌足の木像がまつられており、事あればこの像が破裂するといい伝えておりました。

物忌中は写経・読経のほか、詩歌に興じ、法要・講会を催し、管絃を楽しむことなどに宛てられましたが、例えば内裏火事など緊急事態が発生すれば、物忌を破って外出することもありました。道長と再従兄弟に当たり、右大臣になりました実資《さねすけ》も日記『小右記』を遺していまして、それをみますと、彼も永観三年（九八五）、長和五年（一〇一六）それぞれ二十二回、治安三年（一〇二三）三十回と道長ほどではないにしても、よく物忌をしています。物忌の軽重に応じて邸の門を完全に閉めたり、一部分開いたり、いろいろ操作している様子です。しかし時には連日の勤めに疲れて、物忌と称して休養することもありました。道長の玄孫に当る忠実は白河院政期に関白をした人ですが、その日記『殿暦』を調べますと、彼は年平均八十日ぐらい、年によっては一年の三分の一ぐらい物忌をしていました。物忌のときは軒に生えた「しのぶ草」を衣服にさす習慣があり、柳の木を三分ばかり削って物忌と書き、糸につけ、しのぶ草の茎に結びつけて冠や簾にさしておくこともありました。天皇でも右の『小右記』の記録によりますと、円融天皇は天禄二年（九七一）四月と翌年四月は忌月と称して南殿に出御なく、天元五年（九八二）は四カ月の間に三十回に上る物忌をされた由で、たとえ形式的にせよ政務の渋滞は察するに余りあります。

様々の方忌

物忌について注意される禁忌は方違《かたたが》えです。出かけようとする際、その方角が忌むとされるときは前日に一たん別の方角の場所へ赴き、そこで夜を明かし、つぎの日に目的の場所へ出かけるものです。貞観七年（八六五）八月、清和天皇が東宮より内裏へ向かわれようとしたとき、陰陽寮が内裏は東宮から乾の方角に当たり、天皇の御本命は午で、この方角はこの年は絶命になるゆえ、避けられるよう進言し、このため一たん太政官庁に方違えされたのが最も古い記録とされています。このように本命星との関係で、特定の個人についてのみいわれる方忌《かたいみ》と一般人に共通する方忌とあり、後者は天一神・王相・大将軍・金神などの神の遊行する方角を避けるものです。

天一神は北極星の傍にある星神で、遊行せずに天上にあるときは、天一天上と称して何事も吉とされます。道長はその娘で三条天皇中宮になった研子が参内するとき、日の吉凶をみた際、晦日より天一神が西にあって禁忌の方角になることに気付き、安倍吉平に相談しましたが、吉平は返答できず、改めて考えた末、参内日を別の吉日に選んで報告しています。これは道長の活躍した十一世紀初めには天一神の方角についての禁忌がまだ一般的ではなかったからでしょう。『源氏物語』では中神といっておりまして、光源氏が内裏から左大臣の邸へ来るとき、中神の方角に当たるのに頓着せず、女房にすすめられて初めて他の家へ方違えした話をのせており、これもそのことを傍証しています。王相は特定の神というより、木火土金水の五行が互いに四季の間に盛衰を繰り返すその様相を指し、十干・十二支や易の六十四卦の複雑な組合せから割り出されるもので、十一世紀以後にやかましくいわれ出しました。

大将軍は太白の精で金星を指し、十二年で四方を一周するとされるものです。中世、祇園社の牛頭天王信仰が陰陽道をとりいれ、その八王子（八将神）の一つとされましたが、平安朝は独立した陰陽神で四方を正すとされたところから、平安京ではもともと四方に大将軍社がまつられていました。近世の地誌『山城名勝志』には北は大徳寺の門前、南は藤森社の中、東は南禅寺の前、西は紙屋川の東と、宮城の四方にまつられていたとあります。現在は西京一条にただ一社遺っていて、大将軍八神社と呼ばれているものがそれであります。『首楞厳経《しゅりょうごんきょう》』には天帝を官する将であって分身して三十三天にも住み、鬼神を統率して四方を鎮護するとあり、仏教と習合した考えも出てきました。大将軍八神社では素戔嗚《すさのお》尊五男三女を祭神とし、六十数体の神像彫刻を所蔵しており、それらは大体、鎧《よろい》をまとった武装像か、束帯風の像で、平安末から中世にかけての作と考えられています。ただ神像一々の神名については明らかでありませんが、毘沙門天ふうの武装神像には恐らく大将軍をあらわしたものがあると思われます。素戔嗚尊と同体とされる牛頭天王をまつった祇園社でも平安末、大将軍の神像をまつっていました。また保元三年（一一五八）八月、関白藤原忠通《ただみち》がその邸高倉殿を造営するにあたり、地鎮祭を行ったとき、陰陽頭賀茂在憲《あきのり》は大将軍の影像をかけ、鏡を安置して大将軍祭を行っており、図像もつくられていたことが知られます。

金神忌は白河上皇が清原宣俊《のぶとし》の上奏を入れて、採用されてから世人の注目を惹き、院政期を通じてその方忌の是非が盛んに論ぜられ、鎌倉時代よりは広く行われるようになりました。金神とは金気の精で、その方位を犯すときはその人の家族七人を殺し、あるいは隣人に災が及ぶとの金神七殺の祟りが怖れられました。

以上のほか、院政期から脚光を浴びた方忌に鬼門があります。これは東北隅に棲む鬼が出入する門のことで、紀元前二世紀頃、東方朔が著わしたと称する『神異経』にそのことが記されています。紀元前六世紀頃の『山海経《せんがいきょう》』には東海に度朔山という山があり、神荼《しんと》・鬱塁《うつりつ》の二神が棲み、山上の三千里にわたって繁茂する桃樹の下で百鬼を簡閲し、悪鬼を葦索で執《とら》えて虎に食わせていた。東北に門があってそこから鬼が出入し、二神はその門で簡閲していたが、十二月の末には二神の画像と悪鬼を縛る葦の縄を門に懸け、凶を防ぐ呪法としたと述べられており、中国では六世紀には十二月一日、門前に烟火・桃神・紋索・松柏などを作り、疫神を駆逐する民俗が行われていたということです。鬼門の方忌は、たぶんこうした中国の辟邪信仰（邪穢を祓い除く）から来たもので、牛頭天王の疫神信仰の流布とも関係があると思います。一方、天台では平安遷都のとき嵐が丑寅の方から吹いて来て害を与えるので、伝教大師がここに寺を開き、桓武天皇は比叡山延暦寺の護持を恃《たの》まれたとの説が鎌倉時代の『叡岳要記』にみえており、天台座主慈円も

わが山ははなの都の丑寅に鬼いる門をふさぐとぞきく

と詠んで、少なくも十三世紀には仏教で信ぜられていたのでした。

白河上皇と大江匡房

以上のようにみてきますと、方忌は道長の時代以降、むしろ院政期に入って一段とやかましくなり、煩雑化した様子が察せられます。これは様々の禁忌が、摂関家主導型から院政を執る上皇主導型に変ってきたことによるのでありまして、白河上皇は造寺造塔・法会など仏教的な奢侈《しゃし》を好み、奔放な生活を楽しまれた中で、新規な禁忌の採用にも興味を示し、かたがた権力者としての主導性を誇示することも意識されたのでしょう。上皇は、二月四日の祈

年祭には、二日より僧を忌み近づけず、四月は灌仏の有無にかかわらず、八日または九日以後僧尼を忌むとか、即位などのとき遣わされる宇佐使は参向の期間、天皇は精進であるが、伊勢奉幣の場合、参向の期間、魚食でもよいとか、煩雑な禁忌作法を摂政・関白に指示されています。陰陽師たちはこうした新説にふりまわされた観がありますが、この情勢に乗じて賀茂・安倍両氏以外にも大中臣・中原・惟宗《これむね》・伴・大江諸氏の中には斯道に造詣を深め、新たな禁忌を唱導する者が出たのでした。

大江匡房はその代表的人物で、博学をもって世に聞こえ、時の関白師通は匡房の指示を仰いで物忌を行い、食事に呉公《むかで》が出てきたときは占わせて吉の報告を受けるなど、日常卑近なことについても吉凶を匡房にききました。人相占いにも秀で、藤原清隆が院の使として彼の邸を訪れたとき、ちょうど彼は持仏堂に入って念誦の最中でした。清隆は縁に坐って明障子をへだてて匡房と対談しましたが、帰ろうとすると、匡房は障子を細目にあけて、あなたは正二位中納言まで上り、命は六十六まで生きられると告げましたが、果してそのとおりになったとの逸話があります。

『江談抄』は彼の談話を筆録したものですが、陰陽道関係の記事が多く含まれています。

吉備真備が中国で非凡な才能を発揮した話は既述しましたが、匡房は陰陽道の先駆者としての真備に非常な関心をもっていました。また、堀河天皇の運勢は宿曜道によく適《かな》っていたので二十余年も在位されたのだとか、中納言平時望《ときもち》は一条左大臣源雅信《まさのぶ》が年少のとき昇進の官途を予言して適中したとか、時望の家は代々相人術を伝えていたとか（事実、中世には法師陰陽師、宿曜師を多く出しました）、自分が世間から熒惑《けいわく》精と呼ばれている話などが見えます。熒惑は火星であり、天文道ではこの星があらわれると世上災が起るとか、世人を惑わすとかいわれる妖星でありまして、匡房の言動が当時の知識人に少なからぬ影響を与えたことを示唆したものでありましょう。

彼は多数の著作を遺しましたが、その中で『狐媚記』は異様な本であります。これは洛中洛外で狐に化かされた話を集めたものですが、単にわが民間の荒唐無稽な話に興味を感じて集録したものでなく、中国の話を参酌しながら狐媚の妖という陰陽道の妖異思想への認識を深める上から著わした本だったのです。匡房が仕えた堀河朝は、四条朝とともに改元頻度の最も高かった時代であることは第二章に述べたとおりですが、匡房は改元にも深くかかわった人物で、当時の災異思想高揚が彼の活動と無関係でなかったことを想像させられるのであります。

第五章　易に心酔した政治家

奈良朝の陰陽家

　わが国の陰陽道は律令国家の成立とともに官僚機構の中に組み込まれ、公的活動を本来使命としましたが、平安朝の公家専制下では宮廷陰陽道として貴族に対する私的奉仕が多くなり、様々な弊害を生じ、政治の頽廃的様相に拍車をかけました。政界に活躍した有名な人士の中にも、なまじ易に凝り過ぎて、その身を滅ぼす者があらわれましたが、まさに頽廃的政界をよく象徴したものといえましょう。

　まずその前に奈良朝から話を進めてまいりましょう。律令制では陰陽道はすべて国家が管掌すべきものであって、個人が勝手に利用することは厳禁せられ、みだりに天文を観て国家社会の未来を論じ、人を迷わし、あるいは天文観測や卜占《ぼくせん》の器具ならびにそれに関する図書を私有することを許しませんでした。しかし実際には例えば新羅僧行心《ぎょうしん》は卜占に詳しく、天武天皇皇子、大津皇子の骨相をみて、人臣に異なるものありとして皇子に野心を起させた廉《かど》により、飛騨国に流される事件がありました。その後も陰陽家で政治家と接触して政局の渦中に巻き込まれ、出世・没落の浮沈を経験した人物がありました。光仁朝、陰陽頭・安芸守・従四位上をもって死んだ大津大浦《おおつのおおうら》はその一人であります。

聖武天皇崩後、光明皇后の信任を得、淳仁天皇を擁して一時絶大な権力を振るった藤原仲麻呂は、若くして算を大納言阿倍宿奈麻呂《すくなまろ》に学び、兆占に通じたといわれますが、弓削《ゆげ》道鏡が孝謙上皇の御信任を得るに及んで不安を感じ、上皇を倒そうと策略を練り、その成否を大浦に占わしめました。大浦はその結果、仲麻呂の陰謀を知って大いに驚き、これを上皇に告げ、これによって上皇は仲麻呂討伐の軍を起されたのでありまして、その功績をもって大浦は宿禰《すくね》の姓を賜わり、従四位上兵部大輔兼美作守に任ぜられました。一方、仲麻呂は近江国高島郡に敗走し、前少領角家足の宅に泊まったとき、夜、甕《かめ》のような大きさの星がその臥屋の上に落ちたと『続日本紀』に述べられていますのも、易に溺れた彼の最後を叙するのにふさわしい記事でありました。中国では宰相・将軍などの権力者の死に際して相星・将星が墜ちると伝えられ、天文の変の一つとして注目されています。たまたま隕石の落下でもみた陰陽道官人か知識人が、仲麻呂の滅亡、目睫《もくしょう》の間にあることを予言したのかもしれません。

功績によって昇進しました大浦はその後、和気王の謀叛事件に連坐して日向守に左遷される憂き目に遭いました。和気王は舎人親王の孫で、仲麻呂の乱には功を立て、従三位参議になったほどでしたが、称徳天皇のとき皇太子が定まらないのに乗じて野心を起し、大津大浦らと会合して謀を議したといわれ、山城国相楽郡で殺されました。大浦はその和気王に誘惑せられたというので左遷され、所有する天文・陰陽の書を没収されております。もっとも和気王の叛謀については確たる証拠はなく、恐らく冤罪《えんざい》であったとみられます。称徳天皇がなくなりますと大浦は名誉を回復し、召し出されて陰陽頭・安芸守に任ぜられたのでした。

藤原頼長の『周易』研究

平安朝に入りますと、陰陽家は政治上の権力闘争に巻込まれる危険がふえ、公家貴族は闘争の激化につれて卜占に翻弄される者が目立ってきました。摂関全盛期、道長を怨んだ左大臣顕光《あきみつ》が安倍晴明の有力ライバル道摩《どうま》法師を使って呪咀させた話は前章で述べたとおりですが、院政が始まって公家社会に動揺が起りますと、この情勢はいよいよ著しくなりました。白河上皇が造寺・造像・法会開催・熊野詣をはじめとする社寺参詣を通して奔放な奢侈《しゃし》生活にあけくれていました中で、陰陽道の禁忌・卜占に積極的な興味を示されたことは、これも前章に述べたとおりです。そして陰陽家以外の知識人の活動がこれに乗じて陰陽道的ムードを煽り立て、陰陽家はむしろこれに追随しつつ、互いに仲間同士のせり合いを激化させてゆきました。そうした中で、鳥羽院政期には皇室や摂関家内部の矛盾対立が深刻化し、政局を緊迫させ、ついに保元・平治の乱が勃発して公家の天下は終りを告げましたが、不安におののく公家たちの中にはすぐれた才智をもっていたのが災し、かえって陰陽道に中毒し、わが身を滅ぼす者さえあらわれたのでした。その代表が藤原頼長と藤原通憲《みちのり》だったのです。

頼長は保安元年（一一二〇）五月、関白忠実《ただざね》を父、土佐守藤原盛実《もりざね》の娘を母として次男に生まれました。全盛期の道長より数えて六代目に当たります。十五歳で早くも正二位権大納言、翌年右近衛大将内大臣、三十歳で左大臣従一位とめざましい昇進をとげたのは、摂関家の御曹司として最高の門閥出身者であったのによりますが、同時に彼の勤勉誠実な性格とすぐれた才能がこれを助けたのでした。異母兄の忠通《ただみち》が詩歌に巧みで書道にも秀で、いわゆる公家貴族タイプの典型として温厚な紳士であったのに比べ、頼長は天地の理法を探り、道義を正し、大いに国家の経綸を行おうとする学者ふうの理想主義的政治家でした。ですから、自ら文学・詩歌・管絃のたしなみは無用と斥け、漢籍・儒書や歴史書に親しみ、寸暇を惜しんで読書しました。

そうした勉学欲は、ついに康治二年（一一四三）二十四歳に至って易の研究に手をつけさせることになりました。それは翌年が甲子《かっし》革令の年に当たり、辛酉《しんゆう》革命と並んで改元することが慣習化されていましたので、前年からその改元の相談が持ち上がっていました。頼長はこれに対し、従来知識がなかったので、来年の改元の会議に備えようと、持ち前の好学心から易の勉学を思い立ち、家司《けいし》である藤原成佐《なりすけ》にそのことを打ちあけました。成佐は頼長に仕え、当時三十歳を少し過ぎた年配でありましたが、彼の母は陰陽頭賀茂道言《みちこと》の娘でしたから、母をとおして陰陽道に造詣があり、頼長に革命革令の説は易から出たものゆえ、その知識の必要を説きました結果、頼長は易のバイブルとも称すべき『周易』のテキストを準備させました。また『周易正義』は魏晋（三世紀後半—四世紀）の頃につくられた中国の権威ある注釈書ですが、これは清原信俊の摺本《すりほん》を借り、美紙をもって能書の人に写させ、これを信俊に贈って摺本の方を貰い、千金にも替えがたい本だと喜びました。

かくて易の勉強の用意はととのいましたが、『周易』を学ぶ者は凶ありとか、五十歳以後に学ぶべきであるとか、当時の公家社会では言われていました。これに対して、頼長はいっこうそれに学問的根拠はない、梁の皇侃《こうがん》が著わした『論語義疏』のごときはむしろ少年の時に学ぶべしとしているくらいで、たんなる俗信で問題にならないとしながらも、一応俗信を顧慮して大事をとり、当時陰陽道の大家で易占の名手とうたわれた安倍泰親《やすちか》に頼んで泰山府《たいざんふ》君《くん》祭をしてもらい、凶難を予防することになりました。十二月三日に行う予定が雨で延び、七日夕刻から川原で勤められました。おりから雪のしきりに降る中で、川原に立って泰山府君に祈り、易を学び、天地の理を究めるのは正道である。正道を学ぶのにどうして凶事があろうかと話しているうち、雪が止み空が晴れて月がみえました。彼はこれは天が易の学習を善しとしている証拠だと大いに喜び、ついで泰親が祭りを執行し、成佐が作った泰山府君の都状《とじょう》が読み上げられました。都状についてはすでに説明しておきましたとおりですが、頼長の場合、易を学ぶのは君父に仕えるためで、天地の理を究めるのにとても五十歳まで待つことはできない。また来年は厄年なので、いよいよ謹慎して禍患を未然に払いたい、といった意味の文句が書かれてありました。

かくて翌八日より『周易』を読み始めるに当たっては烏帽子《えぼし》・直衣《のうし》を着し、手を洗い口をすすぎ、書を礼拝して恭敬を尽くしました。師匠は成佐で、十九日よりは『周易正義』の講読に移りました。翌天養元年十二月一日には、易筮《えきぜい》をもって卦を立てる法を、当代一流の知識人で三十九歳の藤原通憲に教授するよう要請して承諾され、十一日より通憲を招いて教えを受けました。易筮伝授にあたっては、物々しい意義づけが行われました。頼長邸の寝殿西北の廊にその座を設け、通憲は西面し、頼長は東面しました。これは頼長の説明によりますと、むかし中国で周の武王が丹書を太公望から受けた先例に基づくというのであります。通憲が先に卦をつくり、頼長がこれを見習って行いましたが、その時刻が夜闇であったのは人目を避ける意味があったのでしょう。深更の子刻に通憲が伝授し終って辞去するとき、このことは余り人に喋るなと注意し、秘書『帖子銭著』を貸してくれましたので、代りに『列見考定抄』二帖を進呈しました。貸されたこの本は人にみせず、写したらすぐ返してくれといわれ、頼長は百日間寝食を忘れて書写しましたが、この本は今日遺っていないので内容はわかりません。あるいは銭をもって占う法が記されていたのでしょうか。とにかく、通憲にとってはよほどの秘蔵本らしく、百日もかかって写されたからには量的にも相当な本であったのでしょう。成卦の法を習った翌日、頼長は朝廷に出す甲子革令の沙汰文を徹夜して書き上げました。いずれにしても、摂関家の中心人物が陰陽家はだしでみずから卦を立て卜占をやることは余り好ましいことでなく、通憲も請われるままに教えたものの、ライバル意識もあって人に知られたくなかったのでしょう。

藤原通憲の学才と自己卜占

この辺で通憲の人物について少し説明しましょう。彼も成佐と同様、藤原氏の支流に属し、二流貴族でした。奈良朝、藤原武智麻呂の家である南家の後裔で、しかも南家の中でもまたその分家筋に当たっていましたから、摂関家とははるかに疎遠な三流四流の下層公家の家筋で、とうてい出世の見込みなく、少納言・正五位・日向守に止まっていました。しかし博学多才、九流八家（儒・道・陰陽・法・名・墨・縦横・雑・農の九流と仏教の八宗）の諸道に通暁した達人で、自他ともに当代第一の知識人をもって任じ、妻は後白河天皇の御乳母となって紀伊二位と呼ばれたほどですから、身分は低くともその意見は朝廷において重んぜられ、採用されることが多かったのです。

たまたま宮廷出仕の際、鬢《びん》をかき頭髪をととのえ、身づくろいをしながら手許の盥《たらい》の水にうつった自分の顔をみると、「寸の首剣の前《さき》にかかって」落命するの面相に気づき、大いに驚いて以後悩むようになりました。その頃、宿願あって熊野参詣をしましたが、途中、紀伊国切部王子の前で人相見に出会いました。この人も通憲の顔をみて、あなたは諸道の才人とみえる。ただし、寸の首剣の先にかかって露命を草上にさらす相が出ているのはどうしたことかと問い、今までやったことを一々占っては当てたので、通憲はすっかりこの人相見を信用し、この剣難の相はどうしたら遁《のが》れられようかときくと、出家でもされたらよいでしょうが、それも七十歳を超えればどうかはわからぬが、と述べた。自分で自分の面相を占うくらいの碩学《せきがく》が、民間路傍の易者にきいて出家を決意したのは、よくよく思い余ってのことですが、朝廷に出家を願い出、それにつき日向の入道と呼ばれるのは嫌なので、少納言の官を賜わりたいと鳥羽上皇に訴えました。上皇は少納言はそんなに簡単にやれる官職でないと渋られたのを、歎願の末、やっと許してもらい、出家して少納言入道信西《しんぜい》と称しました。子息は参議・従三位になった俊憲、飛驒・摂津守・少納言・従四位下になった貞憲、少納言・従五位下になった是憲、権中納言・正二位になった成範《なりのり》、参議・兵衛佐・正三位になった修範《なかのり》、法勝《ほっしょう》寺執行になった静賢《じょうけん》、法印大僧都で天下の名唱導者（説教師）といわれた澄憲《ちょうけん》、高野山に住んだ明遍大僧都、東大寺別当権僧正になった勝賢など実に多士済々なものがありながら、生涯には不安を抱かざるをえない不思議な御仁でありました。

出家は頼長に伝授を行った三十九歳のときでした。『平治物語』には彼の博識をしのぶ数々の挿話がのせられています。その二、三をお話しします。久寿二年（一一五五）冬の頃、鳥羽法皇が熊野山に御参詣の砌《みぎり》、那智山に淡海なる唐僧がいました。この人は日本語ができず、中国語で話すのを通憲は応対し、その上、中国の故事来歴について淡海の質問に一々明答を与えたのでこの唐僧は驚き、通憲を生身の観音とて礼拝したのでした。また保元元年(一一五六)春の頃、法皇が比叡山へ御幸のとき、延暦寺の宝物を数々御覧になりましたが、天台僧の知らなかったものさえ一々詳しく説明申し上げ、衆人を感歎させたといわれました。こんな調子で何事をきいても知らぬことがなかったので、死後も手には日記を持ち口に筆をくわえ、閻魔《えんま》庁でも第三の冥官になったと彼の死後、人々の夢にみえました。それだけに蔵書も大変なものでありまして、現在、通憲入道蔵書目録が遺されています。それは百七十余の櫃《ひつ》に分けて納められ、三百余の書名が挙げられているのをみますと、文芸関係のものは少なくて漢籍類・歴史書・法令・儀式・典礼関係書・記録類が主で、陰陽道・天文道関係書も『周易』および注釈書、『天文要録』『天文抄』『抱朴子《ほうぼくし》』など道教書や易書を含めた約二十数種が挙げられています。これによっても彼が頼長同様、哲学・史学・法制に関心を寄せた才人肌の冷徹な型の人物であったことが知られましょう。要するに、才能は余りあって情に欠け、徳の乏しい性格の持ち主であったわけです。

頼長の易者的活動

さて頼長に話を戻しますと、彼は通憲から卜筮《ぼくぜい》を会得したことによって得意になり、しきりとこれを実際的に試み始めました。ある人がある事柄について彼に吉凶をきいて来たので、宿曜《すくよう》師寛救《かんきゅう》に命じて占わせるとともに、自分も占筮の結果、両者の卦に一致した部分と一致しない部分がありました。宿曜師は陰陽師のように運勢占いをする密教僧で、頼長は宿曜師とも卜占能力を競ってみたかったのでしょう。四月二十五日に通憲が病気にかかったので、見舞いの使を出す一方、千手供を修し、千手陀羅尼二十一反を誦して平癒を祈りました。さらに陰陽道の第一人者泰親を呼んで吉の筮を得、自分自身も占ってみて必ず平癒すると判じたのでした。ついで宿曜師寛救が瘡をわずらい、これも占って療養すれば快方に向かうと判じましたが、数日後、死去しています。

十月二十三日より『周易』の研究会を開くにあたり、当日は朝から雨が降っていました。試みに孝能という者に八卦の筮を立てさせ、出た卦をみた上で、頼長は『混林雑占』と称する本を参考にしてこの雨は晴れないと判じましたが、他の人々は晴れようと主張しましたが、結局雨となって頼長の占いが勝ちました。夕方より彼自身が講師になって易を講義し、清定安や藤原友業《ともなり》に質問させました。これは相当に自信ができた証拠でしょう。

またこの頃しきりに鵼《ぬえ》が鳴き、世間では何か不吉な事が起るのではないかと畏れました。頼長も時おり泰親や寛救に占わせ、あるいはその声、人の哭泣《こっきゅう》するのに似て不吉の鳥ともいわれましたが、実体はトラツグミのことであろうとされています。有名なのは『平家物語』にみえる源三位頼政の鵺退治譚です。近衛・二条両天皇とも幼少で即位し、毎夜御殿の上に鳴く鵺の声におびえたため、これを射落して手柄を立てたことになっています。近衛天皇のときに射落した怪鳥は頭が猿、胴は狸、尾は蛇、手足は虎の恰好で、啼き声は鵺に似るとありまして、実は鵺からもかけ離れた奇想天外の怪獣であり、全く虚構の産物でありました。褒賞として頼長から獅子王の名剣が授けられ、頼長自身、

ほととぎす、名をも雲井にあぐるかな

の歌を贈り、頼政はこれに対し、即座に空の月を見上げつつ、

弓はり月のいるにまかせて

と詠み、弓矢の道に止まらず、歌道にも名をあげたと述べていまして、話がうまくでき過ぎた嫌いがあります。その上、二条天皇のときにも同様に射落したのに、この際の怪鳥の正体については語るところがなく、褒賞は大炊御門《おおいみかど》公能の手から御衣を渡されたことになっており、

五月やみ、名をあらわせる今宵かな

の讃詞に対して、

たそかれ時もすぎぬとおもうに
との奉答歌が記され、歌の方は前回に比べて精彩を欠いています。これらの武勇譚はほかに傍証する史料がなく、さきには堀河天皇が怪鳥に悩まされ、源義家の三度にわたる鳴弦の作法で平癒された話もあるところから、清和源氏歴代の武勇譚として造作された疑いが強いのです。白河・鳥羽・後白河と院政の続いた当時、幼少の天皇が上皇の指図でつぎつぎと即位されており（堀河は八歳、鳥羽は五歳、崇徳五歳、近衛三歳、二条九歳、六条二歳、高倉八歳、安徳三歳、後鳥羽四歳でそれぞれ即位）、病弱な幼主を護るために上皇は様々の呪法を行わせましたので、祈禱僧・陰陽師とならんで武士がこれに奉仕させられたことを示唆しています。弓弦を鳴らして悪魔を払うこの鳴弦の作法はすでに平安中期、朝廷行事として知られていましたが、院政期には幼主護持のためいっそう頻繁かつ厳重なものがあったのでしょう。

頼長は久安《きゅうあん》元年（一一四五）正月より造り始めた書庫が出来、四月二日を吉日、午刻を吉時として書物の搬入を行いました。まず彼が衣冠直衣で春秋緯の櫃を持ち、陽の棚に置き、成佐は易・詩等の緯、および河渠《かきょ》書の櫃を持ち、陰の棚に置きました。建物は瓦葺きで高さ一丈一尺、東西二丈三尺、南北一丈二尺で、南北に戸をつけ、四方板張りで、その上に石灰を塗り、戸には牡蠣《かき》の粉を塗って剝落《はくらく》しないようにしました。書庫の外は広さ七尺、高さ一丈三尺の芝垣を廻《めぐ》らし、芝垣の外には深さ三尺、広さ二尺の外堀をつくり、その外に竹を植え、これを築垣で囲み、もって防火に完璧を期しました。同十四日、書籍目録を納め、また櫃の番号・書名などの札を貼りつけました。

六月になって頼長は床に臥し、通憲に病を占わせると、午子日に平癒すると答えました。また卜筮は卜（亀卜）と筮（蓍卜）のどちらを先にすべきかについて、通憲と論争の末打負かしましたが、通憲は感歎し、あなたの才は千古に恥じぬ、漢土にても比類少なく、わが先達の学者たちにもひけをとらず、わが国には過ぎたものであります。かえって自分はそれを心配します。今後、易学の勉強はもうほどほどになさるがよいと忠告し、さながら頼長の運命を見抜くかのようでした。頼長はこれに何も答えず、心中得意であったのをみると、やはり通憲の方が一枚上手であったのではありますまいか。どちらも終りを全うしなかったのですが、通憲はそれを予知し、頼長は全く予測もしていなかったからであります。

政界の推移と頼長の政治的窮迫

十一月中旬に入りますと、鳥羽上皇は病気にかかられました。父忠実が語るには、上皇は十七年間政権を握られているが、政道正しからず、上は天心に違い下は人望に背きながら三宝に帰依し、いままで身を全うしてきたものの、いまの病は命にかかわるかもしれないと、その重態を期待するかにみえ、また故白河上皇の怨霊がとりついているのだとも洩らしています。当時、上皇と忠実の間には疎隔の兆しがみえていました。なお噂では、通憲は上皇の疫を占って心配はないとしましたが、頼長自身が占ってみると、その政非道なるゆえ危く、もし政を正しくすれば助かるかもしれない。もっとも占家の書を究めていないから、つきつめた判断は避けようと述べています。上皇の何が非道なのかはさておき、運命を卜占で予測しようとする態度こそ、頼長の身上にとって危機を招く第一歩となるのではなかったでしょうか。彼は泰親にその占いを聞き、来年正月二月が重大だ、上皇の腹が腫《は》れ、御体がむくんでいて治癒困難ではないかと告げられていますが、その後上皇は回復された様子でありました。

久安四年（一一四八）近衛天皇は十歳に達し、元服の時期が近づきましたので、女御入内《じゅだい》の議が起り、これに対して頼長は右大臣公能《きんよし》の娘多子を養女とし、兄の摂政忠通は太政大臣伊通《これみち》の娘呈子を養女としておのおの女御入内を競い、ついに相反目する結果となりましたが、頼長の方は父忠実がバックアップして鳥羽上皇に奏請し、忠通にも諒解をとりつけて先に入内がきまりました。もっとも入内に先立ち、上皇から先例について問合せがあり、頼長は違約ではないかと一時大騒ぎをし、夫人も泰親を呼んで事の成否を占わせたところ、必ず成就するが、一時妨害する男がいると占いました。これを聞いた頼長は男とは兄忠通に違いないと思い、ここに両者の確執はようやく深刻化してゆきました。ついで呈子も入内しますと、またまた頼長はあせり、父の援護の下に多子を先に皇后とすることに成功しました。さらに忠実は忠通に迫って摂政の地位を頼長に譲るように求め、きかれぬとみると、武士を遣わして忠通の邸より藤原摂関家伝来の朱器台盤などの重宝を奪い、これを頼長に与えました。かくて頼長は漸次目的を遂げつつ順調に進み、一方忠通は不遇の境地に追い込まれてゆきましたが、久寿二年（一一五五）、近衛天皇が十七歳で崩じ、鳥羽上皇の第四子雅仁親王が二十九歳で即位し、後白河天皇になられますと、形勢は逆転しました。

さきに仁平《にんぺい》三年（一一五三）天皇が眼疾にかかられた際、忠通は雅仁親王の子の守仁王（のちの二条天皇）に譲位あるようすすめたことがあり、かたがた後白河天皇は忠通を信任せられるようになりましたが、後白河擁立の背後には通憲の暗躍がありました。彼ははじめ一族の高階重仲の娘を娶り、のち離別して紀伊守藤原兼永の娘朝子を妻とし、この朝子が既述のとおり、たまたま後白河天皇の御乳母になった関係から、不遇の環境挽回を策してその擁立に奔走したことは想像に難くありません。

一方、頼長の方には彼とその父忠実を上皇が憎んでいるとの悪いデマがしきりに耳に入ってきました。それは近衛天皇崩御後、人が巫女に天皇の霊を口寄せしてもらうと、先年ある人が自分を呪咀し、釘を愛宕《あたご》山の天狗の像の目に打ちつけたために目がみえず、生涯を終ったのだと語り、これを聞いた上皇が、人にこの像を確かめさせると果して釘が立っていた。上皇はこの愛宕山の僧を召して事情をきくと、ここ五、六年前に夜中呪咀の作法をする者があった旨を申し立て、美福門院や忠通はこれを忠実・頼長のしわざと解し、そのため上皇も両人を憎まれるようになった。信ぜられないこととはいえ、天下道俗の間にこの風評が広まっているというのです。これに対して頼長は、自分も父も愛宕山の天狗が飛行するとはきいているが、天狗の像があるとは知らなかったと告白しておりまして、事実上皇がそのため感情をそこねられたというのは他愛のない話で、むしろこの噂の立つ背景を考えてみるべきでしょう。

一体、愛宕山は、軻遇突智《かぐつち》神すなわち火神＝雷神をまつる霊山として上古より聞こえ、平安朝を通じて修験行者の道場として利用されました。比叡山が京都の鬼門（艮）に位置するのに対し、乾の方角に当たり、神門の聖域として畏れられ、陰陽道の方位の信仰をとり入れて悪魔的霊場観を高めてきました。治承元年（一一七七）四月二十八日、樋口富小路より出火して二万余戸を焼いた京都の大火（太郎焼亡《じょうもう》と呼ばれる）は、愛宕山天狗の所為であり、源頼光の四天王の一人、渡辺綱《つな》が夜、美女に化けた鬼にさらわれようとして、その腕を名刀（鬼丸）で切った英雄譚の鬼も愛宕山天狗の変身であり、これらは堀川一条戻橋に住む陰陽師の造作でありましょうが、院政期の不安な世相の下、彼らの活動はますます社会的影響を大きくしたのであります。近衛天皇呪咀の一件もこうした時流に乗り、堀川戻橋の陰陽師を動かしての仕業と察せられますが、通憲はその背後にある疑わるべき人物の一人であったでしょう。やがて惹起される保元の乱を通じての後白河天皇方の機敏な動き、崇徳上皇方の主謀者に対する冷酷な処刑が、通憲の策略から出ているといわれるのに徴しても、これは充分首肯に価するでありましょう。

では、師弟の関係まで結んだ通憲がなぜ頼長を陥れようとしたのでしょうか。事実、この頃まで頼長は卜筮に関して通憲と密接な交渉がありました。例えば頼長は、家女房の病気につき宿曜師源救《げんく》に立てさせた筮に納得がゆかず、これを通憲に問合せると、通憲は頼長の意見を一たん誤りと指摘しながら、結局自分の思い違いであったと兜《かぶと》をぬぐなど、親しい関係は続いていました。さきに康治二年（一一四三）通憲が出家したとき、頼長は書簡を送って、遁世はあなたのためには菩提に資する意味で結構だが、国家のためには恥ずべきことだ。かかる英才を顕要の地位に取り立てないからであると、彼の不遇に同情の意を表していたくらいでした。かような次第で、頼長の通憲に対する尊敬は終始変らなかったのですが、通憲にしてみれば、生涯梲《うだつ》が上がらず、易を教えた頼長は自分以上に上達した感があり、これにとり入れば自分を少しでも引立ててくれる権力者というよりも、知識人としてのライバル的人間像が通憲には強烈に印象づけられましたので、所詮は行動をともにしえない敵とみてとり、表面親密を装いつつ、反頼長的策動に出たのでしょう。すでに上皇の近臣である中納言実衡《さねひら》の車を破ったり、同じく寵臣である中納言家成の邸へ下部を乱入・探索させた事件などで、頼長は上皇の御不興を被っており、その直情径行の性格が世評を悪くしつつある実情を通憲はよく見抜き、むしろこれに追い打ちをかける行動に出たというべく、そこに頼長よりいっそうの冷酷さが看取されるようです。

いずれにせよ、上記の不利な情勢が展開しつつあるにもかかわらず、新帝の下で兄に代って権力を握る意欲を燃やしていた頼長は、近衛天皇崩御の三カ月前に左大臣・内覧の地位、兵仗の寵遇辞退を上奏し、却下されても再三にわたり固辞し続けました。これは今年は厄年に当たるので（本当の厄年は来年三十七歳であるから、これは前厄です）、慎みのためというのが一応の理由でありますものの、内心では関白・太政大臣・内覧などの地位を願ってのことでした。しかし後白河天皇即位後も一向に音沙汰がなく、頼長はあせってしきりに春日明神のために礼拝・奉納や写経を行い、忠実も彼のため泰親に占いをさせ、それが氏神（春日）の樹の祟りであり、祈願すれば十月頃か来年正月中に効果があらわれようと教えられると、早速また春日社へ白妙幣と馬一匹を奉納しました。そのほか、有名大社八社に対しては数日遥拝を続け、また観音供や写経も怠らず勤めました。しかるに年改まって保元元年（一一五六）二月、案に相違して左大臣のみもとどおり任官せられたものの、内覧の沙汰はなく、これに反して忠通は関白のまま居坐り、天皇・上皇・美福門院の権勢を背景に、不動の体制を固めていることがはっきりしました。頼長の失意と激怒は、ついに武力によるクーデターを策する方向に進み、これが墓穴を掘る結果を招いたのでした。

保元の乱における勝敗の岐路

保元の乱は七月十一日寅刻（午前四時）に始まり、辰刻（午前八時）に勝敗が決しました。双方その勢力は一千騎余りの小規模なもので、その上、作戦についての武将の考えも双方大差なく、その勝敗の分れ目は一にかかって作戦の指揮をとった通憲と頼長の判断の違いでありました。いま『保元物語』によってその模様を説明しておきましょう。まず後白河天皇方では、源義朝を御前に召して意見をきかれました。義朝は即戦即決、夜討が最上です、とくに明朝、敵方は南都僧兵一千余騎が加勢に入洛すると聞いていますから、それまでに勝負をつけてしまいましょうと述べ、通憲はそれがよろしかろう。武芸の義朝にまかせて今夜出撃せよと命じ、直ちに義朝は手下の勢三百騎を率いて勇躍敵陣に向かいました。平清盛はそのあとを追って出陣しましたが、彼は思うところあって先陣を目ざすことなく、わざわざ三条へ南下し、大迂廻して敵陣に迫りました。その事情についてはいずれ後章に詳しくご説明いたしましょう。

さて、他方の崇徳上皇方では頼長が源為朝《ためとも》に合戦の所存を問われたところ、為朝は鎮西での幾度もの合戦の経験から夜討が勝利の上策であるとし、高松殿を焼討にすれば夜明け前に決着をつけてみせましょうと豪語しました。これに対して頼長は為朝の申し条もってての外の荒儀であると言下にしりぞけ、夜討などということはお前らが同士の十騎二十騎の私事である、天皇・上皇の御国争いに源平数を尽して勝負を決するのにふさわしくない。その上、南都衆徒の応援千余騎が明日来るのを待って合戦すべきである。また明日は院庁の公卿殿上人の召集を掛けるが、参加しないものは死刑にする、二、三人の首を刎《は》ねたならば残りの者はすべて集まってくるだろう、と意気盛んなところをみせました。察するに頼長は、南都興福寺の僧兵の来援をよほど頼みにしていたようでした。

奈良ばかりでなく、吉野・十津川の指矢三町・遠矢八町という弓の名人の参加に非常な期待をかけていました。それよりも頼長はこの戦争が皇室を中心とする御国争いであるから、その名に恥じぬ堂々としたものでなければならないと、戦争に一種の権威づけのようなものを感じていたところに、実戦知らずの貴公子が抱くおめでたさがあらわれています。宮廷儀礼気どりともみられるところがあって、合戦のきびしい現実への認識は欠如していました。それにもかかわらず、自分に従わぬ公家は死刑にすると見栄を切るところ、冷酷非情の性格も通憲に負けず露呈されています。合戦知らずの頼長の裁断に為朝は表面承服したかにみえながら、合戦の道は武士にまかせらるべきに、嘴《くちばし》を入れられるのは残念だ。義朝は武略の達人ゆえ、定めて今夜攻めてくるだろうとつぶやきました。

為朝の予想は見事に適中し、たちまち天皇方の攻撃をうけて頼長はあわて出し、為朝の機嫌取りに、にわかに蔵人《くろうど》に任ずる式を行わせました。為朝はそれみたことか、いまさら蔵人にされて何になろう。それより方々に防御の手分けをすることこそ先決だ、ただいまの任命の式は物忩《ぶっそう》極まりなし、人は何なりともなり給え、為朝は今日の蔵人と呼ばれても仕方なし、ただの鎮西八郎で結構と怒りをぶっつけました。為朝はじめ上皇方の武将必死の防戦で容易に勝敗は決せず、いらだった義朝は使者を内裏へ走らせて、苦戦の模様を報告し、この上は火を懸けるほか勝目はありません、ただ、法勝寺などの立派な伽藍が風下にあるので類焼の恐れもあり、その点、勅裁を仰ぎたいと申し出ました。通憲はこれに対して、法勝寺類焼の懸念は無用である、勝利を占めればたとえ焼けたとていくらも復興できよう。早く勝つための策略をめぐらすようにと指示しました。そこで義朝は、上皇方が立て籠る白河殿の西に中納言家成の別宅があったのに目をつけ、これに火を放ちました。おりから激しい西風が吹いていましたので、たちまちに白河殿へ燃え移り、上皇方は総崩れになったのです。上皇も頼長も馬に乗って東の門より脱出しましたが、頼長は逃走中に流矢が頸の骨に立ち、まっさかさまに落馬しました。四位の少納言成隆《なりたか》が手当てをしようとしましたが、矢は咽喉の下から左の耳の上へさかさまに貫通していました。『保元物語』には「神箭なるかとぞ覚えし」と記していまして、権勢欲に狂奔し、卜占にしがみつき、陰陽道に心酔した頼長にいまや天罰が下ったものとみたのでした。頼長の五条壬生《みぶ》にある邸も焼き払われてしまい、たぶん貴重な陰陽書を収めた書庫は灰燼に帰したことでしょう。頼長はまさに三十七歳の厄年をもって生涯を終えたのでした。

戦終って上皇方の要人は四散し、遠国や山奥へ逃げ隠れし、逮捕できなかったので、通憲は自首した者は死罪を止めて流罪とする旨布告させたところ、あちこちより姿をあらわしました。それらは捕えられ、拷問される者も多く、源為義や平忠正の一族はつぎつぎと斬首に遭い、保元の乱の結末はかつてない惨劇を生み出しましたが、これも通憲の冷徹な指図に出たものでありました。

平治の乱と通憲の自滅

乱収まって政局は安定したかにみえました。後白河はまもなく二条天皇に譲位して院政を始め、通憲は上皇の御信任を得て威を振るい、皇室の権威回復をはかって大内裏や大極殿の修造を行い、内宴、相撲の節など久しく絶えた宮廷行事を復活するなど、その活躍はめざましいものがありました。ところがその頃より有力な別のライバルが目立ってきました。それは権中納言兼中宮権大夫右衛門督藤原信頼であります。

藤原全盛期の道長の兄道隆の家筋にあたり、二流貴族ながら祖父基隆は母が堀河天皇の乳母であったところから勢力をえて播磨・丹波・備前・伊予の諸国司を歴任し、天仁元年（一一〇八）七月に建てた邸は、摂関家をしのぐ豪華さで評判になりました。白河上皇の寵遇をうけてその次男忠隆はわずか十歳で丹波守になり、世人を驚かせました。その忠隆の次男が信頼でした。院政期、国司を長年勤めて租税を誅求《ちゅうきゅう》し、巨富をたくわえた二流貴族は受領《ずりょう》と呼ばれ、上皇をとりまく院の近臣として羽振りをきかせていました。信頼はそうした富裕貴族に生れましたが、別にとりたてていうほどの才能はなく、ただ後白河のお気に入りで二十七歳の若さにもかかわらず、異例の中央の要職に上ったのでした。よほど人ざわりのよい宮仕えの上手な人物だったのでしょう。信頼は過分の昇進を遂げた上、さらに近衛大将を所望しましたので、上皇は彼は大臣級の家柄ではないが時によってはそういう家の出身でも大将にすることはある、どうしたものか、と通憲に相談されました。通憲は白河・鳥羽院政期に受領出身で大将や大納言を所望する者があったが許されなかった例を挙げ、信頼の昇進が不当であるわけを申し述べて、これを阻止しました。これを聞いた信頼は通憲を怨んで宮廷へ出仕せず、武芸に力を入れて通憲を倒そうと考え、平清盛の躍進ぶりに心安らかでなかった源義朝を味方につけて、機会をうかがっていました。

平治元年（一一五九）十二月四日、平清盛が嫡子重盛をつれて熊野参詣に出発しましたので、その隙をみて九日の夜子刻に信頼・義朝を大将として五百余騎をもって三条御所を囲み、上皇を連れ出して天皇と共に一本御書所におし込め、三条御所を焼いてしまいました。同時に通憲の姉小路西洞院へも押しよせて火を懸け、逃げ出す子女は通憲の変装も交わるとみて、片っぱしから斬り殺しました。通憲の五人の子息は罷免されて捕えられました。一方、信頼は思いどおり勝手に大臣大将になり、義朝は播磨守になりました。しかしめざす仇の通憲は行方がわかりませんでした。彼は九日の午刻に白虹日を貫く天変を観測し、今夜、上皇の御所が襲撃される政変を察し、急ぎ御所へ知らせに赴きましたが、おりふし上皇は遊興中で、子息も皆御前に出ているときでありましたので、その興を醒まさせるのも悪いと思い、女房に仔細を告げて自分一人、侍を四人連れて秘蔵の月毛の馬に乗って南都へ行くと称して宇治に向かい、田原の奥、大道寺という自分の所領へ逃げ込みました。

白虹日を貫くとは、君主である日を兵である白虹が犯す天文の変として、古来中国では恐れられていました。紀元前六世紀頃、中国の燕という国の大臣荊軻《けいか》が、この国に脅威を与えている秦《しん》の始皇帝を暗殺する目的で出掛けましたとき、これに先立って白虹日を貫く天変を燕の太子丹が観測しました。これはまさに始皇帝が殺される前兆のごとくでありましたが、よくみると、日の貫き方が充分でなく、折角の暗殺計画も失敗に終る恐れがあると心配しました。太子丹の心配は適中し、始皇帝の暗殺は失敗し、ついに燕は秦に滅ぼされてしまいました。『平家物語』はこの話について、荊軻はあらかじめ天変を知っていたにもかかわらず計画を強行した。「蒼天宥《ゆる》し給はねば、白虹日を貫いて通らず、秦始皇帝は遁れて燕丹終《つい》に亡びにけり」と記しています。

政局不安の頃、通憲のような陰陽家には、白虹日を貫く天変は大きな関心の的となっていたのでした。平治の乱も結果からみれば、君を犯す企ては失敗したわけで、通憲が日の貫き具合をもっと正確に観測しておれば、あるいはそれが日を貫通せず叛乱は成功しないと覚り、みずからも冷静に保全策を考えられたでありましょうが、「寸の首剣の前にかかって」落命するとの自己卜占の暗示にかかっていた彼は、この天変に周章狼狽しましたので、才人と雖《いえど》もこの辺に弱点を露呈したといわざるをえません。さらに通憲は逃げてゆく途中、石堂山の後、信楽《しがらき》峯を過ぎた頃、「木星寿命亥にあり、大伯経典に侵す時は忠臣君に代り奉る」という天変をみました。大伯は太白＝金星で、この星が天を経るとき、凶兆とすると『漢書』にあり、木星は歳星とてその年の十二支の方向に廻る守歳神で、この二大巨星の位置関係が政変を予兆するといわれていました。

通憲はさらにこの天変にも驚きますと同時に、強き者は弱く、弱き者は強しという占文を思い出しました。これは君が驕《おご》るときは臣弱く、臣驕るときは君弱くなるとの意味で、いまは臣驕って君主が弱くなったのである。忠臣君に代るというのはたぶん自分のことであろうと勝手に解釈し、十日の朝、侍の右衛門尉成景を召して京都でどんな事変が勃発したかみてこいと命じました。成景は馬を走らせてゆくと、小幡峠で通憲手下の舎人《とねり》成沢に会い、これから院の御所も通憲の邸も焼き払われた報告をうけ、信頼・義朝の叛逆を教えられました。成景が戻ってこの旨を通憲に伝えますと、彼はやはり自分の天文占いは当たっていた。忠臣君に代り奉るというから、自分はたぶん命を失うだろう。ただし息が通う間は念仏をとなえたいから、その用意をせよといって穴を掘らせ、四方に板を並べ、その穴に入って土をかぶせ、竹の筒だけを地上から通して口にあて、呼吸をしていました。舎人成沢は侍たちと京都へ帰りましたが、途中通憲の行方を追う義朝方の軍勢、出雲前司光泰五十騎に遭遇しました。彼は成沢の顔を知っている武士に捕えられ、通憲の所在を白状させられ、そのため通憲は掘り出されて首をとられてしまいました。享年五十四歳でした。

通憲の首にまつわる怪談

やがて首は獄門に懸けられることになり、京中の人々は河原に市をなして見物し、信頼・義朝も車をしたてて検分しました。十五日昼頃、首が大路を渡されましたところ、晴天がにわかに曇り、星があらわれました。不思議なことだと思っていますと、首が信頼・義朝の前を通過する際、うち頷いてゆきました。見物の人々はいまにこの首は仇討をするだろうよ、恐ろし恐ろしとささやき、また勅定《ちょくじょう》でもないのに梟首《きょうしゅ》されるとは前世の宿業とはいいながら、保元の乱に長らく行われなかった死罪を多数実施させた報いであろうか、と語り合いました。『平治物語』はこのほか、保元の乱に頼長が大和国般若野に葬られたのを、通憲が主張して勅使を遣わして掘り起し、死骸を遺棄してこれをはずかしめた。それから二年間おいて、通憲自身も土中から掘り出されて首をとられた、と因果応報の恐ろしさを強調しています。信頼・義朝の悲運はそれからまもなく訪れたのでした。通憲の首の怪談はまことに猟奇たっぷりのものですが、武力は持たずとも未来を予見する才人の怨念を世人は恐れたのでしょう。

首の怪談については先例がありまして、渡辺文庫本『平治物語』には、むかし平将門が首を獄門に懸けられたのを、藤六左近なる者がみて、

　将門は米かみよりぞきられける、たはら藤太がはかりごとにて

と詠みかけると、「しい」と笑ったといい、『太平記』では天より白羽の矢一筋降って将門の眉間に立ち、俵藤太秀郷がその首を取った。その首獄門に曝すに三月たつとも色変ぜず、眼も塞《ふさ》がず、牙を歯ぎしりして、斬られたわが五体はどこにあるか集まってこい、首とくっついて一戦を試みようと毎夜叫ぶので、人々はおびえたが、ある人が右の歌を一首ひねったところ、この首、からからと笑ったのち、眼たちまち塞がりその骸は枯れてしまったと述べて

います。まさにこれは、中国の『捜神記《そうしん》』や『列異伝』にのせた干将莫耶《かんしょうばくや》の剣の物語から着想したものです。この物語はわが国でも『今昔物語集』に採録されていますが、雌雄二剣（干将莫耶の剣）は陰陽を象徴するもので、王朝の興亡盛衰に関係があり、『太平記』では天変と結びついて陰陽道的色彩を強く示しています。

『平治物語』の著者は、通憲の首の怪異談を構成することによって彼の非凡な卜占の才を強調するとともに、その背後には政局の推移を陰陽道的予兆思想によって理解した当時の公家たちの思想風潮があったことを示したのであります。要するに二人が主役を演じた保元・平治の乱は、公家の天下である古代から武家の天下である封建時代へと歴史的な大変革をもたらしましたが、それとともに陰陽道に溺れた政治家の輩出もこれを契機にあとを絶ったのであります。

第六章　栄枯盛衰の世と予兆思想

変革期の思想の流れ

白河・鳥羽両院政期のあと、最初の武家政権である平氏政権が出現し、ついで清和源氏の鎌倉幕府が樹立されました十二世紀後半は、日本が古代国家から脱皮して封建国家へ移る画期的な変革を遂げた時代ですが、天災地変もこれと重なり、治承元年（一一七七）四月二十八日と翌二年四月二十四日の二度にわたる京都の大火は、前者を太郎焼亡《じょうもう》と呼び、大内裏・公家の第宅十三家を含めて百十余町を焼き、後者はこれにつぐもので次郎焼亡と呼ばれました。これで京都市街の主要部はほとんど烏有《うゆう》に帰したのでした。とくに帝権の象徴ともいうべき大極殿が太郎焼亡で失われたことは、公家の権威を大きく失墜させるものでした。治承三年には銭病と称する流行病が天下に広がり、四年に入ると五月頃より降雨なく旱天が続き井戸は干上がり、気象不順の傾向がはっきりしてきましたが、夏には近衛京極より錦小路にわたって竜巻が起り、大小の家屋の倒壊夥《おびただ》しく、続いて雹《ひょう》が降り雷鳴をともない、七条東洞院に落雷しました。養和元年（一一八一）にはついに春夏旱魃、秋は洪水に襲われて不作は深刻化し、翌年にわたり餓死者街頭にあふれ、幼児は道路に棄てられ、強盗・放火が横行し、蔵人の下層官僚の餓死も前例のないものでした。鴨長明《かものちょうめい》の『方丈記』にはその惨状が詳述されていますが、これに追い討ちをかけたのが地震でした。治承元年十月、南都では地震で大仏が損害をうけ、大梵鐘が落下しました。同二年十一月、寿永二年（一一八三）十月と大地震に見舞われ、文治元年に入ると七月九日午時《うま》より地震発生、山城・近江・美濃にわたり、大内裏はじめ法勝寺《ほつしょう》阿弥陀堂九重塔・得長寿院の三十三間堂などめぼしい建築は相ついで倒壊し、民家の被害数知れず、日に二、三十回も震動を繰り返し、以後三カ月余も余震が続きました。

これはいかさま壇浦《だんのうら》の合戦で安徳天皇が入水され、平家の大臣・公卿は捕えられ、あるいは斬首され、流罪されるなどのためにそれらの怨霊の祟りでこの世は滅ぶのだとも歎かれ、永承七年（一〇五二）より世は末法に入ったとする仏教の末法思想も加わって、諸行無常の浄土往生思想をいやが上にも煽り立てたのでした。しかし本当のところ、真に世を厭《いと》い仏道に入り、弥陀にすがる者は稀でした。公家貴族・知識人は現世に執着し、激動する世の中をいかに巧みに生きぬいていくかを模索しつつ右往左往し、そのためには時局の行方を早く察知し、身の処し方をきめようとしてすがりついたのが陰陽道の卜占《ぼくせん》や呪術でありまして、仏教以上に現実的な魅力をもっていました。乱世こそ陰陽師が活躍する絶好のチャンスであったのです。前章では急転する政局の中で活躍した二人の英才が、陰陽道にのめり込み過ぎてその身を誤った悲劇をみてきましたが、つぎには平氏政権というもっと大きなスケールで演ぜられたその興亡盛衰の姿が、いかに当時の公家や知識人に陰陽道的人生観、世界観を高揚させたか、『平家物語』『玉葉《ぎょくよう》』などの史料をとおして眺めてみることにいたしましょう。

それに先立って発生期の平安時代中頃から武士は果して陰陽道的知識があったかどうかみておきましょう。摂関全盛期の十世紀、十一世紀、陰陽道は公家以外のものには無縁のように思われていましたが、宮廷人と接触があった武士の中には、多少とも関心を寄せるものがありました。十世紀の初め、関東を制覇した平将門はその一人でした。彼は天慶《てんぎょう》二年（九三九）、関東八州を討ち従え、みずから新皇と称し、新しい朝廷を樹立しようとして左右大臣以下百官を定めましたが、ただ暦博士だけは人がなくて困ったと『将門記《しょうもんき》』にあります。これは事実かどうか疑わしいもので、この記事の背景には地方で陰陽師という特殊な人材を得ることは、最もむつかしかった実情があったのでしょう。将門はみずから和歌を詠じたりしていて、武骨一点張りの人物でもなかったらしいですから、暦・天文に理解があったと推定することも無理ではないでしょう。

つぎに天喜四年（一〇五六）奥州の安倍貞任《さだとう》の叛乱で、源頼義が陸前国磐井郡小松柵を攻めたことがありました。いわゆる前九年の役であります。清和源氏は満仲以来、武士の棟梁として頭角をあらわし、摂関家に仕えて地方の国司にも任じ、富強を誇っていましたので、公家の宮廷生活になじみ、日の吉凶にも関心があったのです。頼義は小松柵を攻める際、日次がよくないから、明日に延期しようかと思案しながらも、中国では五世紀の初め、宋の武帝が往亡日《おうもうにち》に戦功を立てた例があるからと禁忌を破って出陣し、柵を守る安倍宗任《むねとう》の軍を破りました。これは、この戦が終ってまもなく記録されたと思われる『陸奥話記』に出ている話です。宋の武帝の故事はどこに典拠があるのかわかりませんが、往亡日は出行・拝官・嫁取・屋作に凶とされる日で、わが国の記録にあらわれるものとしては最も早いものでありま す。わが国ではまだ禁忌として広く行われていなかったため、武士の間では知られながら余り気にされていなかったのかもしれません。

ところで平将門の乱と長元元年（一〇二八）の平忠常の乱で東国に地盤を失った桓武平氏は、平貞盛の子維衡《これひら》が伊勢守になって伊勢国に土着し、新たに伊勢平氏として地盤を築くことになりました。維衡の曾孫、正盛は永長二年（一〇九七）伊賀国山田村・鞆田村の私墾田を白河上皇の皇女六条院媞子内親王に寄進して上皇に近づき、その子忠盛も南海・山陽の海賊を討伐し、鳥羽上皇のときには平氏として初めて昇殿を許され、宮廷人と深く接触してその気風に染まるようになりました。その子清盛は父のあとを継ぎ、いっそう公家の生活になじみ、武士として宮廷社会で出世する術を巧みに身につけてゆきました。

『源平盛衰記』にこんな話が出ています。清盛は幼少の昔、藤原家成《いえなり》という富裕な受領のところで部屋住みしていた頃、家成の祈禱師で大納言の阿闍梨祐真と呼ばれる真言僧がいて、家成の持仏堂で護身加持を行っていた。清盛はこの僧と親しくして、真言の秘法の中でも在家の者ができる出世の利益《りやく》あらたかな法はないかとききき、それは大威徳法にこしたものはないと教えられ、阿闍梨よりこの法を伝授され、七年間、清浄斎戒、信心勤行を続けるうち、洛北蓮台野で一匹の狐を見つけ、射殺そうとする。狐たちまち黄女に変じ、わが命を助けるなら、望みのことを叶《かな》えようといい、清盛がお前は誰かときくと、七十四道の中の王と答え、さては吒枳尼天《だきにてん》（貴狐天王）でおわしますかと礼拝すると、女は元の狐になって消えた。これより吒天の法を行って富裕になるよう祈り、さらに清水寺観音へ千日詣でを行って御利生を頼み、これらの功徳が積ってついに天下人になった。また直接には内裏にあらわれた怪鳥である鵺《ぬえ》を射落した手柄で安芸守に任ぜられ、以後順調に出世したというのであります。

以上の記事は清盛の異常な出世を根拠づけるために造作されたものでしょうが、他面、よく当時の風潮を捉えているところがあります。既述のとおり、時局があわただしく変る世の中で、多くの人々は浄土信仰よりも現世に執着した呪術・祈禱にすがりつき、清水寺はじめ霊験あらたかな寺院の観音や吒枳尼天の信仰は富貴栄達を求める人で盛況を呈しました。吒枳尼天はもと大黒天の眷属《けんぞく》である夜叉《やしゃ》の類で、その作法は狐精を使役するものであったのですが、密教僧が稲荷社に進出して福神信仰と習合させました。古代には狐は神社の森に稀ではない動物でありましたので、京都の稲荷社でも古く狐を神使とする信仰があったのではないでしょうか。

鵺の話は前章でも述べましたが、鵺退治の手柄話は頼政ばかりでなく清盛にも結びつけられ、『太平記』になりますと、建武元年（一三三四）秋の頃、紫宸殿の上に怪鳥が出現して「イツマデ〳〵」と鳴き、二条関白道平の召仕われた侍、隠岐次郎左衛門広有に射させられましたが、天皇以下百官が勢揃いしてこれを見物しました。射落した怪鳥は頭は人のごとく、

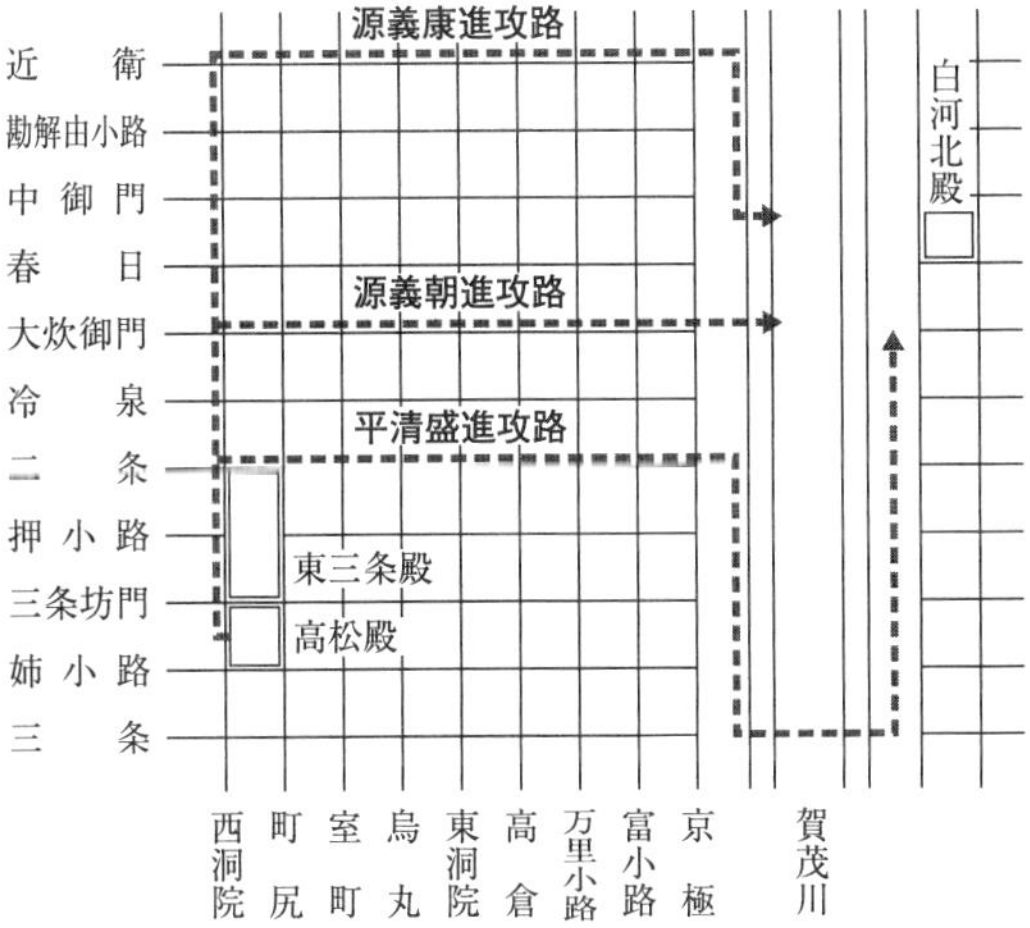

●図5——平清盛進攻路想定地図

身は蛇、嘴《くちばし》の先は曲って鋸《のこぎり》のような歯があり、足に長い爪があり、羽をひろげると長さ一丈六尺に達したと記していまして、ますます奇抜な怪物へエスカレートする一方、恐怖的なものから観賞的興味本位なものへと変化しつつあったことがうかがわれます。所詮、鵼は武勇譚の材料にされたものでした。鵺《や》は中国では雉《きじ》をさしますが、わが国では鵼と同様に使用されています。

清盛については、これらよりもっと現実味のある話が『保元物語』にあります。源義朝の献策をいれて後白河天皇方では敵の機先を制し、急ぎ出陣しましたことは前章でご承知のはずですが、西洞院通りへ出た軍勢のうち源義朝は大炊《おおい》御《み》門《かど》通りを、弟義康は近衛通りをそれぞれ東進し、午前四時頃には上皇方の白河殿へ迫ったのに対し、清盛は二条通りから三条通りへ南下し、そこから賀茂川を渡り川の東の堤を北進しました（図5）。清盛のこのコースはかなり迂廻したもので、一刻も早く敵陣を攻める必要があるときに、なぜ彼は時間をかけて進撃したのでしょうか。『保元物語』はこの七月十一日は東塞《ふさが》りとて敵陣のある東北方は方位が悪く、また夜が明けると陽が上ってまぶしく戦闘に不利だからとしています。これは一見作戦上、周到な注意を払ったかにみえますが、明らかに敵陣への接近を遅らせ、義朝の軍を先に戦わせ、味方の将士の損失をなるべく少なくしようとした魂胆があったと思われますので、平素から関心のあった陰陽道的方忌を巧みに利用したものといえましょう。

天文の変と蚩尤旗の出現

ところで白河院政に始まり平氏が滅亡するまで、すなわち嘉承元年（一一〇六）より文治元年（一一八五）まで約八十年間は、かってなく天文の変が頻繁に報告された時代でした。その内訳の大体をお話ししますと、彗星十七件、流星七件、熒惑《けいわく》星九件、歳星八件、太白星七件、鎮星四件をはじめ、日蝕・月蝕あるいは日月への他の星の接近などが挙げられます。

仁安《にんあん》元年（一一六六）より文治二年まで右大臣の地位にあった九条兼実《かねざね》は、前章でふれました藤原忠通《ただみち》の三男ですが、『玉葉』という立派な日記を遺しており、これをみますと彼はこの乱世を乗り切るためにしばしば陰陽師を呼んで天変はじめ時局の前兆をきき、祭り、物忌その他様々の処置を講じていますので、この日記は平氏の動静に対する公家の態度を知る甚だ重要な資料と申せましょう。

その中で治承元年（一一七七）七月十二日のところを開いてみますと、陰陽師安倍時晴が兼実の許へ来て語るには、昨今両月にわたって五度の天変が起ったが、いずれも稀代の異変です。とくに太白＝金星が太微《たいび》に入る変は天下のために別して大臣が慎まなければいけないものです。五星のうち、金星・火星の災は恐るべきもので、太微に入れば重大な災厄が起るのですと教えました。同年五月七日にも、陰陽師安倍泰親《やすちか》が兼実に熒惑星と火災発生の関係を説明しています。右の太微とは星垣の一つの名称でありまして、獅子座の西端あたりに存在する星の群を指し、これらの星を結びますと天子の宮庭である五帝（中国上古の五人の聖帝、あるいは東西南北中央の五帝、ないし五行の神を指し、天文では陰陽道思想に基づくあとの一者を象徴化したもの）の座をめぐって十二諸侯の府が象徴されるといわれています。その太微の区域へ熒惑星（火星）が入りますと、災厄の兆候を示すことになりますので、平治の乱や治承元年の京都大火はその天変が予兆となったとされています。また熒惑星が歳星（木星）を犯した治承三年十一月には、清盛が関白基房《もとふさ》を罷めさせて基通《もとみち》に代え、後白河上皇を鳥羽殿に幽閉し、近臣三十九人の官職を奪うなどの政変を断行したのです。また金星が昴《すばる》星を犯した寿永元年（一一八二）には、木曾義仲が兵を挙げて越後の城助茂を破り、北陸に進出しました。かように天変と災厄、政治事件を結びつけることが盛んになりましたのは、陰陽師からの働きかけによると同時に、公家・知識人の側でもその因果関係づけを期待する空気があったからで、動揺する政局に対する不安感が両者の間に暗黙の一致をもたらしたのでしょう。

こうした情勢の下で天下の耳目を集めた天変があらわれました。それは元暦《げんりやく》二年（文治元年）の蚩尤旗《しゆうき》出現であります。この年正月、天文博士安倍広基《ひろもと》が兼実に会い、元日より巽《たつみ》（東南）の方に赤気が見えた。それは彗星に近いが、いわゆる蚩尤旗と呼ばれるもので、これを占ってみると、「旧を除き新を布《し》く象」、つまり旧体制が崩れ、新しい権力者の支配に移る政変の予兆である、と告げられました。『平家物語』では治承二年（一一七八）正月にもこの星があらわれたと記しています。

一体、蚩尤とはむかし中国で黄帝のとき兵乱を好む諸侯として知られた人で、刀戟大弩を作り、天下を乱したため黄帝はこれを征伐して涿鹿《たくろく》に戦いましたが、蚩尤は大霧を出し、その軍を悩ませたので、黄帝は指南車を造り、方角を指示し、ついに蚩尤を破ってこれを殺しました。蚩尤の墓は東平郡寿張県闞郷城中につくられ、高さ七丈あって民間では十月にこれをまつっていましたが、匹絳帛《ひつこうはく》つまり赤いのぼり旗のような赤気が出るので、世にこれを蚩尤旗と称したと『史記』に述べられています。

紀元前二世紀、前漢のとき武帝に重用された董仲舒《とうちゆうじよ》の著『春秋繁露』には古代中国で雨を祈るとき、春は共工《きようこう》、夏は蚩尤、秋は太昊《たいこう》、冬は玄冥《げんめい》、中央（都）では后稷《こうしよく》を神としてまつり、蚩尤は大赤竜としてあらわされ、壮者七人が赤衣を着して舞い、その他の祭官も赤衣をつけることが記されています。恐らく元来は中国の民俗で夏秋の候、辟邪（悪魔払い）の神としてまつられ、その際、赤い旗が用いられたところからこの神のシンボルとされ、陰陽道の五行星宿信仰に入って妖星となったのではないでしょうか。既述しましたごとく日本では古代に雷神をまつるとき、司祭者は緋《ひ》の蘰《かずら》をつけ、赤い幡桙を立てることが平安初期の『霊異記《りよういき》』にみえ、赤は雷神＝水神＝疫神の祭りに聖色とされたものでありました。

いずれにしましても文治元年には、赤気か彗星か蚩尤旗かで陰陽道界は活潑な論争が展開されました。安倍泰親の子季弘《すえひろ》・泰茂・業俊《なりとし》らは彗星であると上奏し、同時晴・晴光らは客気、つまり主だった運気がなく、一時的にあらわれる運気であると主張しましたが、前述のごとく広基や資元《すけもと》は、蚩尤旗と判断したのでした。要するに、近く平氏は滅び、源氏の天下になるとの予測的な時局観に天変を結びつけた点は、いずれにも共通していました。

この論争について兼実は泰茂を呼んでその説明を求めますと、彼はこう答えました。治承元年・二年に彗星があらわれたときもこの問題が起った。泰親は彗星といい、季弘は蚩尤であるといって親子が争い、泰親は天に祈りを捧げて審判を求め、間違っていた方に天罰を下されるよう願いました。まもなく季弘は重病にかかり、命が危くなりましたので、泰親は祭文を書いて天をまつり、季弘の命乞いをしてようやく病気は平癒しました。これで泰親の彗星説の正しさが証明されました。だから彗星は必ずしも星の形をしているとは限らないと。兼実はこれ以上泰茂に問いつめても仕方ないが、とにかく時局緊迫の折柄、天変が重大であることに変りはない。むかし天喜四年（一〇五六）の天変に安倍章親《あきちか》と中原師平《もろひら》が論争し、前者は客気、後者は彗星と唱えて決せず、その後、大極殿以下の火災があったからやはり彗星ではなかったのだろうか。なんとも天文のことはむつかしいものだ、と日記の中で書いています。陰陽師は各自面子をかけてせり合い、少しでも公家社会で名声をあげようとした様子が察せられますが、中でも泰親は自信満々たるものがありました。彼のことはあとでも詳しく申し上げましょう。

安徳天皇御生誕にまつわる予兆思想

さて、治承二年正月の蚩尤旗出現については『平家物語』の記事を注目しなければなりません。同書正月の出来事として、

七日の日彗星東方に出づ、蚩尤旗とも申す、又赤気とも申す、十八日光を増す。入道相国の御女建礼門院、其時は未だ中宮と聞えさせ給しが、御悩とて雲の上、天が下の歎《なげき》にてぞ候ける。

と述べ、蚩尤旗出現と中宮の御悩すなわち御懐妊、さらにいえばのちの安徳天皇御生誕との関連を示唆する書きぶりであります。『平家物語』が冒頭、祇園精舎の鐘の声、諸行無常の響で始まり、浄土往生の思想をもって全体が貫かれていることは誰しも知っていますが、いま一つ重要な思想潮流がこれと相表裏している点を見落しているのではないでしょうか。これはほかならぬ陰陽道的予兆思想でありまして、天変と平家の運命を対照させ、両者の必然的関係を強調することによって、人は天の咎《とが》を怖れ、驕《おご》りをつつしみ、現世執着の諸煩悩《ぼんのう》を捨て、浄土往生を願うべしと説いておりまして、平家の興亡は仏教・陰陽道の結合した歴史観の上に立って書かれていることを忘れてはなりません。事実、これが公家の新興武士平家

に対する考え方を示すものでした。しかも、平氏の興亡を最もよく象徴するものとしてこの書がとり上げた人物は、清盛のほかに安徳天皇がありました。前者は日の出の勢いをもってのし上がる平家を象徴し、後者は没落してゆく悲劇の平家を象徴する人物として描かれ、滅亡の悲劇はこれを予兆する天文の異変と相纏緬《てんめん》させることによって、一段と物語をきく人の心を打ったのでありました。かようにみてきますと、『平家物語』の安徳天皇を、最初から悲劇の主人公として叙述していますことが、たんなる文学的ロマンに根ざすものでないことは明らかであります。

すでに天皇が母后建礼門院の胎内に宿られたとき、蚩尤旗の出現の天変があったとされ、治承二年十一月十二日、天皇誕生について『平家物語』は「今度の御産に笑止数多くあり」として二つの事例を挙げています。一つは御産のおり、御殿の棟より甑《こしき》を転がし落す慣習があり、皇子誕生には南へ、皇女誕生には北へ落すべきところ、誤って北へ落し、また南へ落し直す失態をやったことです。これについては『徒然草』に御産に胞衣《えな》(後産)がとどこおるとき、まじないにすることで、民間の風習から起った。宮中で用いる甑は大原の里から献上したもので、古い宝蔵に収められた絵には下層民の御産で甑を落す場面があったと書いています。江戸初期の随筆『塩尻』には、胞衣の下りない者には炊蔽《こしきふた》をとって産屋の戸の前でこれを焼き、粉にして水で飲ませるとよいと医書『千金方』にあることを記しています。甑は腰気に通ずるとの説もあり、あるいは宮廷に仕えた女官の中に洛北大原出身者があって、かような民俗をもち込んだのかもしれません。皇子なら南、皇女なら北というのは男子を陽、女子を陰の方角とみての呪法でしょうが、別段、陰陽道的根拠があるわけではなかったでしょう。

ただ、この中から事実を詮索するなら、天皇の誕生が難産であったということでしょう。『平家物語』の文に「中宮は隙なく頻《しき》らせ給う計にて、御産も頓《とみ》に成遣《なりやら》ず」とあり、清盛や妻二位殿時子は胸に手を置いて「こはいかがせん、いかにせんとぞあきれ給う」と記して、清盛以下騒動しているありさまがよく窺われます。九条兼実は巳の刻（十時頃）に参殿し、密教僧と陰陽師の祈禱・御祓をみていましたが、午の終り（一時）頃には、読経の声が御殿内に雷のごとくとどろき、物怪調伏に必死の状態で、一方ではあわてて政治犯釈放が議せられ、未の終りの刻（午後三時）頃にはさきにも増して僧徒加持の声は耳をつんざくばかり、ようやくたって御産が成就したと述べています。これをもってしても、お産に暇がかかったことは間違いないでしょう。

いま一つの事例は、皇子御誕生のために七人の陰陽師が千度祓を仰せつかり、その一人安倍時晴がお召しを受けて急ぎ御殿へ駆けつけました。おり悪しく祝賀に集まった公家従者で非常に混雑していたので、人ごみをかき分けかき分け進むうち、右の沓《くつ》を踏みぬかれ、冠を突き落され、頭髪を乱して御殿へ上り、これをみた殿上人はふき出しました。陰陽師は職業柄、反閇《へんばい》の呪法（邪気払いのため千鳥足ふうに歩行する作法）をやるため、足許はとくに大切にしなければならないのに、この体たらくになったのはなんとも解せぬことだと『平家物語』は記したあとに、この御産にはそのほかにもいろいろ不思議なことがあり、その際は人々は別に気にもしなかったが、あとになって思い合わされることが多かった、とつけ加えています。つまり、人々があえて気のつかなかった種々の悪い予兆が、安徳天皇の身の上に関してあらわれていたのだというわけです。

これが『源平盛衰記』になりますと、さらに予兆的説明は広がってゆきます。あたかも建礼門院が陣痛起って、なかなか御産がならないで人々が気を揉んでいたとき、二位殿時子は京都堀川一条戻橋に出かけて、橋の東の詰に車を立て、橋占を問われました。そこへ十四、五歳の禿《かぶろ》の童子十二人が西より東へ向かって駆けて来、手を扣《たた》いて同時に、

楊《しじ》は何楊国王の楊、八重の塩路の波の寄楊

と四、五遍歌って橋を渡り、東の方へ飛ぶがごとく消え去りました。二位殿は帰って兄の時

忠大納言に橋占の意味をきかれると、時忠は波の寄榻は何のことかわからないが、国王の榻とあるからには御出産は皇子でしょう。めでたい御占ですよと答えました。のちに皇子が安徳天皇となり、八歳で壇浦の海に沈まれて、初めて「八重の塩路の波の寄榻」の謎も思い合わされました。

一体どういうところから、かような橋占の話ができたのでしょうか。榻はわが国では牛車の轅《ながえ》を支える几床ですが、中国では「榻《とう》を懸く」といえば賓客に接しないこと、「榻を下す」といえば賓客に会うことですから、橋占の文では来臨する尊い者を意味したのではありますまいか。一条戻橋はさきに触れましたとおり、賤民陰陽師の集団が屯するところとして知られ、安倍晴明が式神（十二神将）を召使い、晴明の妻は式神の顔を怖れたので、平素、晴明はこれを橋の下に呪縛し置き、用あるとき召し出して使ったゆえに、橋占を問えば必ず式神が人の口に移って善悪を示すと伝えられ、十二人の禿の童子も恐らく式神の化身であろうと『源平盛衰記』は説いていますが、榻は戻橋の陰陽師たちの隠語で、この話も彼らの社会で語られたものなのでしょう。

時局急転と凶兆の連続

治承二年十二月七日になって、既述の珍事を演じた時晴が兼実のところへやってきて、天変に関しこまごまと報告してゆきました。第一は去る十一月十三日から月が畢大星を犯している。これは賢臣死し、女后政を執り、宮室火災、大将死するの政変である。第二に同十五日、月が鎮星に接近した。これは臣強く君弱く、天子これを悪《にく》む兆である。第三に十六日、太白星が哭星を犯した。これは天子に哭泣することが起る兆である。第四に十八日夜、子刻、月が軒轅《けんえん》右氏角星を犯した。これは大臣・貴女に憂いあり、逆臣起り、火災・乱臣が二年を出ずしてあらわれる兆である。第五に二十一日、月が太微の右執法星を犯した。これは宮中乱れ、政道行われず、天下大乱になる兆である。第六に二十九日、熒惑星が亢《こう》星を犯した。これは五穀成らず、疾疫が多くなる兆である。第七に去る閏六月上旬より塡（鎮）星が東井口に入り、十一月中旬より逆行し、十二月三日には卿伴星を犯した。これは天子に喪あり、蛮夷来り侵すの兆で冬に大喪あり、明春大事件起って民衆が多く死ぬであろうと。

時晴は既述のごとく治承元年七月にも兼実に天変を伝えていますが、これだけまとまってたくさんの災異凶兆を告げられては、いささかうんざりの感がしたことでしょう。とはいえ、これらの話は安徳天皇御生誕の時点で、はや平氏の前途多難が予想されていたことを物語るもので、時晴一人の炯眼《けいがん》ではありませんでした。果して関白以下を更迭して、後白河上皇を幽閉するなどのクーデターに始まり、福原遷都など清盛の専制、それに反撥する以仁王《もちひとおう》・頼朝・義仲の挙兵、南都焼討など安徳朝は政局が一挙に展開し始めました。平氏にとって破局の時期切迫と観る者は、独り陰陽師に限らなかったでしょうが、治承四年（一一八〇）十一月二十四日、清盛が都を福原から京都へ戻すことをきめた日、安倍泰親は兼実の招きで訪れ、清盛の身辺に大事があろうと内証で告げました。

これよりさき九月に平維盛が頼朝を討つため、二十一日福原を出、途中一泊し、二十三日京都に入り、二十七、八日出陣と予定されましたが、この間京都出発の日次の吉凶で上総守忠清と維盛が争い、ついに福原を出てから一週間もたって東国へ出撃したのでした。その維盛が富士川の戦いで敗れて、十月末帰洛した頃から時局急転の気配が感ぜられてきましたので、右の泰親の報告はそれに対応したものでした。明けて養和元年（一一八一）閏《うるう》二月六、七日頃再び平氏は宗盛を大将として関東へ追討に向かうことにきまった矢先、二月二十七日清盛は頭風《ずふう》を病み、出陣は延期されましたが、閏二月四日ついに他界し、泰親の予言は的中しました。八月十日、また泰親は辰星（水星）と太白星が相犯す天変を示し、占文をもってすれば天下の滅亡、両三日のうちにありと知らせて来、九月、北陸平定に下った平通盛が敗走して京都へ引き上げつつあるとの報が続き、その十九日には平氏都落ちの噂が立つようになりました。寿永二年（一一八三）六月、平氏は総崩れとなって京都に帰り、この一日には安徳天皇が紫宸殿の南階より落下される珍事があり、蔵人親資《ちかすけ》が抱き上げ奉ったが御怪我のほどは明らかでなく、極秘にされているものの、もっての外の怪異であると兼実は記しています。また八月三日には内裏板敷の上に牛が昇って臥し、あるいは昼の御座《おまし》上に狐が糞をするなど、不吉な話を兼実は蔵人長正から聞いています。

平氏の没落と陰陽道

都落ちした平氏は兵庫一の谷に拠りましたが、元暦元年（一一八四）二月三日、源義経はこれを攻めようとして勢揃いしましたとき、翌四日は清盛の忌日ときくから遠慮しよう。五日は西方天一神遊行にて塞《ふさが》り、六日は道虚日で悪日ゆえ避け、七日出立ときまりました。それにしても四日は源氏にとって吉日であるからというので、できるだけ敵陣に接近しておくために範頼《のりより》以下の大手の軍、およそ五万余騎は都を出発して摂津国昆陽野《こやの》に陣をとり、義経以下搦手《からめて》の軍およそ一万余騎は、都より丹波路を経て播磨との境にある三草山の東の山口、小野原に陣をとりました。以上『源平盛衰記』は『平家物語』同様に述べましたあと、忌日と申すのは仏典にも漢籍にも出ており、畜類非情のものでも主の命日には悲しみをあらわす。ある経典には、忌日に亡者は必ず閻魔《えんま》宮から暇をもらって生前の家に来て子孫の善悪をみ、善をみては悦び、悪をみては歎くと記されている。いま義経が情《なさけ》を清盛の忌日にかけたのはまことにゆかしく、世人がこれをほめたと述べていますのは、いささか判官びいきのところがあり、かたがた源氏方が一の谷攻撃に吉日を選ぶほど余裕をみせたことを示したものでありまして、すべてが事実かどうか怪しく、生死をかけた戦いに縁起をかつぐことは、当時武士の間で珍しくなかったことを思わせせられます。

文治元年三月二十四日の壇浦の合戦では、戦況がいよいよ終局の段階に入り、源氏の兵が平氏の船に乗り移り始めたとき、海豚《いるか》一、二千疋（『源平盛衰記』は二、三百匹）の大群が、潮を吹き立て魚を追って平氏の船へ迫ってきました。宗盛や知盛が安倍晴延《はるのぶ》という小博士を呼んでこのありさまを占わしめますと、晴延はこの海豚どもが魚を食って引き返せば源氏不利、そのまま平氏の船の下をくぐりぬけてゆけば平氏覚束《おぼつか》なしと答えもはてぬに、海豚はすべて直進して平氏の船をすりぬけてゆきましたので、晴延はもう駄目ですと涙を流しました。このあと二位の尼は安徳天皇を懐《いだ》き奉り、宝剣と神璽《しんじ》をたずさえてついに入水されたことになっています。『平家物語』『源平盛衰記』ともに壇浦における平家滅亡の悲劇を、人間の力ではいかんともし難い時代の流れであり、卜占はこの冷酷な現実を宣告する天の声であるとする陰陽道の予兆思想をもって、この合戦を叙述しており、果して差し迫った戦局に直面して陰陽師がのんびり占いをするなど考えられず、また安倍晴延なる若い陰陽師がいたかどうかも怪しいものであります。ただ平家が都落ち以来、西国を転々としている間に頽勢《たいせい》挽回に一縷《いちる》の望みを託し、これを卜占にかけたことはあったかもしれません。

平氏の公達の中では武勇の聞こえ高い知盛は、河越の黒と名づけた関東の名馬を秘蔵し、馬のために毎月泰山府君《たいざんふくん》祭を修していたので、その効きめがあったのか馬は四十歳も生き、一の谷ではこの馬のお蔭で知盛は一命を助かったといわれています。

壇浦の合戦が終ったあと、朝廷では宝剣が海底に沈んだのを遺憾とし、陰陽寮に発見の可能性の有無を占わせしました。安倍泰親の子泰茂は、宝剣が海底の竜宮に納ったか、他国へ流れていったかを占い、そのいずれでもない。沈んだ場所を中心として五町以内を探索すれば必ず発見できる。今日から三十五日以内、もしくは来年二月節分までに発見可能と勘申しております。しかし潮流が速く、潜水のむつかしいこの下関海峡で、海底五町四方の調査などとてもできるわけはありませんでした。

指神子といわれた安倍泰親

平氏の急速な栄達の奇蹟、つるべ落しの凋落《ちょうらく》の悲劇は、ともにこれを象徴する清盛と安徳天皇をめぐって様々な予兆現象が示されており、すべてそれは天帝の意志に基づくもので、人間はよくそれを察知し、驕れる者久しからざる理を覚らねばならないとする『平家物語』の思想は以上で理解されたでしょうが、その予兆を感じとることは必ずしもすべての人に可能ではありません。やはり陰陽師のような専門家の活動にまつ必要があり、その意味から陰陽師は『平家物語』に登場する花形でありました。

あたかもこの時代、何人かの有能な陰陽師が出ました中でも、とくに名人と謳《うた》われた泰親は、たびたびみてきましたとおり、その卜占の的中は著しく、公家社会で絶大な信頼が寄せられました。以下、この人物についていま少し『平家物語』の賞揚ぶりをご紹介しましょう。

彼は治承元年五月、叡山僧徒が日吉神輿《ひえみこし》をかついで内裏に強訴した責任を問われ、後白河上皇から流罪に処せられた天台座主明雲《みょううん》大僧正の運勢を占い、これほどの名僧でありながら、上は日月の光を並べ下は雲がある名をつけるのは不可解だと心配しましたが、果して寿永二年（一一八三）十一月十九日、木曾義仲が法住寺殿の後白河上皇を攻めて御所に火を懸けたとき、お伴をしていた明雲は馬に乗っていたところを射落とされて首をとられ、泰親の危惧は的中しました。この明雲は大納言久我顕通(あきみち)の子息で安元二年(一一七六)四月には後白河に戒を授け奉り、安徳天皇のためには護持僧として如意輪法を修せられましたが、治承元年四月の山門強訴の際、西光が後白河に明雲が主謀者であると讒奏《ざんそう》し、そのため座主を免ぜられ伊豆国に遠流ときまり、護送される途中、これに憤激した叡山の悪僧どもが近江国粟津で待ち受けて奪いとり、明雲を叡山へ連れ戻しました。かように波瀾に富んだ生涯を送った人でありましたためにあとから明雲の最後を予言する話がつくられたのかもしれませんが、『源平盛衰記』では前章に述べました観相の達人藤原通憲《みちのり》がこれを予言したとしており、『徒然草』では某易者の占験となっています。『平家物語』ではこれを泰親の功績に結びつけたのでした。いずれにしてもこの頃、人名から運勢を判断する占法が行われていたことを示唆しています。近代の姓名判断とは何のつながりもありませんが、その遠い先蹤《せんしよう》をなすものとして興味があります。

承安四年（一一七四）六月二十二日、泰親の家に落雷がありました。九条兼実は翌日人からきいた話として、雷が泰親の肩の上へ落ちかかったが、身に損傷なく雷は空へ帰っていった。そのとき彼は熊野の神を念じていたと『玉葉』に記しています。『源平盛衰記』では、泰親は狩衣の袖を焼かれながら生命に別条なかったといっており、名人の奇蹟がもっぱら街の噂になっていたようです。治承三年十一月七日夜、かなりの地震がありましたとき、泰親は占文のさすところその慎しみ軽からず、火急に大事が起るであろうと内裏へかけつけ、涙を流し、公家たちを驚かせましたが、若い公家たちは狂気の沙汰と笑い流しました。『平家物語』は泰親が天文の淵源を窮め、瑞兆掌を指すようで一事も違うことなく、世に指神子《さすのみこ》と呼ばれたほどの人物で、雷も犯せなかったのだから、地震の予兆も決してないがしろにしてはならない。果してその月の十四日に清盛はクーデターを起し、上皇を鳥羽殿に幽閉した、と述べています。幽閉は翌年まで続き、五月十二日には鼬《いたち》が多数走り騒ぐことがあり、何かの異変の前兆かと上皇はみずから御占形を遊ばし、近臣にこれを泰親の許に持参して勘状（所見）をもらってこい、と命ぜられました。泰親は早速勘状を認《したた》めて差し出しましたが、これは「今三日の中の御悦並に御歎」というものでした。上皇はまもなく清盛によって幽閉を解かれ、八条烏丸の美福門院御所に移られましたので、三日の御悦はこれを指したものでした。しかしそのあと、紀州熊野別当堪増より以仁王の挙兵が知らされ、清盛は直ちに軍勢を王の御所に差し向けましたので、御歎きとはこのことでした。

個人の私生活についても、泰親が常に公家の相談を受けたことは兼実の『玉葉』をみればよく推察ができます。例えば人家は北西の方向が禁忌で角を欠くことについて、それは俗信に過ぎず、人家の門の突き当りが寝所になっているのを忌むことも根拠がないといい、また家の建て継ぎに北西の棟を継ぐのは寝殿によろしからず、他の建物なら禁忌なしと教えています。井戸を掘る場合、巳の方が吉だが、別にどの方角が禁忌というわけでもないとしていますなど、今日でもとなえられている住宅や建築に関するタブーが、専門の陰陽師と無関係に巷間で流行していたことがわかります。

禁忌ばかりではありません。占法についてもオーソドックスな式占《ちょくせん》・亀占《きぼく》のほかに推条口占《うら》と呼ぶ手軽な占法が流行してきました。その一つの挿話が『源平盛衰記』にのせられています。大炊御門堀川に占いをする盲の法師が住んでいました。よく的中するので指すの巫《みこ》と称せられるほどでした。治承元年の京都の大火の際、場所が樋口富小路ときいたこの法師はこの火事は大火になり、自分の住むところまで焼けてくると占い、近隣の人々にも今のうち家財をもって避難するようすすめました。人々は樋口富小路ははるか離れた南東の地区なのに、どうしてそんなにあわてるのかとききますと、この占いは推条口占の結果で、樋口は火の口で燃え広がる前兆、富小路は鳶《とび》の小路で、鳶は天狗の乗物、小路はその通り路、天狗は愛宕山に住むからこの火事は天狗の仕業《しわざ》で、東南の樋口より西北の愛宕山さして斜めに京都は焼けてゆくらしいと答え、自分は妻子を連れ、家財を運び出して逃げました。人々は馬鹿らしいと思ったが、果して占いのとおりになり、法師の占験に感服したのでした。泰親もこの占法を用いて、安徳天皇御誕生のとき皇子であると占って的中させたが、そもそも推条口占は晴明の始めたものだと言ったことが『長門本平家物語』に出ています。

泰親の語るところによりますと、春雨が降って鬱陶しかったある日、晴明が家の縁先に立って外をみていると、一人の男が唐傘をさしてやってきた、傘をたたんで入ってくるのを晴明は物問いに来たらしいと察し、推条をさして追い返そうと、お前は何しに来たかと聞くと、「やはたよりさわく事候て尋ね参らせんとて参り候」と申したので、晴明は即座にお前の家の竈《かまど》の前に茸《きのこ》が生えたのでききに来たのだろうと見ぬき、そのとおりですと男が答えると、心配はないから早く帰れと教えた云々。以上のように説明したほか、泰親は晴明が箱の中のものを占い、烏が木の枝をくわえて西へ行くのをみてくりと言い当て、あるいは御壺の柑子《こうじ》の木の北へさしでた枝に実が二つ下がっているのをみて、柑子二つと答えて的中させるなど、推条口占に得意であった例を挙げたのでした。これらは恐らく中世の民間陰陽師が、泰親や晴明をとおして簡単な民間占法の権威づけをはかったことを物語るのでしょうが、泰親の名声が晴明に劣らず後世にも高かったことを思わせるのであります。

陰陽寮の鐘

泰親の名人ぶりを伝える記事の紹介から民間の俗占へと話を進めてまいりましたが、いまや大内裏の陰陽寮にも時勢の波が押し寄せ、大きな変化をみせ始めました。その一例として、わたしはそこに懸けられていた釣鐘に注目してみたいと思います。陰陽寮の釣鐘は、どれくらいの大きさのものであったかわかりませんが、撞木が直径三尺、長さ一丈六尺といわれるほどのものですから、たぶん巨大なものだったのでしょう。これは大内裏全体に時を告げるために撞《つ》かれる以上、当然でありましょう。ところが大治《たいじ》二年（一一二七）二月十四日の大内裏火災で陰陽寮は類焼し、釣鐘も火に罹《かか》りました。当時の伝えでは鐘は平安京遷都のとき造られましたもので、三三七年もたった古鐘だったので、その焼損は非常に惜しまれました。よってその代りとして、大宰府に懸けられていた同様な鐘をとりよせ、間に合わせることになりました。

それが治承元年の大火でまたも損傷し、鐘を新調する必要に迫られたのでしたが、今回も前と同様、新調するだけの経済的余裕が朝廷になかったとみられ、どこからか間に合わせのものが取りよせられたようでした。それについて治承三年六月十二日、たまたま園城《おんじよう》寺の禅覚が権中納言中山忠親《ただちか》のために法要にやってきたおり、語ったところでは、当時陰陽寮の鐘には十二神が鋳付《いつ》けてあって、子神は南、午神は北にむけて懸けられているとのことでした。さらに権漏刻博士菅野季親が忠親を訪れたとき、子神である水神を南に、午神である火神を北に面して釣ってあるのは、火難を防ぐための一つの呪法であると述べています。では、鐘に鋳付けられた十二神とはどんなものだったのでしょうか。

いま試みに、現存する古鐘でその参考になるものを探してみますと、奈良県宇陀郡榛原《はいばら》町戒場の戒長寺にあるものが注意されます。戒長寺は山の中腹に立つ修験系の真言寺院で、山門に懸かっている釣鐘は正応四年（一二九二）の銘がある鎌倉期のもので、他に類のない珍しい図像をあらわしています。一般の梵鐘と同様、縦横の線で鐘の面は四区に区画されておりますが、各区に十二神将を三体ずつ、陽刻であらわしたユニークなものです（図6）。

この十二神将の名前を挙げてみますと、波夷羅・因達羅・珊底羅三大将が一区（A区とする）、額你羅・安底羅・迷企羅三大将が一区（B区とする）、伐折羅・宮毘羅・毘羯羅三大将が一区（C区とする）、招杜羅・真達羅・摩虎羅三大将が一区（D区とする）をなしており、すべて薬師如来の眷属《けんぞく》として知られるものですが、陰陽道と密教の習合が進み、平安末には十二神将は十干十二支や五行思想と結びつくようになりました。すなわちA区の三神は辰巳午の三神、B区は未申酉の三神、C区は戌亥子の三神、D区は丑寅卯の三神に宛てられ、また

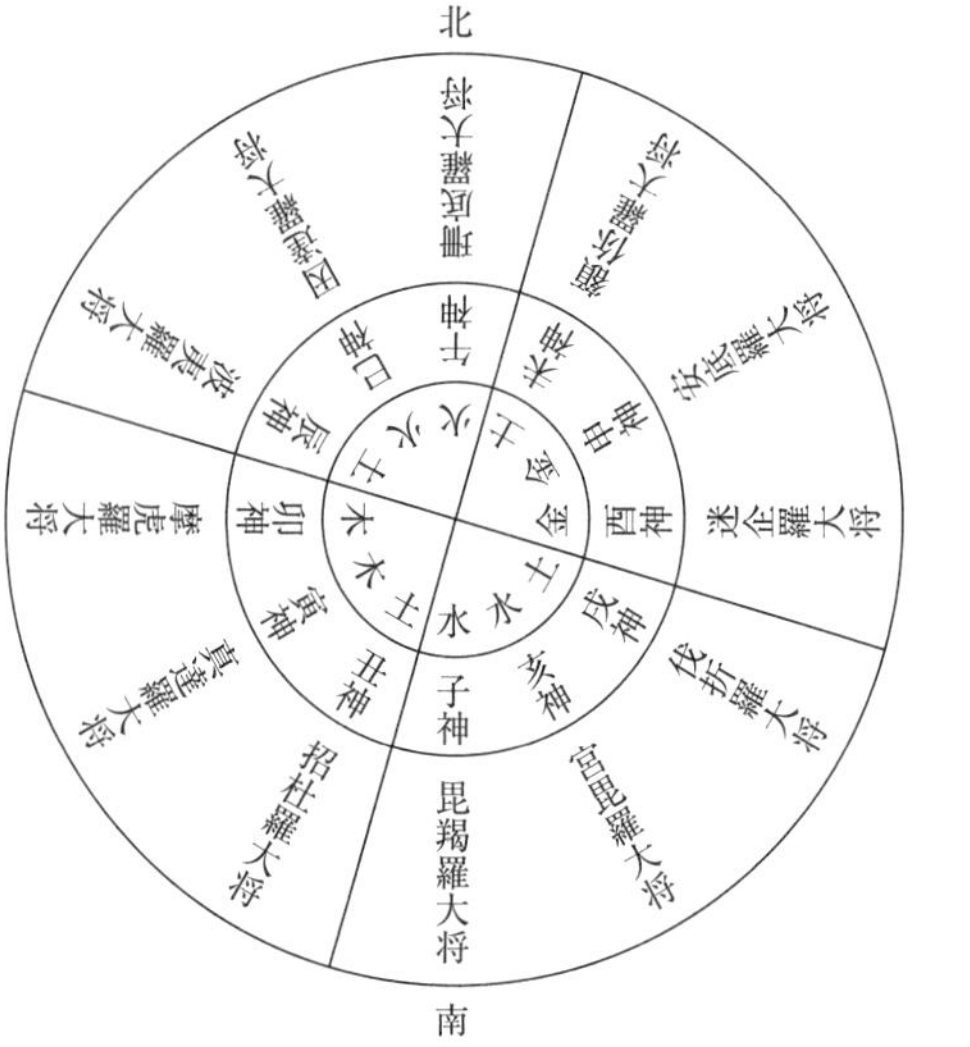

●図6——陰陽寮鐘十二神配置図

A区の三神は土火火の三神、B区は土金金の三神、C区は土水水の三神、D区の土木木の三神に相当します。五行は十干と結びついて兄弟《えと》になりますが、土はつちのえ（戊）と、つちのと（己）に分れ、戊神・己神はそれぞれ大日如来・不動明王を本地とし、不動明王は大日如来の化身とされるのでありまして、修験道では中心にまつられる仏尊です。右の梵鐘の四区いずれにも不動明王である土神が配置されていますのは、取りも直さずこの梵鐘が修験道系の寺院で用いられたことを示すわけでありま す。修験道は次章で述べますとおり、陰陽道をとり入れて卜占的修祓的要素を濃厚にしていますので、修験道的な鐘が仮に陰陽寮に懸けられてもおかしくはありません。新しく鋳造するならともかく、火災後とりあえず間に合わせるために方位の表示を含んだ鐘をどこからか探してくるとすれば、修験道系のものが最適だったでしょう。

　薬師十二神将と陰陽道思想の習合は、例えば祇園の牛頭《ごず》天王信仰が媒介をしたことが考えられます。詳しくは後章に譲りますが、祇園社の社僧には安倍氏流の陰陽師（宿曜《すくよう》師）がおり、牛頭天王なる疫神は薬師如来を本地仏と仰ぎ、眷属の十二神将は陰陽道の十二月神や十二支の神に結びつけられ、星宿信仰へと変ってゆく中で、薬師如来も北辰（北極星）信仰の星神としてあがめられるようになりました。こうして密教的陰陽道すなわち宿曜道は祇園社を一つの中心として各地に拡がり、山伏は法師陰陽師として宿曜道の民衆化に重要な役割を演じました。これで陰陽寮の時刻鐘に仏教臭のある梵鐘が用いられてもおかしくないわけを説明したつもりです。

　しかも、そうした鐘を懸けたのが大火の生々しい印象が消えやらず、火事に対する恐怖が漲《みなぎ》っているときでありますだけに、水神を南に火神を北に向ける呪法には、陰陽道官僚の切実な気持が窺われます。『平家物語』の冒頭に出る祇園精舎の鐘は『祇園図経』に説く不可思議霊異の鐘でありまして、死せんとする者があるとき自然に鳴り、死者の苦悩を去り、極楽往生を遂げさせるありがたい響きを発するものでした。そこには「諸行無常、是法滅法、生滅滅已、寂滅為楽」の有名な四句の偈《げ》を教え、解脱《げだつ》へ導く霊能が籠っていたとされますが、この物語の作者はそれだけではなく、朝夕時を報じて火難封じの呪法を示す陰陽寮の大鐘の響きも、脳裡を掠めたのではないでしょうか。それは一つの呪鐘でもあり、予兆の鐘でもありました。時を撞く陰陽寮の鐘は、激変しゆく歴史の行方を予兆するかのごとき響きをもって、官人や都人に伝わったことでしょう。

第七章　山伏と陰陽道

役小角の活動と呪禁道

修験《しゆげん》道すなわち山伏の宗教はわが国特有のものでありまして、成立の要因は多岐にわたり、簡単には説明できませんが、これを要約しますと、わが国古来の原始的な山岳信仰に仏教の中でも呪術性の強い密教が結びついたもので、中世以降、修験行者すなわち山伏は天台・真言二大宗派の支配下におかれ、一応仏教的基調において理解されています。結局のところ、原始的神祇信仰と呪術仏教の習合に帰着するようでありますが、実はこの原始的神祇信仰なるものが、夙《つと》に中国固有の思想である陰陽道や道教の影響を強くうけており、簡単に神仏習合の宗教と割り切ってしまえないところがあります。さような次第で、修験道に陰陽道的色彩が濃いのは、その素地となった山岳の呪術的神祇信仰がすでに陰陽道・道教の要素を含んでいたからで、それとともに修験道の教義づけに柱となった密教が、陰陽道と習合していた点も見逃すことはできません。密教と陰陽道の関係については次章で改めてお話ししますが、本章では修験道との関係において触れてみたいと思います。そのため、まず修験道の開祖として仰がれた役小角《えんのおづぬ》から述べてゆきましょう。

小角は寛政十一年（一七九九）、その一一〇〇年遠忌に際して光格天皇より神変大菩薩の号を贈られ、小角供養が盛んに行われておりまして、山岳寺院には小角を開基とし、あるいはその肖像を安置しまつっているところが各地にみられるのであります。しかし小角については今日伝説化が甚だしいので、改めて彼の宗教の本質をさぐることによって修験道の陰陽道的要素の遠い源流を究め、あわせて彼の宗教に接触した密教の陰陽道的傾向についても、説明を加えてゆくことにしましょう。

小角についての確実な記録として最も古いものは『続日本紀』でありまして、その文武天皇三年（六九九）五月二十四日条に、彼が韓国連広足《からくにのむらじひろたり》の讒言《ざんげん》にかかり伊豆の島に流されたこと、および彼が山では鬼神を使役し、水を汲み薪《たきぎ》を採らせ、もし命に従わないときは呪縛したとの世間の噂話をのせています。つまり、伊豆島配流の事実と超人的な活動についての伝承の二つでありまして、『続日本紀』は延暦十六年（七九七）に完成していますところから、奈良朝を通じて小角が超能力者にまつり上げられたことが察せられます。それゆえ事実としては配流のみとなりますが、小角は人からねたまれ中傷されるほどの有力な人物であり、配流の結果失脚し、まもなく世を去ったと推定されますので、彼の活躍期は大化の改新から奈良朝までの間、白鳳《はくおう》期が中心であったのでしょう。

『続日本紀』の成立とほぼ同じ頃、民間の説話伝承を集めて薬師寺の僧景戒《きょうかい》が編集した『日本霊異記《りょういき》』になりますと、はるかに詳しい記事がのせられています。それによりますと、小角は優婆塞《うばそく》、つまり半僧半俗の姿で、賀茂役君《えんのきみ》といい、大和国葛城上《かつらぎ》の郡茅原《ちはら》村の出身、生れながら博学で三宝を信じ、五色の雲に乗り空を飛び、仙人の宮殿に遊びたいと願い、四十余歳で岩屋に籠《こも》り、葛《かずら》を着、松を食べ、清水に浴し、孔雀明王の呪を修得し、不思議な仙術を身につけ、鬼神をも使役するに至った。大和国の金峯山《きんぷせん》と葛城の峯に橋を架けるよう命じたので、神々は困り、ことに一言主神《ひとことぬし》は朝廷に小角の叛逆を讒奏《ざんそう》したところから天皇は小角を逮捕させた。しかし彼は仙術をもって巧みに逃げ廻るので、その母を捕えた結果、ついに縛につき、伊豆の島へ流された。海上を走り空を飛ぶのが自在で、昼は島に謹慎しながら夜は富士山に飛んで修行した。大宝元年（七〇一）正月、仙となって天に飛び、唐に渡ったが、一言主神は小角に呪縛されたままで未だに苦しんでいる。

ざっと以上の内容ですが、注意すべき点は、㈠小角は仏教信者であるが、正式の僧ではなくて在家の信者であること、(二)仙人になって超能力を体得したこと、(三)伊豆流罪は一言主神の讒言であったため、この神を呪縛したことの諸項であります。『続日本紀』は仏教信者といっておらず、讒言者は韓国連広足と、実在の人物になっていて、神様ではありません。したがって、これらの点は正史である『続日本紀』の方を信頼すべきでしょう。

そこで広足について調べてみますと、彼の韓国連なる家は祖先の鹽児が韓国に使した因縁からその姓を賜ったのですが、恐らく実際には朝鮮渡来の民であって、早くから大陸の宗教をとりいれた家であったのでしょう。広足自身、呪禁《じゆきん》道に熟達し、天平四年(七三二)十月、典薬頭に任ぜられています。呪禁道は第一章でも申しましたごとく、皇極天皇の時代、高麗に留学した鞍作得志《くらつくりのとくし》がこれを学んでおりまして、古くより中国で陰陽師や道教の方術士が行った、悪魔や敵から身を守り、長寿延命を目的とした呪法と密教の呪術が結びついたものでありまして、存思・禹歩《うふ》・掌決・手印・営目の五通りの作法に分れ、なまぐさいものや酒類を絶ち、斎戒して勤めるので、今日大方は滅びて伝わりませんが、禹歩は陰陽道で反閇《へんばい》と称する呪法に相当し、さきにちょっと説明しておきました。呪禁の禁は杖刀を持ちながら呪文を読み、猛獣毒虫や悪霊賊盗から害を免れ、湯火刀刃にも傷つかぬようにすることといわれています。いろいろなまじないをやって病を癒すほか、奇術的なことも演じて人を魅惑したのでした。

呪禁師は敏達天皇六年（五七七）、初めて百済より渡来しておりまして、広足の先祖にもこれを学び、子孫に伝えるものがあったのでしょう。陰陽道の遁甲《とんこう》・方術の類と呪禁道は極めて似た呪的作法でありました。唐の官制では太医署に呪禁師・呪禁博士が置かれ、日本では持統天皇五年（六九二）十二月、百済系の呪禁博士木素《もくそ》丁武《ていむ》・沙宅万首《しゃたくまんしゅ》におのおの銀二十両を贈っており、朝鮮から呪禁道は伝えられました。養老律令は典薬寮に呪禁師二人・呪禁博士一人・呪禁生六人の職員が配置されており、広足は陰陽道・道教の医療術を心得、それによって典薬寮の長官（頭）についたのであります。その広足があえて小角に弟子入りしたところから察しますと、小角の宗教活動にも陰陽道・道教の要素があったのでありましょう。それゆえに広足は小角の宗教に関心をもち、ライバル意識もあって弟子入りし、その秘法をさぐり出そうとしたのでしょうが、すぐれた小角の呪法に太刀打ちできず、官人の地位を利用してついに小角の失脚をはかり、当時賀茂氏一族に禁ぜられていた一言主神の託宣による宗教活動を行い、朝廷に対して陰謀を企てたと中傷して小角を配流させたのでしょう。

葛城山系の神仙化と一言主神の信仰

ここで小角自身の宗教について述べますに先立ち、彼が活動した葛城山の宗教的雰囲気について一言しておく必要があります。『日本書紀』によりますと、雄略天皇はその四年二月と五年二月の両度、葛城山に登り狩猟しており、『古事記』でも、天皇登山の記事を収めていて、これが葛城山に関する最古の記録であります。『書紀』の方では四年に天皇が山で突如として丹谷《たにむかい》で長身の人物に出会われたところ、その人の面貌や容儀が天皇に似ていた。天皇は山の神と気付かれたが、そしらぬふりをして誰かと問われ、長人は現人神である。お前の方から先に名乗れ、そうすればこちらも名乗ろうと答えた。天皇が幼武尊《わかたける》であるというと、長人も一言主神と素性を明かし、それより共に狩猟を楽しみ、とりかわした言葉は丁重で仙人のごとくであった。日が暮れて神は天皇を見送って来目水《かわ》までこられた。また五年の登山の際は、尾長く雀ほどの大きさの霊鳥に会った。突然たけり狂った猪がとび出し、天皇が舎人《とねり》に射殺を命じたが、舎人は恐れて逃げ、樹に登ったため、天皇めがけて猪は突進し、よって天皇は弓で射て脚をもって踏み殺され、逃げた舎人を死刑にしようとされた。皇后がこれをいさめられたので死刑を思い止まられ、皇后の諫言を喜び、万歳と叫んで帰られたとありま す。この記事の中で谷向いに丹谷の字を用い、神と天皇を仙人のごとくであると形容し、また帰りに万歳をとなえられたり、霊鳥が出現したりしたのは、いかにも道教の神仙思想的描写であり、また一言主神が巨人であって天皇に似た形貌であったと述べるあたりにも、仙郷的雰囲気がかもし出されているのをみることができます。なお『書紀』の天武天皇九年（六八〇）二月のところに、この山で麒麟の角らしいものが獲られた記事をのせているのも、葛城山神仙視のあらわれであります。

これに対し、『古事記』の方は、天皇が登山の際に従った百官らには紅い紐のついた青摺の衣服をつけさせられたが、そのとき向こうの山の尾根から天皇の行列と同様のものがあらわれたので誰かと問われると、向こうも同様に言ったので天皇は怒っていまにも矢を放とうとせられた。そこで先方は初めて、

吾《あ》は悪事《まが》も一言、善事《よ》も一言、言離《ことさか》の神、葛城の一言主人神

と教えた。よって天皇は敬意を表し、百官のつけた弓矢や衣服をぬがせて神に献上した。天皇が帰られるとき、神は長谷の山口まで見送られた。一言主神はこのとき初めてあらわれたのであるという。これでみると記紀でかなり内容に相違があることに気付かれましょう。『古事記』では道教的形容が全くないようでありますが、天皇と同じ行列が向こうから来たとか、こちらと同じことを言ったとかいうのは、蜃気楼や山彦の現象を伝説化したものと単

純に割り切るべきものでなく、もし着想にそうしたきっかけがあるにしても、これは葛城山を神秘の山、仙者の住む理想の世界とみた思想が根底にあることを認めざるをえません。また一時は矢を放って戦いになろうとするほどの険悪な空気が漲《みなぎ》ったのが、一転して神に数々の献上物をして和解し、一言主神の方もこのとき初めて託宣してあらわれたとあって、『古事記』の記事の背景には複雑な事情が伏在したことを思わせます。これについては、さらにあとに説明するといたしまして、『日本書紀』斉明天皇元年（六五五）五月の記事を注意しておきましょう。

これは空中に竜に乗る者があらわれ、唐人のごとく青い油笠を着、葛城山頂より生駒山に移り、午の時、住吉の松の頂より西に飛び去ったというものでありまして、幻想的な話になっていますが、葛城・生駒の連山に対する霊異観に立った叙述で、天空を翔《か》ける仙人の活動がそこに暗示されております。いずれにしても以上、記紀の史料から葛城山にはすでに陰陽道・道教に影響された呪術宗教家の活動が想像されますが、中心となる一言主神は悪事も一言、善事も一言云々と託宣されたように、吉凶を告げる呪言神で、その託宣に強力な呪力があると信ぜられていたのであります。つまり、巫祝《ふしゅく》の活動に陰陽道・道教の方位に関する吉凶や天候気象、作物、人間の身体に関する卜占《ぼくせん》の技術が結びついたもの、それが葛城山の一言主神をまつる宗教の実体であったのでしょう。

そうして小角はその巫祝の中でもとくにすぐれた才能をもっていたのです。賀茂役君は主家の賀茂氏に仕えていた家筋でありましたが、小角は卓越した人物であったために、葛城山の賀茂氏を代表するほどの権威を有したのでありましょう。『日本霊異記』に小角が仙人を志し、岩屋の中で葛を衣類とし松を食物とし、清水で潔めてついに仙人となり鬼神を使い、飛翔自在の身となったと叙していますことは、小角が純粋な日本の原始呪術家であったのみでなく、道教的外来宗教をもとり入れた活動をしていたことを示唆しています。あるいは、陰陽道の遁甲・方術の秘法をも身につけるようになったのではありますまいか。さればこそ、その名声をきいて韓国連広足は弟子入りしたのでした。呪禁道の心得ある彼は、それだけに小角の方術を理解することも早かった反面、小角の優秀な呪的活動は自己の出世にも影響することを憂慮して、その失脚をはかって朝廷に讒奏したのでしょう。

広足の没落と小角の密教化

小角を倒したあと、広足は出世して上述のとおり典薬頭に進み、呪禁道の権威者にのし上がりましたが、賀茂氏の方はあとに申しますように雄略朝以来、一言主神の信仰は禁止され、その上小角の失脚も重なって宗教活動は抑えられた状態でした。ところが天平末年に近い頃、東大寺大仏殿造営の工事が起された際、その境内区域に広足の所有地がかかっていたため、広足はこれに反対して東大寺の僧侶と対立し、ついに敗れて失脚したのであります。広足の失脚は、転じて賀茂氏の宗教活動に復活の機会を与えることになりました。そのことは『続日本紀』の天平宝字八年（七六四）十一月の文によって明らかであります。すなわち中衛将監・従五位下賀茂朝臣田守《たもり》とその兄法臣円興《えんきよう》はむかし雄略天皇が葛城山で狩猟の際、一言主神が老夫に化して天皇と獲物を争い、不遜の言葉があったので天皇は怒って神を土佐に流したが、改めて神を葛城山に迎え、もとのとおりまつらせてほしいと願い出、朝廷はこれを許されたというのであります。この二人の申し出は、雄略天皇と一言主神が仲睦《むつ》まじかったとする既述の記紀の話とは全く反対でありまして、『続日本紀』にある以上疑いをいれないものので、むしろ記紀の方が遠いむかしの伝承を収録したのですから怪しいといわざるをえません。

そういえば『古事記』の文をみてもはじめは天皇と神が対立し、一触即発の緊迫した空気があったことを述べていますし、要するに記紀の叙述は雄略天皇の権力の偉大さを示す材料として伝承をとりあげたもので、仙郷に入り神仙的な一言主神に対面しうるほどの超能力的天皇として讃える話であったわけです。事実としては賀茂氏が宗教家としてだけでなく、かつては政治権力者として葛城地方に勢力を張り、そのため雄略天皇のような専制君主と政治上衝突したことがあったのでしょう。その結果、大和朝廷の権力に屈してその支配下に入り、一言主神の宗教活動は抑えられてしまったのです。したがって、小角が出た頃は表向きには一言主神をまつることを遠慮し、陰陽道的で道教的な色彩のあるものに変えられていたのではないでしょうか。

しかし官僚としては、賀茂氏の人々は大和朝廷に臣服しましたので、天武天皇十三年（六八四）の八色《やくさ》の姓《かばね》制定には朝臣の地位を与えられ、奈良朝には賀茂吉備麻呂《きびまろ》のごとく四カ国の按察使《あぜち》（行政監督官）に任じ、従四位下の身分を得た人もあったほどでした。その上、藤原仲麻呂の叛乱に賀茂田守は孝謙上皇方のために功を立てて播磨守になり、一族の人々とともに高賀茂朝臣と称することを許されましたので、この機会をもって賀茂氏はむかし禁ぜられた一言主神の祭りを許されるよう願い出て、かつての祭祀権復活を実現させたのであります。

一言主神が土佐に流されたのは、これをまつる巫祝の処罰を意味したのでした。かくして賀茂氏や一言主神の名誉回復とともに、小角もその配流は冤罪《えんざい》として汚名は除かれることになりますが、その頃には葛城山には奈良朝仏教の僧侶たちが密教的呪術的修行のため、次第に入り込んで来、この山の信仰は急速に密教化しつつあったのです。その代表的な人物が実に弓削《ゆげ》道鏡でした。道鏡は葛城山に入って常人の及ばぬ苦行を積み、有名になってついに朝廷に召し出され、孝謙上皇の看病に当たったのが異例の出世のきっかけになりました。彼が山で会得した行法は如意輪の秘法といわれており、根拠になった如意輪経には『如意輪陀羅尼経』『如意輪心陀羅尼呪経』『七星如意輪王秘密要経』などがあります。前二者は菩提流支や義浄の訳出、後者は不空訳で、すべて唐代には知られていたものです。如意輪陀羅尼の効能は刀兵・水火・悪風・雷電等の難を攘《はら》い、いっさいの悪相・悪星の変化を壊滅させるほか、陀羅尼経の薬法によって薬を服用すれば、眼病・頭痛・熱病等すべて癒えるとしており、『七星如意輪経』の作法を修すればあらゆる願いごとは成就するので、この方は如意輪観音と北斗七星の像がまつられるのであります。如意輪観音は千手観音・十一面観音などと同じく六観音の一つでありまして、変化《へんげ》観音と称し、呪的行法を主とする密教信仰の対象となっており、奈良朝の呪術仏教では最も脚光を浴びた仏尊でした。しかもこれには星の信仰をとり入れた陰陽道的要素が加わっており、密教の中でも星の運行に対する吉凶卜占に重点を置いた宿曜《すくよう》道にほかなりませんでした。

道鏡は孝謙上皇の病気平癒や藤原仲麻呂叛乱鎮定の手法に如意輪法を修して効験があったとされ、にわかに世の注目を集めました。当時、このほかにも陰陽道的色彩をもった密教経典としては、第一章にも挙げました『舎頭諫太子二十八宿経』が知られ、これも道鏡が利用したことは充分推察されます。賀茂氏の中では上述の円興のように密教僧になるものがあらわれ、しかも彼が道鏡の腹心であったことは道鏡と葛城山の宗教との密接な関係をよく裏書きしています。一言主神を奉じた賀茂氏の呪術的宗教活動が公的に許された八世紀後半は、すでにこうして陰陽道的要素の強い密教（雑密《ぞうみつ》）信仰が葛城地方に波及し、小角はそうした密教的雰囲気の中で仏教的聖者すなわち密教的仙人として装いを新たにして登場したのでした。

『観自在菩薩如意輪瑜伽秘密念誦儀軌』も唐の不空訳と称せられる仏典ですが、これには仙人になる方法が載せられていまして、高い峰に登り、百日間真言を十万遍となえ、五葉松をとってきざみ、米粥《こめがゆ》に煎じてその汁をとり、毎日三合、百八遍加持して服用すると三千大千界を飛行し、千年の寿命を保ちうるとありまして、この儀軌が道鏡の時代に伝わっていたかどうかは別としても、雑密行者の間にこうした仙人志願の修行者があったことは想像できましょう。元来、仙人とは道教の道士がめざす方術の達人のことでありまして、これが中国では密教にとり入れられ、呪術活動にすぐれた行者を仙人と呼ぶようになりました。したがって仙人の言葉には実は神仙（不老長寿）的なものと、密教的解脱《げだつ》的なものの二つのイメージが重なっていますので、小角を優婆塞、半僧半俗の人物として『日本霊異記』が紹介していますのも、小角を仙人としてまつり上げる以上、当然のことであり、これは修験行者の、僧にして僧でない特異な性格を示したものにほかなりません。修験道そのものも、純粋密教側からは俗密と呼ばれています。

『日本霊異記』に、小角が孔雀明王の呪を誦したと記されていることは、はじめに述べましたが、これは『孔雀王呪経』『大（金色）孔雀王呪経』に説かれている呪文でありまして、奈良朝には盛んに誦せられたのを反映し、小角も誦したことにされてしまいましたが、小角の活躍した七世紀にこの経が日本に流布していたかどうか実際は甚だ疑わしいのであります。孔雀明王を本尊とする経典はこのほかにも数種ありますが、蛇の毒を消す呪文や祈雨安産の効能が説かれており、平安朝より密教行者の間でむしろ盛んに信仰されたものであります。平安時代、本尊としてまつられる孔雀明王の図像には、宿曜十二宮神が夜叉鬼神とともにその周囲に描かれており、宿曜道的要素の侵入が認められるのであります。

つぎに、これも『日本霊異記』にのせられています一言主神の讒言に対し小角がこの神を呪縛したとの記事は、やはり密教行者の造作と考えられ、密教的な呪法が神祇をも縛り上げるほどの威力があるとする、神祇に対する密教の優位を説くのが目的だったのでしょう。小角が密教的仙人へまつり上げられたのと反対に、一言主神は小角に使役される鬼神へと格下げになってゆきました。陰陽道では陰陽師が式神と称する鬼神を使役し、ときにはこれを呪縛して活動を封じたことは、すでに前章で斯道の達人安倍晴明についてお話ししましたが、一言主神は小角に対してはあたかもその式神（密教でいえば護法）のごとく取り扱われている感があります。

熊野大峯修験の陰陽道的思想

小角についての話はそれくらいにしまして、平安朝も九世紀後半になりますと、山岳行者の活動する主な舞台として吉野金峯山と紀州熊野が脚光を浴びてまいります。やがて両者は大峯山系を媒介として結ばれ、紀伊半島の中央山岳地帯を道場として一大聖地をつくり上げてゆきますが、それにともなってこれを権威づけるために、教義的なものが形成され、その中で陰陽道思想が大切な要素となってゆきます。十二世紀中頃になって世の注目をひくに至りました『熊野権現御垂迹《ごすいじゃく》縁起』は、この事情をよく物語っております。

これは熊野の本宮《ほんぐう》を主とし、那智・新宮《しんぐう》を含む三山の由来を記したもので、作者は不明ですが、少なくとも十一世紀には成立したと思われます。この縁起が平安末期、注目されるに至ったきっかけは、甲斐守藤原忠重が同国の熊野社領八代荘を侵害したことから、忠重の処罰が朝廷で議論され、罪科の軽重について熊野社の祭神が問題になりました。当時、熊野権現は伊勢神宮の祭神と同体であるとの説が行われ、その説に従えば忠重の罪は伊勢神宮の所領に乱暴を働いたのと同様重くなるからです。そのため熊野社の由来を調べる必要が起り、この縁起の内容が公家の間でとり上げられ、初めて縁起の存在が注目されることとなりました。

内容の大体を申しますと、むかし甲寅の歳、唐の天台山の王子信が高さ三尺六寸の八角の水精になって日本の鎮西、日子の山（英彦山）に降った。それより五年たって戊午の歳、伊予国石槌《いしづち》峯に、六年たって甲子の歳、淡路国遊鶴羽《ゆづるは》山（譲羽山）の峯に、また六年たって庚午の歳三月二十三日、紀伊国牟《む》婁《ろ》郡切部山の西の海の北岸にある玉那木の淵の上の松の木の本に移り、五十七年たって庚午の歳三月二十三日、熊野新宮の南、神蔵《かみくら》峯に、つぎに六十一年たった庚午の歳、新宮の東、阿須加社北の石淵の谷に勧請され、初めて結玉家津御子と申した。つぎに十三年すぎて壬子の歳、本宮大湯原の一位の木三本の末に三枚の月形で天降った。八年たって庚寅の歳、石多河の南、河内の住人熊野部千与定という犬飼が一丈五尺の巨猪を射、追跡して大湯原へ行ってみると、猪は一位の木の下で死んでいたので、その宍《しし》を食べ、木の下で野宿すると、木の枝の先に月が懸かっているのを見、どうしてここに懸かっているのかと月にきくと、われは熊野三所権現で本宮証誠大菩薩と新宮・那智の神であると告げた。ざっとこうした話で、荒唐無稽も甚だしいのですが、三山の信仰を統一的に説くために無理な付会を試みたこともこれを助長していましょう。

干支に庚午をしきりと出しているところから、庚＝金、午＝南、すなわち邪気退散、延命長寿の意味があり、甲寅はともに五行の木に相当し、紀伊の国、東方の国を指すわけで、これらは陽に属します。唐の天台山の王子信とは、中国天台山国清寺に地主山王天弼真君としてまつられた周霊王の太子晋《しん》で、道教の神様となったものですが、それが水精―月―猪の変貌を見せつつ熊野へ垂迹したといっているのは水と月は同じく陰、方位は北を示し、猪は陰気極まって陽気生ずる相をあらわすので、熊野権現の出現が陰から陽、北から南、暗黒から光明を導くものとして観念されていたことを知るでありましょう。恐らくこの縁起は、最初から陰陽道的道教的思想をもって熊野信仰を全国的規模で教義づけようと意図したもので、王子信が転々とした場所は当時すでに有名な修験霊場であり、また猟師が猪の宍を食べたあと三所権現が月形で木に出現した話は、猪が神で、それが巫祝である猟師に憑依《ひょうい》したことをも意味していましょう。

中世に入りますと、いよいよ陰陽道的教義づけは本格化してゆきます。鎌倉時代、天台僧光宗の大著『渓嵐拾葉集』に、大峯は真言両部の峯であって熊野は胎蔵権現、金峯山は金剛権現で、大峯中間に両部不二の曼荼羅があるとしておりますが、この二元的発想は中世以降、修験道の根本的な理念となり、陰陽道の陰陽五行思想によって理論づけられたので、中世末近世初頭、急速にその理論は整ってゆきました。建長六年（一二五四）に内山旭蓮が著わした『峯中灌頂本軌』や大永七年（一五二七）に書かれた『修験道峯中火堂書』には、修験の最も重要な作法である柴燈護摩について、焚くところの乳木は五行中の木、柴打・鈴打・斧《ふ》鉞《えつ》等は金、護摩の火は焰、炉中の洒水《しゃすい》は水、炉底の土は土とし、護摩を焚くことによって五行と五智（弥陀・宝生・大日・釈迦・薬師）が和合し、即身成仏が実現するというのでありま す。この五行配当は山伏峯中修行の秘密とされていまして、方角に当てると木は東方で薬師如来、金は西方で弥陀如来、火は南方で宝生如来、水は北方で釈迦如来、中央は大日如来を象徴し、飯は大日如来の仏舎利、これを煮る焰は不動明王、煮る鍋は弥陀如来、囲炉裡は地蔵菩薩を象徴し、飯を二合盛って大日に供えるが、二合とは普賢・弥勒の徳をあらわすもので、飯を大日に供えるのは五智和合、仏果円満、法命成就、阿字の本源、極意に至る所以《ゆえん》であると説明しています。春の峯入りのときは護摩の乳木は柳を用い、柳は東方の木であって胎蔵界を意味し、秋の峯入りには栗を用い、これは西方の木であって金剛界に相当する。夏の峯入りは大蔵の甲乙により、柳あるいは栗を用いると、上記旭蓮の書にみえています。

また元禄七年（一六九四）、学峯雲外の撰した『修験峯中秘伝』は、金峯山を中心とした吉野修験の秘伝をあつめたもので、中世以来の伝承が含まれていますが、地主の神の一つである勝手明神について、これは大将軍とも不動尊ともあらわれる神で、衆生を守るために卯の方より始めて三年ずつ、四方を廻り給うので、尊勝王ともいうと星宿信仰に結びつけています。勝手明神より上方、愛染宿では愛染明王を金剛界大日の化身とし、薬師の十二神将とも現じ、十二方を守るとしています。戦国期、知見院権僧正猷助の著わした『両峯問答秘鈔』では、中世の史料によって金峯山の神々のうち、子守明神は未申の護法、勝手明神は辰巳の護法、金精明神は艮の護法、三十八所八大明王は戌亥の護法とし、金峯山は天竺の霊鷲山《りょうじゅせん》が飛んできたもので、その際これらの神々も随伴し、山の四方の角を守護する護法神になったとの説をのせています。

修験者の呪符

修験道では、中世以来相伝された秘伝の切紙が中心となった寺院に保存されており、例えば当山派に属する醍醐三宝院にある切紙をみますと、様々の行法・呪符の類が見出されます。その若干を紹介してみましょう。

よく知られたものの一つに九字を切る作法があります（図7）。これは臨闘皆烈前の五字と兵者陣在の四字を線でもって交叉させるので（四竪五横）、五字四字の組合せには異説もありますが、中国の陰陽家・道家である葛洪《かっこう》の『抱朴子《ほうぼくし》』に、山に入って邪気を避けるための呪文として説かれたのが始まりで、兵法に関する一種の呪的表現であるといわれます。日本では、これらの文字を仏尊や星宿に宛てはめて祈禱することが、修験者によっていい出されました。者は文曲星《もんごく》（卯・酉年本命）、闘は禄存星（寅・戌年本命）、皆は廉貞星《れんじょう》（辰・申年本命）、陣は武曲星（巳・未年本命）、烈は破軍星（午年本命）、臨は貪狼星《どんろう》（辰・申年本命）、兵は巨門星（丑・亥年本命）、在は月天、前は日天に配当し、またそれぞれが本地たる如来・菩薩・明王・天部に配当されています。これを南方の天に向かって九遍誦して九遍嗡みくだくようにすれば、その年の星の厄難を免れるとしています。

また、第四章でお話しした金神七殺の凶方信仰は中世には一般化しました。この凶方へ越すときは「迷故三界城、悟故十方空、本来無東西、何処有南北」の四句とウン・キリークの種字を組合せた護符をつくり、上包みの紙の表に四竪五横とバン（大日如来の種子）を書いて、四角の柱の根元に埋める呪法が登場しました。方違《かたたが》えは上述の四句と種字の護符の裏に「南無光明天王」と種字をしたためておく。別に種字を頭にして「謹請艮方、多聞天王。同巽方、増長天王。同坤方、広目天王。同乾方、持国天王。同中央、堅牢地神」と記した長さ八寸のぬるでの木の札を四角の柱の根元に埋める。寅卯の方へ越すときは火を持って、午の方へ越すときは水を持って、丑未の方と辰戌の方へは水を持って、亥の方へは土を持ってゆくべきである。幣五本、払一本、五穀・酒・洗米・餅・赤飯等を五帝竜王に供養し、幣・供物は生家の方へ埋めるべきである云々、と教えています。

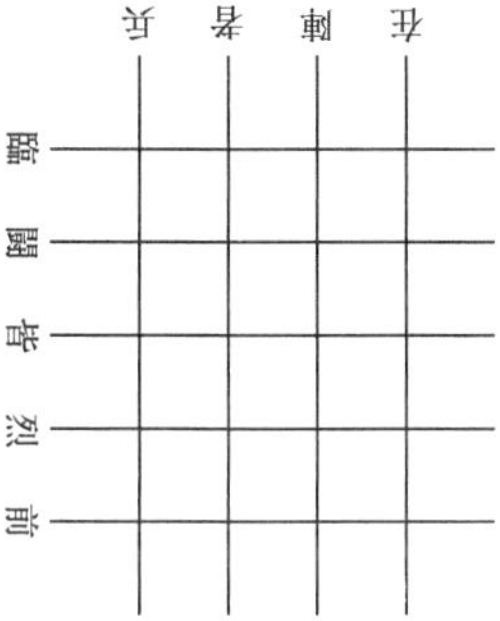

●図7——九字切（四竪五横）

修験者は生活の糧として、各種の護符をつくって檀家に配って歩き、収入の一助にしました。これらの護符は江戸時代に尊海が集めて『修験常用秘法集』に収めています。不浄除守、井戸が濁るとき投げ入れる檜の札、鬼門の札、金神違札、除雷札、疱瘡守、易産符など三百数十種に上りますが、その基本は方位に基づく陰陽道の呪符、延命長寿を祈る道教の呪符にあります。

修験者の方術・奇術

さて南北朝に入りますと、金峯・大峯・熊野一帯は南朝政権が立て籠ったところで、北朝との間にしばしば山岳戦が繰り返され、そのため修験者もこれに動員され、劣勢な南朝方に立って活躍しましたが、彼らが得意とした遁甲・方術は兵法に威力を発揮し、各種の呪法を用いてゲリラ戦を展開しました。その頃書かれた『義経記』は修験道に通じた知識人の産物ですが、「義経、鬼一《きいち》法眼が所へ御出の事」とある章に、源義経が太公望の作と称する十六巻の『六韜《りくとう》』兵法を秘蔵していた鬼一法眼の許からこの書を盗み出し、写し取った話をのせています。太公望はこの書により、八尺の壁に上って昇天する術を心得、張良《ちょうりょう》は三尺の竹に登って天空を翔《か》け、張良とともに漢の高祖の臣であった樊噲《はんかい》はこの書によって甲冑・弓箭を帯び敵に向かえば、その矢は兜も貫通した。日本では坂上田村麻呂が奥州の賊高丸を討ち取り、利仁将軍は奥州の賊赤頭の四郎将軍を退治した。平将門やこれを追討した田原藤太秀郷《とうだひでさと》もこの書のお蔭で武勇を発揮し、以後は誰もみる者なく禁中に秘蔵されていた。ところが、一条堀河に住む陰陽師鬼一法眼が文武二道の達者であって、朝廷のために祈禱を行っていたので、恩賞としてこの書を賜わり、秘蔵していた。義経はこの鬼一法眼に近づき、その娘を手なずけて首尾よくその内容を写し取ることになっています。むろん、これらの話は様々の伝承をつなぎ合わせたものですが、『六韜三略』と称する兵法書は平安朝、藤原佐世《すけよ》編纂の『日本国見在書目録』にのせられており、九条兼実は治承五年（一一八一）二月二十三日、せつに請うて中原師景《もろかげ》が所有していたこの書（張良一巻と称する）の写しを入手し、衣冠を正して閲覧しています。

本書の伝来について兼実はあれこれと推理をしていまして、大江匡房《まさふさ》の説によると張良の末裔が日本に渡り、中納言源資綱《すけつな》の家僕となって主君に譲り、資綱の子家賢《いえかた》が白河院に献上し、白河院から師景の先祖師遠に下賜されたといわれ、また他の説では右大臣藤原実資《さねすけ》が所持したものを中納言源顕基《あきもと》に贈り、顕基からその子資綱に伝わったともいわれた旨を記しております。いずれにしてもこの兵書は中国で偽作されたもので、それが平安朝、わが公家の手に入ったのでしょうが、修験者陰陽師が所持したとすればその後のことでありましょう。この兵書を手に入れた義経は、北陸路を東北地方へ落ち延びるため山伏に変装しますが、方術・兵法を通じて山伏と陰陽師の結びつく事情がよく示唆されています。つまり山伏＝法師陰陽師が怪しげな陰陽書・方術書を携えて軍事的活動に参加したり、奇術・幻術をもって人を魅惑したのでありましょう。

鎌倉期の説話集『古今著聞集』には山伏の験競べの記事がみえ、陰陽道的呪術はつとに修験僧に熟達した者があったことを物語っています。その一例として、三善清行《みよしきよゆき》の子浄蔵《じょうぞう》は天台系のすぐれた行者で、易筮《えきぜい》にも非凡な才があったと伝えられ、比叡山横川に参籠中、修入なる行者と験競べをした。それは石に護法をつけて、行者の指図どおりあやつる奇術です。まず浄蔵が自分は七歳より父母の許を離れて山林にまじわり、身心を鍛練修行してきたが、これは名利のためでなく無上菩薩のためにすることである。もしわれを知るならば、ばくの石を渡すべしというと、ばくの石がとび出て鞠のごとくはねた。修入はこれに対し、ばくの石もの騒がし、落ちつけというと石は静かになり、大威徳呪をもって加持すると全く動かなくなった。浄蔵はさらに常在霊鷲山の句を大きくとなえると、石がまた動き踊り、ついに中より破れて二人の前に落ちた。浄蔵は参籠修行中、護法を使って花を採り水を汲ませたとあります。こうした呪法は実は陰陽師においてもみられ、浄蔵の超能力はこの方からもみがかれたことでしょう。安倍清明が使った式神の姿はやはり童子形であって、容貌は密教のそれと同様、恐ろしい鬼形でした。また人形や鳥にも変り、陰陽師同士式神を使って相手を調伏させたり、自分の式神といえども使い方を誤れば主人の陰陽師が生命を奪われることもあり、これらは護法童子とほとんど変るところがありません。たぶん呪術密教が中国で陰陽道と習合し、陰陽道のシャーマニズムをとり入れて神霊を操作し、明王・天部・眷属の類をこれに参加させたのでしょう。

山伏神楽

修験者の奇術・幻術はやがて芸能的観賞的所作へと移って行きますが、近世を通じて全国各地の村落に住みついた彼らは、ローカルカラー豊かな神楽の行事を通じて、陰陽道的信仰と技法を遺しました。いわゆる里神楽と呼ばれるものは、宮廷や大社の行事で披露されるものとは異なり、素純な原始神道的形式のものではありません。舞の基本は東西南北と中央の五方で、舞台の四方の柱が各方角の神に見立てられ、舞人は中央の神と見立てた五行の舞です。舞台を廻る順序を天地人左右左と称し、また反閇《へんばい》・契印・九字壺きり、切払い・射払い等にも陰陽道色の強いものが感ぜられます。

まず、白衣白袴の上に東西南北中央の色である青赤白黒黄五色の側次《そばつぎ》を着た者五人が、刀を持って舞います。その中で東方木神と南方火神、南方火神と西方金神、西方金神と北方水神が互いに切り合う所作をし、五行相剋をあらわします。ついで東西南北の神が中央の神とわたり合った末、式部と呼ばれる役が出て伊弉諾《いざなぎ》・伊弉冉《いざなみ》二神の国生みを説き、自分は陰陽五行の理を和らげる勅命を受けたとして、東方木の神に春三月、九十日の内より十八日を抜き出し、土用と号して土の神へ奉り、残り七十二日を守護し給えと命じる。同じように夏秋冬の三神にも十八日ずつ譲らせて土の神に合計七十二日を与え、終りに土の神はこかぐらを舞い、式部はけんばいを踏んで舞うといった筋です。舞台を対角線に、あるいは十字形に移動するのは北極祭・九曜祭・五星祭・七十二星祭などの陰陽道祭に基づいたものとみられています。

反閇は三河の山村で行われる花祭りでは、榊鬼の役をする者が一枚の菰《こも》を敷き、その上で右手の鉞《まさかり》を杖に、左手を腰において左足を出して足先をふり動かし、拍子にあわせて天地青黄赤白黒の七字を唱言し、七足を踏んでとび上がるように右足を踏みかえ、鉞も左手に移して同様の所作を演じ、これを五方位に繰り返すのです。この踏んだ菰は大切に納められ、あるいは川に流されます。福岡の若宮八幡の反閇は、式部と呼ぶ幣を持った狩衣姿の者が両袖の中で印を結び、右足を出して右左右、左足を出して左右左と踏む動作を四方の柱と中央で行うことになっています。これで邪気を攘《はら》い、村の安全をはかったのでした。

神楽殿に張られる注連縄《しめなわ》は七五三縄とも呼び、江戸期の九州英彦山修験の秘伝をあつめた

『彦山修験最秘印信口決集』では、七五三は北斗七星、木火土金水の五行、天地人の三才を象徴するとし、諸神祭精進のときに用いるが、疫神祭には二二、荒神祭には一六三五、鬼神祭には七二五三、孝養祭には三三三四、蚕養祭には五二二、一切祈禱九二四三五七八一六七、産祭には一六二、地鎮土公祭には三八五六七一五五とするとしていますが、どんなものか、これらの注連縄は修験者の秘伝だということでよくわかりません。

以上ごく大まかではありましたが、陰陽道が修験道形成の背景となり、長い発展の歴史を通じて教義・理論や実際の儀礼作法に極めて重要な役割を演じてきた次第を述べました。このことは見方をかえますと、修験道はその発展の中でおのずから陰陽道の日本化と普及を推しすすめてきたといえるのでありまして、民間に活躍した山伏の実体が法師陰陽師であることからも、それは充分首肯されるところでありましょう。

第八章　密教と陰陽道

宿曜道の伝来と奈良朝の宿曜師

密教は顕《けん》教に対し神秘性・象徴性・儀礼性を基調とし、組織づけられた秘密仏教の意味で、高度の哲学的理論をつくり上げましたが、体系化されたのは八世紀の頃からで、本来は超自然的な呪法を中心に、もっぱら息災招福の祈禱的土俗的な信仰で、リグヴェーダー（インドの聖歌集）の時代（紀元前一〇五〇―一〇〇〇年）あるいはそれ以前の原始時代に起源がありました。仏教が起ってこの呪法がとり入れられ、代表的な経典である『般若経』『法華経』『華厳経』には密呪が説かれ、陀羅尼真言といわれるもので本来の呪術のほか、宗教的瞑想の際の精神統一に唱えられたり、悟りの智慧《ちえ》の表現として用いられました。

第一章でご承知のように、中国へは三世紀より六世紀にかけて各種密呪の経典が伝えられましたが、唐の玄宗の時代（八世紀前半）には善無畏《ぜんむい》・金剛智《こんごうち》・不《ふ》空《くう》らの密教僧がインドより来って新たに多数の密教経典を翻訳し、また注釈書や研究書を著わして、密教の体系化をなしとげました。それまでの中国の密教は道教的に解釈される傾向がありましたが、インドの天文道を交えた密教経典の訳出に刺戟《しげき》され、中国の密教は次第に陰陽道的色彩の強い宿曜《すくよう》道を発展させてまいりました。第一章に列挙しました『文殊師利菩薩及諸仙所説吉凶時日善悪宿曜経』のほか、不空の訳したものには、『北斗七星護摩秘要儀軌』『北方毘沙門天王随軍護法儀軌』『北方毘沙門多聞天宝蔵天王神妙陀羅尼行儀軌』などがあり、最初の宿曜経は後世日本宿曜道の中心経典として権威がありました。

これら宿曜道の経典の成立は密教の体系化に相応じたものでありましたので、それ以前のたんなる呪術中心の密教を雑密《ぞうみつ》、以後のものを純密と呼び、奈良朝は雑密全盛の時代でした。すでに奈良朝以前にも原始的な宿曜道経典は多少わが国にもたらされており、孝徳天皇六年(六五〇)、白雉《はくち》と改元された翌年、年の暮に味経宮《あじふ》で二千百余人の僧尼を集めて一切経を読ませ、夕刻よりは二千七百余の燈を庭に燃やして、『安宅経』『土側経』等の経典を読ませました。これは追儺《ついな》に似た主旨の悔過《けか》法要的なものと思われますが、『安宅経』には『安宅陀羅尼呪経』と『安宅神呪経』があって、前者は後漢(三世紀)に訳出されたもので、最勝燈王如来の世界を説き、その呪文は人に幸福・名声・力を得させ、後者はそれと無関係な内容のものです。すなわちそれは、むかし仏が長者の求めに応じ、その邸に臨み、邸の神々に家内の人々を安穏に守るよう示されたもので、陰陽道の四神や禁忌、五行思想が説かれており、中国で偽作されたものでしょう。『土側経』も同様の偽経で、これら中国製の経が読まれたものと思われます。それは晦日の大祓の主旨をこめて、大地の悪霊を鎮め福を求めることを目的としたのでありました。

白村江《はくすきのえ》の戦（六六三）ののち、百済からの亡命者や渡来人系の大陸留学者の帰還で多数の陰陽家が朝廷に仕えるようになりました。その中には法蔵・行心《ぎょうしん》（新羅）・義法《ぎほう》（同）・道顕（高麗）・信成《しんぜい》（同）・道基・恵耀《えよう》・東楼ら多数の僧侶が交り、陰陽道官僚となる者は還俗させられ、例えば隆観は金財《たから》、義法は大津連意毗登《いひと》、信成は高金蔵といった具合で、これは当時、陰陽寮の官制はあっても本来の日本人で専門の陰陽師は得難く、後継者にも不自由したほどでありますから、この道に熟達した僧侶を還俗させて用いたのです。一方、養老元年（七一七）四月の詔に「僧侶は仏教により神呪を持して病人を救い、湯薬を与えて難病を癒すことを認める」との主旨に従って還俗せず、宿曜道をもって朝廷に仕えた僧侶も多く、そうした中から頭角をあらわしてきたのが弓削《ゆげ》道鏡でした。詳しくは前章で述べたところに譲りますが、宿曜道は当時医術として脚光を浴び、天平勝宝八年（七五六）五月、聖武上皇が重体になられたときも看病に当たった禅師は百二十六人に上ったといわれ、禅師とは呪術的医療を心得た宿曜師でありました。道鏡は天平神護元年（七六五）閏《うるう》十月、太政大臣禅師となっていますから、宿曜師の領袖《りょうしゅう》だったわけであります。

空海の宿曜道経典請来

やがて延暦二十三年（八〇四）、弘法大師空海が三十一歳で入唐されると、青竜寺に住した恵果阿闍梨（不空の付法の弟子）について灌頂《かんじょう》をうけ、胎蔵・金剛両部の大法を授かり、大同元年（八〇六）梵字真言讃等四十二部四十四巻と新訳の経を含めて百四十二部二百四十七巻を持ち、帰朝しました。その目録は東寺に最澄自筆のものが所蔵されています。それをみますと、道教の影響のあるものや宿曜道・陰陽道関係のものがまじっています。既述『文殊師利菩薩及諸仙所説吉凶時日善悪宿曜経』をはじめ、㈠『穢迹《えと》金剛説神通大満陀羅尼法術霊要門』㈡『摩訶吠室囉末那野提婆喝羅闍《まかばいしらまなやだいばからじゃ》陀羅尼儀軌』㈢『大威力烏枢瑟摩《うずさま》明王経』などがあり、㈠は現世利益の呪法を説いた中国道家の偽作、㈡は毘沙門天の功徳を詳述したもので、東西南北中央の五帝勧請、北斗・泰山《たいざん》・司命・五官王など冥府関係の使者が挙げられており、これも中国製であります。㈢は烏枢瑟摩法を説いたもので『陀羅尼集経』の呪が集められています。穢迹金剛とは烏枢瑟摩明王のことで、不浄や悪鬼の祟りを払うといわれています。宿曜経の方は宿曜道の経典として最も権威があり、この舶載で密教の陰陽道的活動は本格化しました。

空海自身、陰陽道に大きな関心があり、以後真言密教の僧侶にはこの道に精通した人材を出しました。宿曜経が入って初めて、日本人の間に密日すなわち日曜日が卜占《ぼくせん》吉凶の上で重要なことが認識されるようになりました。密はソグド語（今のソ連領中央アジア、サマルカンド、ブハラ地方、ペルシャ帝国の一州の言語）で日曜を意味するmirから来たもので、三世紀に発生したペルシャの摩尼教では日曜が重要な宗教儀礼を営む日とされていました。宿曜道は暦日を定める暦法と、これによって人の吉凶を占う占法と、星宿を加持する攘災招福の儀礼の三分野に分れ、大体において陰陽道でも同様に分れていますが、宿曜経は占法を中心に暦法を加えたものです。上下二巻あって上巻には十二宮二十八宿（宿は星の位置によって天空を分割したもの）を解説し、星宿と人生、七曜と人生の関係を説き、甘露・羅刹日などの特殊日、太白などの方忌を教え、一カ月の吉凶日を示し、七曜作成法についても述べられています。下巻は大体において上巻の主旨を敷衍《ふえん》したもので、かなり重複的な内容です。『穢迹金剛説神通大満陀羅尼法術霊要門』は道教的色彩の濃い『穢迹金剛禁百変法経』を仏教的に改めた中国の偽経ですが、烏枢瑟摩明王の呪文を穢迹真言といい、その功徳が多数述べられています。そこでは山中で宝物を発見する法、雷を止める法などの呪法、空中を飛ぶ法、隠身の法、延年の法、火災止の術など、印を結ぶことが記されているところからみても、道教的呪術的基調のものであることがはっきりしています。

真言密教の請雨経法

空海が中国から請来された典籍には、以上のほかにも呪術性の強いものがいくつかあり、対世俗的方便として様々な呪法に関心がもたれたことは疑いありません。『高野大師御広伝』『弘法大師御伝』によりますと、空海には多数の呪術的奇蹟が伝えられており、それらの多くは空海を超能力者にするための造作でありましょうが、他面、なんらかの意味で真実を伝えているところがないでもありません。中でも有名なのは、雨に関する加持祈禱でありますす。右の伝記には、㈠旱天のため、神泉苑に請雨経法を修するとき、ライバルの守敏《しゅびん》が呪をもってこれを妨害しましたが、天竺より善如竜王を勧請し、竜王がそれによって神泉苑に来り、大いに雨を降らし、少僧都に任ぜられたこと、㈡天長四年（八二七）、仏舎利を内裏でまつり、礼拝灌浴して雨を祈ると大いに効きめがあったこと、㈢西に向かって三度灑水を行ったのを勅使が理由をきくと、唐の青竜寺で火事が発生したのでこれを防ぐためだと答えた。のち唐の青竜寺の経蔵から出火したが、東方より雨が来てこれを消したと彼の地の人が知らせてくれたことなどの話が見えています。火事の話は、中国の樊英《はんえい》がはるか西方の四川省成都の大火を呪術で消す奇蹟を演じた話（第一章所説）からの思いつきではないでしょうか。

守敏は空海と並ぶ密教の名僧で、西寺《さいじ》の住職となりましたが、雨を祈る呪法競べをした確かな事実はなく、空海についても㈡の仏舎利をまつって内裏で祈禱を行ったことが確実な史料にのっているくらいで、空海が祈雨の名人だったという話は、のちに門弟の間で造作されたものでしょうが、真言宗の秘伝として祈雨作法の道場に早くから神泉苑が選ばれていたことが㈠の話の背景にあり、㈡㈢も平安時代を通じて祈雨作法にすぐれた真言僧が出たことから、これを権威づけるためのものであったと解されます。すなわち九世紀から十一世紀にかけて、真雅《しんが》・観賢《かんけん》・観宿《かんしゅく》・元杲《げんごう》・仁海《にんがい》・成尋《じょうじん》など、この方の名人が輩出しましたが、すぐれた祈雨法験には陰陽道の天文気象観測の知識が必要であり、真言宗の請雨経の秘法は空海が中国からもたらした新しい宿曜道と多分に関係がありました。

上に列挙した名僧の中でも、仁海は九度修法を行ってそのつど効験著しく、世に雨僧正といわれたほどです。長元五年（一〇三二）六月、雨が降らないので仁海が易筮《えきぜい》をもって占ってみると、竜が地底に臥しているゆえ雨の降らないことがわかったので、祈禱を行って竜を天に上らせ降雨の効験があらわれました。易筮と祈雨作法は密接に関連していたのです。仁海は三条天皇の眼病を占って物怪の祟りのためでなく、御薬を用いられると癒えると判じ、また右大臣藤原実資《さねすけ》も甥の子資房が病気に罹《かか》ったので仁海に占わせ、樹鬼の祟りで祈禱は効きめがなく、住居を移せばよいと答えており、宮廷では卜占を求める者が少なくありませんでした。長久四年（一〇四三）五月の祈雨には大いに効験があり、輦車《れんしゃ》を寵され、封七十五烟を賜わり、永承元年（一〇四六）九十二歳（一説に九十四歳）まで存命しました。七歳で高野山に登って真雅に師事し、ついで石山寺の元杲より伝法灌頂をうけ、密教学を究め、山科小野に曼荼羅寺を開き、小野流の根本道場にしました。『小野僧正抄』『小野宿曜抄』などは仁海の撰にかかる秘伝的書物であり、『仁海僧正伝受集』は勧修寺の寛信が仁海からきいた秘伝的作法を記録した本です。平安中期より朝廷で真言密教の祈雨法が始められるときは、修法が始まって第五日目から陰陽師の五竜祭が神泉苑でこれと併行して営まれます。

陰陽道の口伝では茅《かや》をもって五竜の形を造り、その中に阿闍梨が竜の梵字を書きます。五竜王は東方青竜神王・南方赤竜神王・西方白竜神王・北方黒竜神王・中央黄竜神王で、陰陽五行思想が宛てられています。密教の方でも茅で竜をつくるのは秘伝です。神泉苑では九尺ほどの竜を中島の石の上にすえ、紙で蔽《おお》い、薄墨で綵色して眼をいれ、その上に八寸ほどの茅製の蛇を置き、金箔で彩られた紙をまとい眼を描き、梵字を頭に籠めます。修法が終ると、蛇は石の穴に極秘に埋められます。別に祈禱関係の仮屋として池の北側に壇所・阿闍梨宿所・伴僧宿所・仏供所・人供所が建てられ、前二者は青色の幕で屋上を覆い、四面にも引き廻し、伴僧宿所には南面にのみ幕を張ります。壇所母屋の上には十三流の幡を立てますが、十二流には十二天の梵号を書き、四方に、一流は不動慈救呪を書き、中央に立てるのです。別に金輪仏頂種子を書いた大幡を壇所の前庭に立てます。幡はすべて青色で綵色されます。壇の四方には四つの花瓶を安置し、金・銀・瑠璃・真珠・水精の五宝、安息・薫陸・白檀・蘇合・竜脳《りゅうのう》の五香、人参・伏苓《ぶくりょう》・天門冬・甘草《かんぞう》・白芥子《けし》の五薬が用意されます。容器はみな青瓷《せいじ》で、白瓷を代用してもよいとしています。

真言密教の星曼荼羅

空海のあと、真言密教では常暁《じょうぎょう》や恵運《えうん》が入唐してさらに新しい宿曜道の経典や図像・彫像を持ち帰りました。常暁は不空の弟子である文璨から太元帥秘法と称する新しい降魔法を伝えたほか、三光天子像・二十八宿像など、宿曜道関係の珍しい像をもたらしました。恵運の方は『玄蹟宿曜経』『七曜星辰別行法』などを伝えています。常暁は法琳寺、恵運は安祥寺を本拠とし、のち真言宗小野流が形成されると、これらの寺院はその支配下に入りましたので、以上渡来の彫像や典籍類は小野流の宿曜道に大きく寄与し、これが仁海の著わした上記の書をはじめ『恵什抄』『証師記』『常喜院抄』など数々の小野流秘伝書となりました。

北辰や七曜をまつるには、本尊としてその曼荼羅図が作られましたので、それらは尊星曼荼羅・妙見曼荼羅・北斗曼荼羅等と呼ばれ、その作成法がこれら小野流の秘伝書に示されています。尊星（妙見）曼荼羅は中央大月輪中に、左手蓮華を持ち、右手説法印をとり、五色雲に結跏趺坐《けっかふざ》する菩薩形の尊星王を描き、その外側に内外二区の輪廓を設け、内区には内院衆として北斗七星神形を尊星王をめぐって配置する。すなわち西南に左手日を持つ貪狼《どんろう》星、西に右手月を持つ巨門《こもん》星、西北に左手火珠を持つ禄存星、北に左手掌を外に向けた文曲《もんごく》星、東北に右手玉を持つ廉貞《れんじょう》星、東に左手柳枝を持つ武曲星、東南に右手刀を執る破軍星を月輪中に描き、これらは頭髪赤色、天冠瓔珞《ようらく》で荘厳した夜叉形となっており、南方には輪宝形が置かれます。外院衆は東方寅位に虎頭人身で右手に棒を持つ甲寅将軍、卯位に兎頭人身で左手に棒を持つ丁卯従神、辰位に竜頭人身で手に鉄槌を持つ甲辰将軍、巳位に蛇頭人身で戟を持つ丁巳従神、午位に馬頭人身で戟を持つ甲午将軍、未位に羊頭人身で槌を持つ丁未従神、申位に猴頭人身で刀を持つ甲申将軍、酉位に鶏頭人身で刀を持つ丁酉従神、戌位に狗頭人身で槌を持つ甲戌将軍、亥位に猪頭人身で鉄鉤を持つ丁亥従神、子位に鼠頭人身で鉤を持つ甲子将軍、丑位に牛頭人身で槌を持つ丁丑従神をめぐらし、これら諸神は天衣瓔珞で磐石上に坐する姿になっています。甲の将軍と丁の従神が交互に配置されているのは前者が陽神、後者が陰神を意味するのでしょう。

北斗曼荼羅は十一世紀初めまで天台座主であった慶円のつくった円曼荼羅と、仁和寺の寛空が村上天皇のため、宮中で北斗法を修した際に初めて図絵したといわれる方曼荼羅があり、前者は奈良県法隆寺、後者は大阪府久米田寺に平安朝の仏画として保存されているものが代表的で、ともに重要文化財の指定品です。円曼荼羅の方は、中央に頂輪王を主尊として初重の円内には七曜星と羅睺・計都の二星（以上九曜）ならびに北斗七星を、二重の円内には十二宮、三重の円内には二十八宿が配置されます。方曼荼羅の方は中央の頂輪王をめぐって仏眼尊と北斗七星を置き、その外側に九曜、その外側に十二宮二十八宿がとりまいています（図8）。

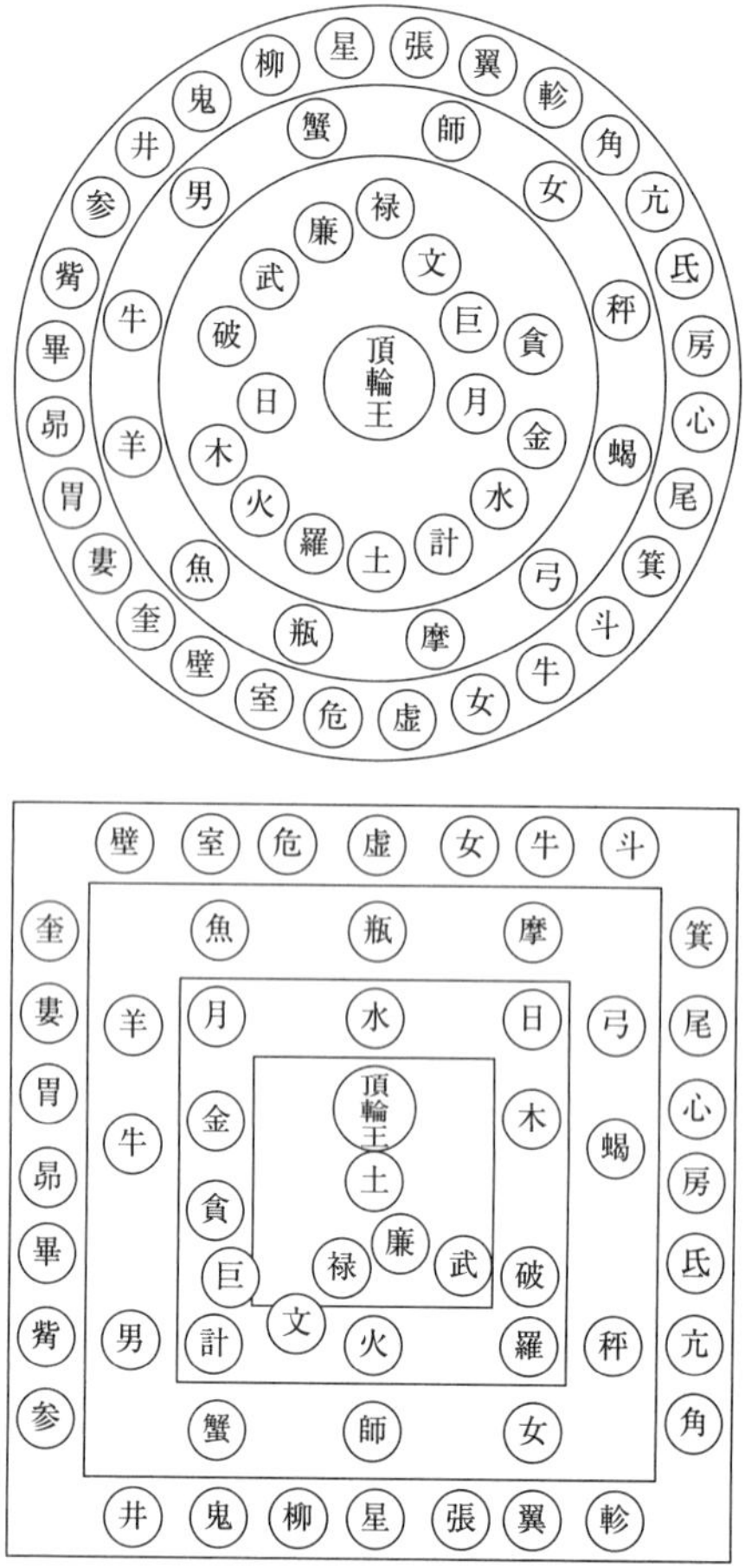

●図8——北斗曼荼羅（仏尊，星宿神の位置を示したもの。上は円曼荼羅／法隆寺蔵，下は方曼荼羅／久米田寺蔵）

真言密教の星供祭文

こうした曼荼羅を懸けて供養が行われる場合、そこで読まれる祭文が起草されました。小野流の星供祭文をみますと、前中後の三段から成り、初段は、

維《こ》れ当年歳次月次某月某日求法沙門某申、此の清浄地に於て宝座を荘厳し、謹んで礼奠を設け謹んで北斗大神、本命某星、属曜某曜並びに七の曜執等を請じ、本願を還念し、宝座に降臨し、所献の供具、哀愍納受して弟子某不祥を消除して善願満足せん

と述べるのに始まり、中段・後段は改めて祈願の主旨を明らかにし、数々の供物を献じ、懺《ざん》悔《げ》して諸星宿神に利益を願うと慇懃丁重の字句を連ねたもので、陰陽道で読まれる都状《とじょう》を多分にまねたところがあります。

これは一般的な星祭りで、これに対し本命星をまつる本命供祭もあり、その場合、本命元神も一緒にまつられます。一般に人には本命星と本命元神星があって、子歳に生れた人なら貪狼星を本命星にし、武曲星を元神とします。十二支のうち、陽は子に起って午に終り、陰は午に起って子に終るとされ、子午は相対して陰陽の気の起る基点です。つまり十二支は陰陽の二つに大別され、男女おのおの生年の支をもって陰陽いずれかの生れに属することになります。子歳の男ならば陽男、丑歳の男ならば陰男、午歳の女ならば陰女、未歳の女ならば

陽女で、支には交互に陰陽が宛てられていることは尊星曼荼羅の中で甲の将軍、丁の従神が交互に四方に配置されている説明からもお気付きになるでしょう。そこで本命元神をきめる方法は陽男陰女の場合、その生れ年の支の一つ前の支（前一衝という）を元神とします。子歳の男は丑が元神で、丑の所属する武曲星が元神星となります。これに対し陰男陽女は後一衝について元神を求めます。つまり、生れ年の支の一つあとの支を元神とするのです。こういったことをもっぱら取り扱い、個人の運勢判断をおもな職業とする者を禄命師と称し、属星信仰に陰陽相対の理論を導入して卜占を複雑にしたのでした。

さらに小野流では焔魔天《えんま》は北斗の母であり、これに仕える司命・司禄両神や冥府十王（第三章所説）の一人泰山府君《たいざんふくん》など、皆星の変じたものとしています。焔魔天をまつるには北辰・当年星・生月宮・本命宿・焔魔天を中心に、三尸《さんし》・七魂童子・三魄童子・左肩童子・心神・福神・五道大神・泰山府君・左竜君・六甲神君・注福部童子・福禄童子・智神君・四季神・玄武将軍・炎魔后・白虎福人・天丁力士・年直使者・日直使者・時直使者・注死判官・四仲神官・四孟神官・朱雀神官等多数の童子・従官をも並べるので、五道大神は泰山府君と共に冥府十王の一人で五道転輪王を指し、三尸は庚申の夜、司命に人間の行状を告げる虫（詳しくは第十章に述べる）であって道教・陰陽道・宿曜道の神が大方を占めています。

焔魔天法は元来は長寿延命や安産のために行われるものでありましたが、自分の出世を祈るのにも利用されました。その一例をつぎに掲げます。仁平《にんぺい》元年（一一五一）四月十一日に東寺長者寛信が行った祭文で、これまで東寺一長者で寺務・法務を兼ねてきた彼が久安《きゅうあん》六年（一一五〇）十六歳も年少の寛遍権大僧都に一長者の地位をとられ、二長者に格下げされ、寺務職までとり上げられたので、その非道を訴え、元の地位回復を祈ったものです。この祈念が通じたのか、寛信は翌年その願いは達せられたのも束の間で、まもなく入滅してしまいました。僧侶の世界にあっても、地位争奪のために陰陽道諸神や冥府冥官にすがることは俗人に劣らないものがありました。

六字河臨法

六字河臨法と称する修法も、そうした人間の醜い争いに利用せられ流行しました。天台の皇慶阿闍梨から真言僧にも伝わり、両宗ともに競って修せられました。六字は六観音またはその変身である六字明王でありますが、呪咀怨家調伏の利益ありとせられ、平安朝公家の権力争奪の具にもなりました。陰陽道の呪咀祭から影響をうけた行法です。はじめに六字経曼茶羅をまつる作法があり、釈迦金輪仏頂を中心に六観音をめぐらし、その前に鏡を置き、呪

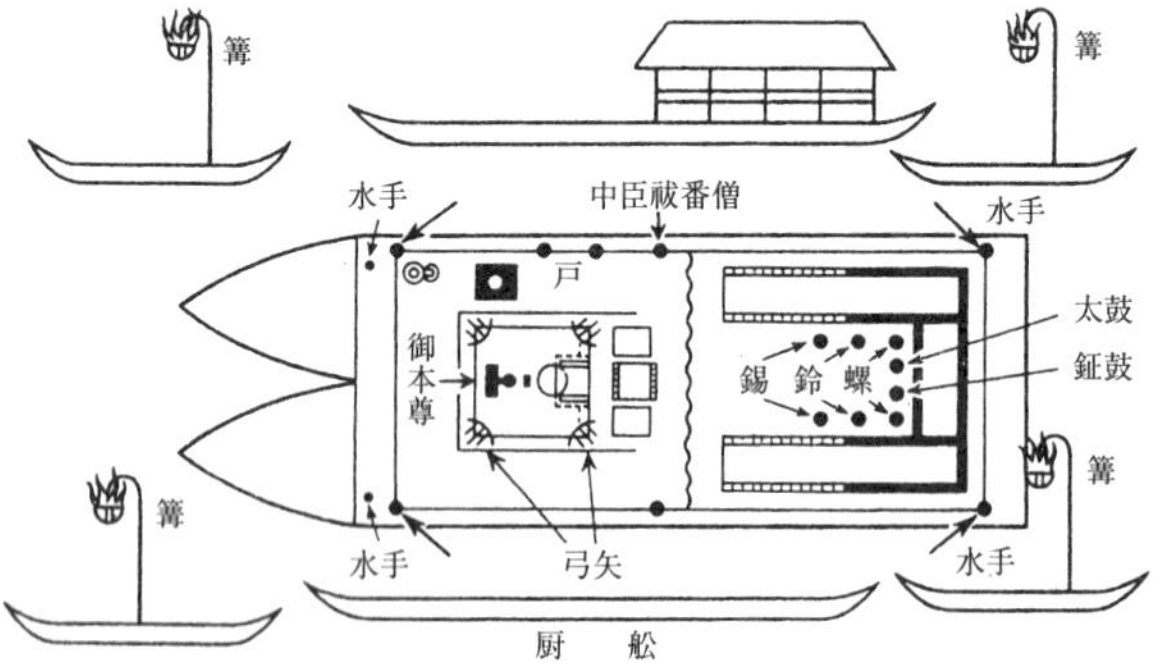

●図9——河臨法壇所船

咀神の像があらわされています。これら呪咀神は貴船・須比賀津良《すいかづら》・山尾・河尾・奥深等の水神＝雷神系であります。この曼荼羅をまつって輪印と称する手印を結び、呪咀する人物を調伏するのであります。この六字経法を行った大壇を船に移し、導師である阿闍梨以下、承仕・檀越《だんおつ》・雑役人も同乗し、本尊は下流に向かって据え、流れが南より北に向かう場合が最も適当とされます（図9）。怨家呪咀の法なのでその河は必ず檀越の家の下の所を用います。船上の行法は初夜（午後八時—九時頃）下より上に向かって始められ、決して流れを下ってはいけない。船は檀所のための大船一艘・厨船一艘または二艘で、鉄と藁《わら》の人形おのおの四十九枚七色に分けたもの長さ約三、四寸のもの、解縄約七束、菅抜（貫）七枚が用意されますが、これらは陰陽道で七瀬祓の際に用いるのと同じです。

ちなみに七瀬祓とは平安中期より始まったもので、川合・一条・土御門《つちみかど》・近衛・中御門・大炊御門《おおいみかど》・二条末の賀茂川畔七カ所で毎月晦日に、天皇が息を吹きかけた人形を陰陽師が川に流す祓の儀式で、後冷泉《ごれいぜい》天皇のときより隔月に耳敏《みみと》川・河合・東滝・松崎・石影・西滝・大井川と祓の個所が洛外に延び、さらに臨時の大規模な行事として河臨祓へと発展し、難波・農太・河俣（以上摂津）、大島・橘小島（以上山城）、佐久那谷・辛崎（以上近江）の七カ所になりました。

さて船上で護摩のあと、六字呪が誦せられ、施主の檀越に加持する。また伴僧が中臣祓を読みますが、陰陽師が請ぜられて役を務めることもあります。この間、他の僧は法螺を吹き錫杖・金剛鈴を振り、太鼓・鉦鼓を打ち、一斉に経転読、高声に呪をとなえます。この間解縄（紙を捻《ひね》ったもの）を解き、人形を持って檀越の身をなで、檀越の息をこれに吹きかけ、檀越に茅輪《ちのわ》をくぐらせ、散米を人形に振りかけ、僧は人形を河中に投じます。同時に阿闍梨・念誦僧・読経僧一斉に怒号し、目を怒らし、吽声を唱えるので、このすごい喧噪と迫力をともなう所作をもって行法は終ります。中臣祓には、

南斗北斗三台玉女、左青竜右白虎前朱雀後玄武、前後翼輔喼喼如律令

の呪文が読まれ、ほとんど陰陽道の祭文といってよいものです。祓が読まれる間、大奴佐《ぬさ》

（御幣）が振られるのは神道そのままです。要するに六字河臨法は陰陽道・密教を習合した祓の作法に基づくもので、中国伝来のものではありません。

牛頭天王の信仰と縁起

陰陽道の密教への進出として、もう一つ見逃せないのは祇園社の牛頭《ごず》天王信仰との習合であります。ここから生れた宿曜道は修験者の手によって民間に流布し、陰陽道の民衆化に大きく貢献したのでした。祇園社の祭神は牛頭天王とその妃頗梨采女と子の八王子で、平安中期、南都興福寺の密教僧円如《えんにょ》がまつったものといわれ、本来はチベットの牛頭山の神で、山に生えている旃檀《せんだん》は熱病や火傷・刀傷に効ありとせられ、その神は疫神として信仰され、仏教と習合して日本にもたらされました。日本ではこれが陰陽道の影響をうけ、星宿神に変り、宿曜道の中心的な神としてあがめられることになったのです。

そもそも祇園社に平安末、中世初め頃に「牛頭天王縁起」が作られ、外来の疫神の日本化が試みられました。その内容のあらましを申し上げましょう。むかし北海に住む武塔天神（牛頭天王）が、南海の神の娘を妻に迎えようと出かけられました。途中日が暮れ、宿を探されました。ときに将来と呼ぶ兄弟の家が二軒あり、弟の巨旦《こたん》将来は富裕で屋倉一百あり、この方に天神が宿を乞われると惜しんで断られた。つぎに兄の蘇民将来は貧しかったが快く宿を貸された。しかし貧乏なので粟柄《あわがら》を座布団とし、粟飯を御馳走しました。天神は大いに喜び、南海に赴き八人の子をもうけて帰ってこられた際、蘇民将来の家に立ち寄り宿を借りた礼がしたい。ついてはお前の家に家族はどれぐらいおるかときかれました。蘇民将来が妻と娘の二人であると答えると、天神は家族皆に、腰の上に茅輪をつけよといわれ、そのとおりすると、その夜、蘇民の家の者を除いて弟の巨旦将来その他の家の人々をことごとく殺してしまいました。そして言われるには、われは素戔嗚尊《すさのお》である。今後、疫病が流行すれば蘇民将来の子孫といって茅輪を腰の上につけた人々だけは死なずに済むだろうと。

大体以上の筋ですが、ここでは武塔天神は素戔嗚尊と同一にされ、牛頭天王の疫病信仰を日本人になじみやすいように変化させられています。わが国古来の疫神信仰では穢を負わせて追却し、あるいは流し去るものとして人形がつくられましたので、これを神格化した疫神は「追却される神」として信仰の対象になり、古典神話で高天原を追放された素戔嗚尊がこれにふさわしいものとして結びつけられました。茅輪はチガヤをたばねて円形の輪にしたもので、既述の六字河臨法でも用いられており、穢《けがれ》を攘《はら》う呪物であります。今日でも六月晦日の大祓に茅輪をくぐる行事は各地に遺っております。

『簠簋内伝』と日本的宿曜道の成立

さて、延久二年(一〇七〇)十月十四日の祇園社神殿焼失の際、官使が御神体の模様を調べたとき、蛇毒気神、大将軍など宿曜道の神像があったことが判明しており、平安後期にはすでに陰陽道が牛頭天王の信仰に入っていたことが窺われるのであります。ついで鎌倉時代の初めには、祇園社の社僧の家で安倍氏の陰陽道を学ぶ者があって、これより法師陰陽師が同社では伝統的にあとを継ぎ、牛頭天王信仰と習合した宿曜道の流布が本格化します。そのあらわれが十四世紀、安倍晴明に仮託した『簠簋《ほき》内伝』と称する宿曜書の登場であります(図10)。詳しくは『三国相伝陰陽輨轄簠簋内伝金烏玉兎集』と題されています。金烏《きんう》玉兎《ぎょくと》は日月であり、簠簋は天地の神をまつる聖なる器物で、簠は外方内円、簋は外円内方の形をし、供物を盛るものです。陽陰・簠簋・日月と並べるところに、陰陽道の原理と人間のそれへの対応と天文運行の三大要素が示され、窮極には日常生活における吉凶判断を示した本であって、今日巷間に流布し、社寺の縁日に露店商の店先で並べられている日本的易書の源流となるものであります。以下、この書の冒頭に載せられた牛頭天王の縁起と信仰をたずねてみましょう。

●図10——簠簋図（左が簠，右が簋／『簠簋諺解大全』による）

むかし牛頭天王が南海の沙竭羅竜宮に住む第三の女、頗梨采女を妃に迎えようとして途中、夜叉国を通過された砌《みぎり》、兄の巨旦大王に宿を求めたが断られ、大王の奴婢である一賤女の教えで弟の蘇民将来の許へゆき、宿を乞うた。老翁の将来は天王の懇望をうけ、貧しいながら瓢《ひさご》の中に蓄えたわずかの粟を瓦釜で煮て梛《なぎ》の葉に盛って饗応した。天王は生活は貧しくとも心は貴徳の王にも勝ると喜び、将来が提供してくれた隼鷂《はやたか》と名づけた宝船に乗り、南海の竜宮城に到着し、頗梨采女を娶って八王子をもうけた。やがて天王は妻子を連れて北天への帰途につき、途中宿を断った巨旦大王はじめ配下の鬼類の立て籠る城を攻め亡ぼすため、八王子等に命じて進撃させた。巨旦大王は自分の顔が阿羅監鬼の相に変ったのを知って悪い前兆を憂え、博士に占わしめると牛頭天王が攻めてくるとわかり、博士の教えに従って一千人の僧を供養し、大陀羅尼を唱して泰山府君の法を行った。これで安心だと思っていたところ、一人の比丘《びく》が眠って真言唱文が明確でなく、これが隙となって大穴を生じ、この穴から天王の兵が乱入し、ついに巨旦大王を滅ぼした。しかし天王は蘇民将来を教えてくれた一賤女を助けるため、桃の木の札を削って「唸唸如律令《きゅうきゅうじょりつりょう》」の文句を認め、その札を投げると賤女の袂《たもと》の中に入り、彼女はこの禍を免れた。

巨旦大王の屍は切断して五節に配当し、調伏の威儀を行った上、天王は蘇民将来の許へゆき、彼に夜叉国を与え、誓願していうには、われ末代に行疫神となって八王子眷属《けんぞく》等が国に乱入してくるかもしれないが、蘇民将来の子孫と名乗るものは禍がない。お前に一つの護身法として二六の秘文を授けよう。今後、濁世末代の衆生が寒熱二病に罹るのはわれら部類眷属の所行だが、もしこの病苦を退けようと思う者は五節の祭礼を違えず、二六の秘文を信ぜよ。五節の祭礼において、正月一日の赤白の鏡餅は巨旦の骨肉、三月三日の蓬莱《よもぎ》の草餅は巨旦の皮膚、五月五日の菖蒲は巨旦の鬢髪《びんぱつ》、七月七日の小麦の索麵《そうめん》は巨旦の継《すじ》、九月九日の黄菊の酒水は巨旦の血、惣じて蹴鞠は頭、的は眼、門松は墓験《はかじるし》である。修正の導師、葬礼の威儀はすべて巨旦調伏の儀式である。このように教えて、牛頭天王は北天の閻浮提へ帰っていった。長保元年(九九九)六月一日、祇園社では三十日間、巨旦調伏を行い、今日までこれを受け継いでいる。六月一日の歯固めは大切だ。まことにありがたいものは牛頭天王・八王子などであると。

以上、『簠簋内伝』の縁起を通覧して、はじめの「牛頭天王縁起」と比較すると、はるかに陰陽道的要素が濃厚なのに気付かれよう。巨旦・蘇民両者の関係が逆転しているのは別に問題ではありませんが、以上の話には、本書が撰せられた当時、すでに実際に行われていた様々の牛頭天王信仰の習俗が説かれていますとともに、その文章自体が牛頭天王に捧げる祭文にもなっていました。実際に行われていたと思われる部分を摘記しますと、二六の秘文を唱すること、五節の祭礼執行のほか、槒の葉に瓦釜で煮た粟飯を盛って供えること、唵唵如律令と記した桃の木の札を所持すること、千人の僧を供養した大陀羅尼真言を唱し、泰山府君祭を行うことなどです。槒は熊野で参詣者が神木として賜わる梛《なぎ》と同様で、熊野修験の影響を示唆しているのでしょうか。はじめの「牛頭天王縁起」では、腰の上に茅輪をつけることが疫病防ぎの呪法であるとしていますが、習俗としてはこの方が『簠簋内伝』に述べられている諸呪法より時代が古いことはいうまでもありません。

牛頭天王の形相

つぎに牛頭天王の形相について、『簠簋内伝』のはじめにその姿は頭に黄牛面を戴き、するどい両角を有し、夜叉のごとく、その高さ一由繕那（四十里ないし六十里）とあり、八王子は大歳・大将軍・大陰・歳刑・歳破・歳殺・黄幡・豹尾《ひょうび》で、それぞれ春夏秋冬四土用の行疫神としています。いいかえると、八王子は牛頭天王の機能を分掌したものとみられましょう。また『簠簋内伝』は牛頭天王の別の形として、大梵天王＝堅牢地神＝盤牛大王と称し、青赤白黒黄の五帝竜王を生み、各竜王がまた五行や十二支二十八宿等の星宿神を生み、神々が各自に遊行する方位の吉凶を詳細に列挙しています。こうした屋上屋を架するような説が並べられているのは、祇園社をめぐる法師陰陽師たちに様々の説を立てる者がいたことを裏書きしています。

京都三十三間堂の本坊でありますす妙法院には、南北朝時代の牛頭天王以下八王子・眷属神の形相を描いた興味深い絵巻がありますが（図11）、そこでは三面十二臂で白牛（虎のようで牛に近い）にまたがり、肌は朱色、三面にはおのおの三眼を有し、正面の顔の上に白い牛頭を載せ、さらにその上に本地薬師如来坐像をつくり出しています。光背は火焔で朱と青の二色を交え、頭髪は逆立ち、宝冠を戴き、持物には赤白の宝珠・宝瓶・如意輪・弓矢・鉞《まさかり》・宝棒・杵などがあります。

奈良春日神社には鎌倉期の牛頭天王曼荼羅図の衝立があり、虎に乗る牛頭天王を中心に四天王や三十六体の天部、二十八体の菩薩像、十二支星神などをめぐらしていまして、密教の星曼荼羅から着想されたところがみられます。この衝立図はもと春日社摂社の水谷神社にまつられたと伝え、鎌倉時代、水谷神社の祭神は牛頭天王とされていました。京都の祇園社は承平四年（九三四）に水屋（谷）の建物を移して、祇園天神堂を興福寺の円如が建てたのに始まるといわれているところから推して、わが国牛頭天王信仰の発祥は南都密教にあったのかもしれません。

●図11——牛頭天王図（妙法院本）

彫像としては、京都の大将軍八神社に六十五点に上る陰陽道関係の神像があります。この社はもと平安京鎮護のため、都の四方に設けられた大将軍の一つと伝えられるもので、現在、素戔嗚尊五男三女を祭神としていますが、平安朝から鎌倉期にかけてのこれらの古像は大別すると、衣冠束帯姿と武官姿の二種で、一々の神名は明らかではありませんが、逆立った頭髪の降魔的神像は牛頭天王やその眷属神にほぼ間違いないでしょう。これだけの像があるからには、恐らく古代には多数の立派な社殿が建っていたのでしょう。京都府京田辺市の朱智神社にも同じ頃の牛頭天王像がまつられており（図12）、この方は唐風鰭袖付、怒髪三面で、右手叱咤の印、左手宝珠を持つ極彩色の美しい木像です。現在の京都八坂神社には古い図像・彫像は遺っていませんが、文献からは若干、神像の記事を拾い出すことができます。中でも火災で損傷した蛇毒気神は、十一世紀すでにまつられていた木像で、『簠簋内伝』の八王子とは別の眷属として古来重きをなし、密教の『辟蛇法』『救蛇苦経』『除悪毒法』『治蛇毒法』などの呪法からヒントをえてつくり出された呪法の本尊でしょう。その形相は冠を着け、白杖を持つ赤衣の大身とか、紺青色の忿怒像とか、様々の伝承がありました。また室町時代、興福寺塔頭寺院の日記の『大乗院寺社雑事記《ぞうじき》』によりますと、文明二年（一四七〇）祇園社が炎上したので、御神体は五条辺に仮安置されはしたが、この御神体は牛頭の形の黄金の鋳造物で珍しいものでした。ところが、社人にこれを砕いて売り飛ばす不埒の輩があってそれが発覚し、淀川へ投げ込まれたと書いてあります。これでみますと、祇園社の御神体に黄金像があったことが知られますが、今日現物は遺っていません。

牛頭天王縁起は室町時代にはいよいよ民衆化し、多くの異伝をつくり上げました。例えば長享二年（一四八八）十一月の年紀のある本では、牛頭天王が蘇民将来に宿を借りた礼として牛玉（牛王）を与え、この玉は所願ことごとく成就するとしており、これが毎年正月、祇園社で出される牛王宝印の起源であると説いています。また天文十九年（一五五〇）の年紀のあるもう一つの本は、大和国葛城郡・平群郡の牛頭天王社のものとおぼしく、はじめに灌《かん》頂《じょう》（勧請）祭文と題して牛頭天王の威徳をたたえ、天王が蘇民将来の小屋で宿泊の際、粟飯・粟酒・楡《にれ》粥・トチの餅を饗応され、蘇民の娘を助けるために茅輪をつくり、赤い絹の端に巻き込めて左の脇につけよと教えたことが記され、最後に講讃・『九条錫杖経』の読誦が

●図12——牛頭天王彫像
（朱智神社蔵／京都府教育委員会提供）

あり、慈救呪二十反・吉祥天呪二十一反・八王子呪二十一反・尊勝陀羅尼三反・荒神呪二十一反・心経三巻を読むことになっています。『九条錫杖経』が出てくるところに、山伏（法師陰陽師）がこの祭文を読誦したものであることを想像させます。

第九章　鎌倉武士と陰陽道

武家の顕密仏教受容

わが古代律令国家の理念となり、平安朝公家の有職《ゆうそく》として日常的知識にまで発展した陰陽道は、公家に代って武家が政権を執り、幕府を開いた鎌倉時代には、庶民社会へと拡がり、さらに新しい禁忌や呪法を生み出しながら、日本人の生活に即したいっそう広汎な習俗を形成し、学問・芸術等の諸分野にも浸透して、日本文化の歴史的伝統をつくり上げるのに大きな寄与をしました。本章ではそのうち、鎌倉幕府を主とする武家社会の陰陽道について眺めてみましょう。

はじめ公家の手先として使われ、下層社会のきびしい現実の中から擡頭してきました武士の生活は、虚飾を排し義理を重んじ実利を旨としたものでしたが、政治経済的向上につれて公家との接触が深まりますと、その教養・信仰や慣習に漸次影響されるようになりました。

すでに十―十一世紀頃には、中央から地下へ下っていった武将の中に陰陽道的関心をもつものがいたことは、第六章の初めに言及しました。これは密教信仰や浄土信仰すなわち天台・真言の顕密についてもいえることでした。鎌倉時代になりますと、禅宗の直截簡明な修行と信仰が、武士の生活慣習にふさわしいものとして顕密仏教にとって代り、禅宗は武家の生活理念や信仰を代表するかのごとく従来考えられてきましたが、これは一つには新しい宗派としての禅宗が顕密仏教の本拠であります京都・奈良には進出し難く、鎌倉や北陸・九州などの新天地に力を注いだ事情もありました。しかしその禅宗も、初期の臨済禅におきましては極めて顕密的色彩の濃いものがありました。

臨済宗を創《はじ》めた栄西《えいさい》が鎌倉幕府の求めに応じ、関東に下ったときは、主に将軍家の祈禱師として活躍したものでした。正治二年（一二〇〇）北条政子は故源義朝の遺跡亀ヶ谷に栄西を招いて寿福寺を建立させ、以後、政子をはじめ頼家・実朝の厚い帰依をうけました。栄西はやがて京都にも建仁寺を創めましたが、叡山よりの迫害を顧慮して天台・真言・禅の三宗兼修の道場としたといわれています。しかしこれは名義上だけでなく、実質的に栄西の禅が密教臭の強いものであったからで、建保二年（一二一四）、実朝病気の際は良薬として茶を勧め、『喫茶養生記』を著わし、献上しており、同年六月、法華経を転読して雨を祈りました。

栄西の弟子である行勇・栄朝・明全らも密禅兼修の名僧として活躍し、さらにその門流は大いに栄えました。実際、中国の純粋禅は公家はもとより武家にとっても容易に受容できるわけはなく、顕密の呪術的なものとの融合の上にこそ、禅への親しみはもちえたのです。歴代北条執権職の中で真に禅を理解できたのは、時頼・時宗・貞時らのみで、そのほかでも鎌倉後期の一部上層武士に限られていました。寛元四年（一二四六）、北条時頼の招きをうけて来朝した蘭渓道隆《らんけいどうりゅう》が、初めて宋朝の本格的な禅を教えてからようやく臨済禅は軌道に乗り、建長寺がその中心となりました。その後、道隆は建仁寺にも入り、ここで宋朝禅が初めて公家社会にも及んだのであります。

以上のごとく禅宗が武家社会で歓迎されたといっても、公家社会に根ざした伝統的な顕密仏教は、幕府としても対抗してその権威づけをはかる上からこれを遠ざけることができず、かえって重要視しましたので、これと深く結びついていた陰陽道をも積極的に利用し、進んで武家陰陽道とも呼ぶべき独自の展開をみせるまでになったのでした。

源頼朝の挙兵と祈願行事

幕府を開いた頼朝は、平治の乱で都落ちする十四歳まで京都に住み、公家と接触し、陰陽道的知識も多少は心得ていたでしょう。以後、伊豆の配所で生活すること二十年、彼が壮年期に入った頃、以仁王《もちひとおう》の平氏追討の令旨《りょうじ》が到着し、それを契機として治承四年（一一八〇）兵を挙げ、その門出に伊豆国山木郷の代官平兼隆を討ちました。その際、京都から下向した藤原邦通《くにみち》（頼朝の叔父、頼仲の女婿）や筑前国住吉社の社家出身である佐伯昌長らに、平兼隆討伐の日を卜筮《ぼくぜい》できめさせ、八月十七日寅刻としました。その前日、戦勝祈禱があり、昌長は天曹地府《てんちゆう》祭を奉仕し、頼朝みずから鏡（御撫物《おなでもの》）を昌長に授けています。永江蔵人大中臣頼隆は一千度の御祓を勤めました。天曹地府祭は第三章で述べておきましたようにきわめて重要な陰陽祭ですが、これを地方の一神官である住吉社の昌長が修したことは、すでに陰陽道が宮廷陰陽師の独占物ではなくなっていることを物語っています。

兼隆を倒すことによって頼朝は関東の平家方を敵に廻すことになり、いままで日課にしていた勤行はむつかしくなりましたので、妻政子の祈禱師でありました伊豆の法音尼に依頼し、毎日の勤修を代行させせましたが、その際、経や名号の目録を与えています。それには心経十九巻と八幡若宮・熱田・八剣・大箱根・能善・駒形・走湯権現・雷電・三島・熊野権現・若王子・住吉・富士大菩薩・祇園・天道・北斗・観音など十数カ所の神仏のため各一巻の法楽、観音経・寿命経各一巻、毘沙門経三巻、薬師呪二十一反、尊勝陀羅尼七反、毘沙門呪百八反、阿弥陀仏名千百反が含まれています。密教仏尊に諸神祇、それも修験道系や陰陽道系のものが加わっているのは興味があります。

将軍実朝の時代の陰陽道

やがて三代実朝の時代に入りますと、幕府における陰陽師の活動は急速に高まりました。彼は周知のごとく京都の公家文化に憧れ、和歌・蹴鞠《けまり》に熱中し、妻には坊門信清（その妹殖子は後鳥羽天皇の母）の娘を迎えただけあって、陰陽道にも一方ならず関心を寄せました。承元元年（一二〇七）、当時疫病流行に悩まされていた鎌倉へ京都の陰陽師安倍維範《これのり》が呼ばれており、以後京都からは安倍氏の人々が続々幕府に来って仕えるようになりました。承元四年、実朝は維範の父、資元《すけもと》に依頼して本格的な泰山府君《たいざんふくん》祭を行い、幕府では安倍泰貞に天文異変のため属星祭を奉仕させています。この頃、泰貞は京都より来って幕府専属の陰陽師となっていましたが、属星祭は幕府で以後、最も頻繁に営まれた陰陽祭の一つで、頼家の時代には毎月、京都の資元に依頼していました。建暦《けんりやく》元年（一二一一）には、泰貞が熒惑《けいわく》星祭を奉仕し、同じ年太白星の運行異変で泰山府君祭・歳星祭があり、来年将軍の厄年に当たるとして天曹地府祭が修せられました。少しのちには泰山府君祭で甲冑・弓箭・双紙筥・鞍置馬等

（造作物）を祭庭に並べて焼く新しい作法も始まりました。建暦二年には実朝が病気になり、また小御所の東面柱根に花が咲いた（俗にいう優曇華《うどんげ》か）ので、天地災変祭・鬼気祭が行われています。鬼気祭は疫鬼をまつるもので、平安朝からよく修せられましたが、天地災変祭は自然の災禍を防ぎ、病気の平癒を祈る行事で、平安朝に例は少なく、鎌倉でよく行われるようになったものです。

建保元年（一二一三）五月、和田義盛一族が叛乱を起す直前、頼朝の墓所法華堂の後ろの山に長さ一丈余の光物があらわれたので、泰貞が将軍御所南庭で天曹地府祭を営んで厄払いをしました。四月二十八日、いよいよ形勢が切迫しますと、執権北条義時は鶴岡八幡宮に大般若経転読を行い、勝長寿院では大威徳法・不動法・金剛童子法を勤修させ、陰陽師には天地災変祭・天曹地府祭・属星祭を奉仕させて、敵の調伏に努めました。兵乱が収まったあと、将軍御所が焼失したので新造され、改めて寝殿の天井には七十二星西嶽真人《せいがくしんじん》の呪符が置かれました。西嶽真人については第三章でもお話ししましたが、東嶽泰山府君が冥府を司るのに対し、現世の生活を司る宅神で、易の卦（先天の卦八卦、後天の卦六十四卦）七十二卦を星神と見立てた七十二星または一年七十二候（太陰暦、一カ月に六候を分ける）の星を支配する土公ともみられていました。時節の変化を神格化して星神と見、これを大地の神の変身と考えたらしいのです。摂関全盛期からこの呪法が流行しましたが、このほか瓶が置かれたり、四方の柱に呪符を貼りつけたり、屋邸地の角に瓶を埋めたり、賀茂・安倍両氏で競って新規の方式が生み出され、密教の鎮宅の呪法からの影響もありました。これよりさき治承四年十月、頼朝が鎌倉入りをしましたおり、応急の邸としたのが知家事（政所《まんどころ》の役人）兼道の山内宅で、この家は十世紀末に建てられてから焼けたことのない吉祥の家とされ、それは安倍晴明が鎮宅の符を押したからだといわれました。たぶん鎌倉に下った安倍氏の中に、鎮宅呪法についても先祖の功業を宣伝し、賀茂氏に対抗しようとしたものがあったのでしょう。

建保元年（一二一三）八月、月明りの夜更け、和歌に熱中していた実朝が数首を独吟中、突然一人の青女が前庭に出現し、ついで門外に光物がありましたので、早速、陰陽少允安倍親職《ちかとも》が召し出され、招魂祭が修せられました。この頃、鶴岡八幡宮では黄蝶が群飛したので百怪祭、御所南庭に狐が鳴いたので陰陽の祭、御所の上に鷺《さぎ》が集まったり地震が起ったりしたので百怪祭、ついで三万六千神祭・地震祭と、平安朝の公家にも劣らぬほど些細なことにも神経質になって、陰陽の祭りが続きました。建保四年（一二一六）七月には、忠快法印の手で相模河に六字河臨法が修せられ、実朝は一万騎に上る軍兵を大挙引きつれてこれに臨み、壮観を呈しました。忠快は平氏の出身でしたが、頼朝に許されて幕府のために祈禱の忠勤を励み、鶴岡八幡宮の社僧として活躍しました。このとき、なぜ派手な河臨法を催す必要があったのでしょうか。はじめこの法施行の日次について親職・泰貞両陰陽師に諮問され、二人は七月中、三カ日のみを吉日として上申したところ、忠快はこの日次選定は誤っているといって非難しましたので、二人は出仕を止められ謹慎させられています。忠快はそれほど日次卜占に自信のある宿曜《すくよう》師とみえますが、幕府の信用も厚かったようです。六字河臨法は前章で詳しく紹介しましたが、元来、夜間極秘裡に行わるべきものが、昼間大軍勢が参加して堂々と催されたのはどんな秘法だったのでしょうか。翌月には鶴岡宮寺別当定暁《じょうぎょう》が北斗堂を建て、忠快が導師として落慶供養し、政子も臨席しました。北斗信仰はいままでにも述べたとおり、密教・陰陽道双方で祭儀を勤めますが、宿曜師も陰陽師に対抗して星に関する祈禱行事に積極的に参加していった事情が窺われます。

実朝暗殺の凶兆

承久元年（一二一九）正月二十七日、実朝の右大臣拝賀式当日の暗殺は、あらかじめ一部の人々には知られていた疑いがあります。北条義時は事件の直前、気分がすぐれないと式場から抜け出しましたし、前年七月にはこの拝賀式に供奉するなと、薬師如来の眷属《けんぞく》十二神将のうちの戌神が枕上に立って告げ、身の不安を感じて大倉郷に薬師堂を建立しています。またこの年の九月には実朝が明月の夜、和歌会を催している最中、鶴岡八幡で三浦義村の子の光村が宿直人と乱闘を演じており、のち実朝を殺害した公暁《くぎょう》がまずはじめにそのことを連絡したのはこの義村に対してでありまして、光村は公暁の門弟として親しい仲でした。

いよいよ拝賀式当日、幕府の元老大江広元《ひろもと》が実朝に拝謁し、その幼少よりのことを知っているだけに、当日の晴れ姿に感激して老の涙を流しつつ、むかし頼朝が東大寺参詣の際の例に従い、下に腹巻を着することをすすめましたところ、実朝の政所の家司である文章《もんじょう》博士仲章は、大臣大将に昇る人の儀式にそんな例がないと反対し、結局腹巻着用は見送られました。腹巻をつけていたら助かったかどうかは別問題として、広元はなんとなく実朝の身辺に危惧を懐《いだ》いていたのでしょう。また随身の秦公氏がお側に控えていたのに対し、実朝は鬢《びん》の毛を一筋ぬいて記念に与え、つぎに庭の梅をみて、

出テイナハ、主ナキ宿ト成ヌトモ、軒端ノ梅ヨ春ヲワスルナ

と菅原道真のまねをしたような不吉な和歌を読まれ、南門を出られるとき、霊鳩がしきりに囀《さえず》り、車より下りられるとき雄剣を突いて折られる珍事がありました。なんだか自分の運命を予知しているようで、気味の悪い話です。また、これも実朝政所の家司である源頼茂が拝

賀式の三日前、鶴岡八幡宮に参籠中、鳩が一羽前に落ち、小童がこの鳩を打ち殺す夢をみて、その翌日、実際に境内で死鳩を目撃したので、怪しんでこれを言上しました。陰陽師泰貞・宣賢《のぶかた》等がこれを占い、不吉だと告げたものの、その対策としての陰陽祭は全く行われませんでした。これまで実朝の身辺には細心の注意が払われ、公家にも劣らない護身の呪法が、密教・陰陽道の両方から競って営まれてきたのに、この不穏な事態の中で鎌倉の陰陽師がほとんど活動していないのは、甚だ不可解な感じを抱かせられます。彼らが意識的に傍観者的態度をとり、政争に介入しないよう警戒していたとみられないでもありません。京都では実朝の死去を知られた後鳥羽上皇が二月六日、実朝のために御祈禱を勤めた陰陽師たちに対し、すべての所職を停止する処置をとられたのは、果してどこに真意があったのでしょうか。

承久の乱前後の陰陽師

実朝のあと、四代目に九条道家の四男三寅が迎えられて頼経となりましたが、将軍家の公家的雰囲気は変ることがありませんでした。承久元年七月十九日、鎌倉についた二歳の幼将軍は陰陽師に大学助安倍晴吉《はるよし》、護持僧に大進僧都寛喜をともない、晴吉は早速将軍のために七瀬祓を行いました。八月六日、北条義時の娘で藤原実雅の室となったのが男子を出産し、陰陽師親職らは百カ日泰山府君祭を営みました。泰山府君祭がこんな長期にわたるのは平安朝でも例がなく、仏教の長日不断の勤行をまねたのでしょうか。陰陽道行事の強化は、たんに京都からきた公家出身の将軍ばかりでなく、北条氏自身もその立場を権威づける手段に利用していました。それは承久の乱の際の様子を窺えば一目瞭然であります。

承久三年になりますと、朝幕関係の緊張は高まり、これを反映して正月二十二日、幕府は雷鳴変と称して、泰貞が天地災変祭、晴吉が三万六千神祭、親職が属星祭、宣賢が泰山府君祭、重宗が天曹地府祭を営み、鶴岡八幡宮では社僧が大般若経転読を行い、三月二十二日には御家人波多野朝定が政子の使として伊勢大神宮に出発しました。これは彼女の暁の夢に、二丈ほどの大鐘が由比浦に浮かび、その中から、われは大神宮である。天下をみるに大いなる兵乱が起るであろうが、泰時を起用すれば太平になろうとの声がしたので、神宮祠官の外孫にあたる朝定が使に選ばれたのです。恐らく政子はなんらか京都方の情報を得、これを確かめるために伊勢奉幣の口実で朝廷の内情をさぐらせたのでありましょう。

五月十九日、ついに義時追討の後鳥羽上皇の院宣が鎌倉に到着しましたので、陰陽師親職・泰貞・宣賢・晴吉らが召集され、初めて京都守護伊賀光季《みつすえ》の飛脚が到着した午《うま》時を基準として卜筮《ぼくぜい》を立て、時局の推移を判じたところ、鎌倉方が勝利を得るとの占いが出て幕府当局は意気揚り、政子は御家人を召集し、上皇の挙兵に対抗して一致団結を呼びかけ、士気を鼓舞し、御家人武士たちは非常な決意の下に京都に向かって進撃を開始したのでした。政子が卜占を利用して幕軍の戦意高揚をはかったのは、まことに賢明な方策でした。翌日も三万六千神祭を執行して戦勝祈願の行事に手を緩めず、幕府方十九万の大軍が上洛しますと、五月二十六日、鶴岡八幡宮では関東で最初の仁王百講が始まり、一方、義時は若宮に属星祭を営み、ついで百日の天曹地府祭を執行しました。天曹地府祭が百日も続くのは、百日泰山府君祭の上をゆく大規模な祭りで、幕府は軍事ばかりでなく、祈願行事においてもかつてみない大陰陽祭をもって敵方を圧倒し、鎌倉の陰陽師たちは武士と同様、総動員をかけられ、緊張した体制に入ったのでした。幕軍がいよいよ京都に迫りつつあった六月八日、義時の邸の釜殿に落雷があり、下男が一人死んだので大江広元を呼び、義時がその吉凶をきくと、文治五年、頼朝が奥州の藤原泰衡《やすひら》征伐の際も軍陣に落雷があったが、かえってこれは吉祥で関東では佳例だと答え、念のため陰陽師たちに占いをさせたが、最吉でありました。八月十五日、上述の各種祈願行事は結願し、幕府方の勝利に終り、僧侶や陰陽師は多大の祈禱賞を賜ったのでした。

陰陽祭の規模の拡大

承久の乱を契機として、幕府は陰陽道行事にますます本腰を入れました。すでに先例をつくった百日行法としての泰山府君祭は貞応《じようおう》元年（一二二二）八月十三日、十二日間にわたる彗星の連夜出現のため、元仁《げんにん》元年（一二二四）三月十九日、義時の病気平癒祈願のため、嘉《か》禎《てい》元年（一二三五）六月十日、将軍頼嗣《よりつぐ》の御祈として、建長三年（一二五一）正月、執権時頼の室安産のためなどで頻繁化し、天曹地府祭の方も仁治《にんじ》二年（一二四一）正月十四日、頼経の御祈として行われました。また安貞二年（一二二八）には、将軍の百日招魂祭に用いる撫《なで》物《もの》が鼠に食われた事件があって招魂祭も長期化し、仏教の影響で如法とか何座の何祭とか称せられて、行事の規模が拡大する風潮は著しいものがありました。七座招魂祭・七座八座の鬼祭、五座または七座の百怪祭などの記録もあります。

また何種類もの陰陽祭を組合せて、同時に修する行法も重大な事態の際にみられるもので、前記貞応元年八月の天変では、泰山府君祭のほか三万六千神・天地災変・天曹地府の諸祭に不動護摩が加わり、これに呼応して愛染・尊星・薬師・北斗の密教護摩法が修せられています。元仁元年六月、義時の重病のときは災変・三万六千・属星・如法泰山府君の諸祭が始まり、祭具物はすべて本格的に準備され、十二種の重宝と馬・牛・男女装束など五種の身代りが出され、このほか御家人からも数座の泰山府君祭・天曹地府祭が寄せられました。同年十月の太白星出現も重大視され、三万六千・天地災変・属星・太白星・熒惑星等諸祭と密教の七曜供、数種の護摩が併用されています。

翌年六月には政子が病臥したので天地災変・呪咀・属星・鬼気・三万六千・熒惑星・大土公・太白星・泰山府君と、主な陰陽道祭をあげて平癒が祈られました。二十一日、政子は重体の身で新しい東御所に移りたいといい出し、医師行蓮は今日は戌日で移るのに憚《はばか》りがありますと注意したのを、陰陽師たちはそんな禁忌は巷間の俗説で話にならぬと一蹴しましたが、改めて二十六日に行われました。この日も泰時は四不出日であるからと案じましたが、陰陽師たちは外出でなく移転だから支障ないと主張して、そのとおり実行されました。政子の葬儀は親職が指示にあたりましたが、陰陽道による葬儀はどのようなものだったのでしょうか。

宿曜師の活躍と将軍の方違え

十月に将軍御所が新造されるため、敷地として宇津宮辻子と若宮大路東頬（東側）の二つが候補地になり、そのいずれかをきめるについて地相人の金浄法師（たぶん宿曜師）は、頼朝の法華堂のある場所が四神相応（陰陽道の青竜・白虎・朱雀・玄武の四神が四方を守っている土地）で、その西側に敷地を広げるべきであると主張し、宿曜師珍誉は若宮大路の方が四神相応の勝地ととなえ、陰陽師たちは後者に賛成し、それにきまりました。十二月に新御所が竣工し、十七日には大歳・八神・土公・井霊・大将軍・王相・防解・火災の諸祭が、十八日には宅鎮・石鎮・西嶽真人・七十二星・厩鎮の諸祭が催され、二十日、将軍移徙《いし》の儀がありました。当時、鎌倉には地震が多く、嘉禄三年（一二二六）夏、地震が頻発した際は鎮星・三万六千神・属星・熒惑星などの諸祭のほか、宿曜道の土曜星・木曜星諸供はじめ　字金輪護摩・八字文殊法等が勤修されました。この頃より各種祈禱行事ははげしく、安貞元年（一二二七）十二月には将軍の護持僧が九人選ばれて、上中下旬ごと三人ずつが奉仕し、陰陽道でもこれに対して陰陽護持師ともいうべき役がきまって、一番泰貞、二番晴賢《はるかた》、三番重宗、四番晴職《はるつね》、五番文元、六番晴茂の順で結番勤仕することが定められました。

宿曜師の星祭りで特異なのは羅睺《らごう》・計都《けいと》の二星です。嘉禎元年（一二三五）大仏師康定に命じて、一尺六寸の薬師像千体、忿怒形で青牛に乗り、左右の手に日月を捧げる姿の羅睺星神像、忿怒形で竜に乗り、左手に日、右手に月を捧げる姿の計都星神像、禄存星および本命星、薬師像各一体を造立し、陰陽師文元が計都星祭を勤めました。これは頼経の病気のための一連の祈禱行事につながるもので、羅睺・計都はいわゆる蝕神（日蝕・月蝕を起させる神）

といい、災厄の神として怖れられるのであります。平安時代には東大寺の宿曜師法蔵が実相寺で計都星形像供法を勤修しておりますくらいで、所見が少なく、むしろ幕府で関心が高められたようです。建長三年（一二五一）三月、執権時頼は室御産御祈りにこの両像の造立供養をやっておりますし、寛元三年（一二四五）十二月には、明年日蝕のため陰陽師広資らが羅睺星祭を催し、同四年五月にも国継《くにつぐ》が同じ祭りを勤めています。しかし今日、これら両星神像の彫刻は遺ったものを知りません。中世の宿曜書『興然九曜秘暦』によりますと羅睺は三面二臂で天衣をまとい、牛に乗り星を執り、三面は宝冠を戴く菩薩の形相であり、計都は三面怒髪で竜に乗り、中央の顔のみ宝冠をつけ、二臂に蛇が纏わり、手には矢を持っています。両星神とも、童子のごときものが腰のあたりに立っています。あるいはかような像が、幕府ではつくられていたのでしょうか。要するに障礙の神で、天文の変のみならず邪気払いの祭りの本尊となり、安産・病気平癒その他種々の祟り除けに効能があるとせられたのでしょう。

さて、ここでまた一つ変った禁忌をご紹介しましょう。仁治二年（一二四一）十一月、武蔵野開発が犯土（土地の祟り）をともなうため、将軍の方違《かたたが》えの必要がとなえられましたが、前例のないことでした。武蔵野はこれまでも開発されてきましたが、そのために将軍が方違えするのは初めてです。これは同年十月二十二日、多摩川の水をもって武蔵野の水田に引くについて犯土とみるべきかどうかを泰貞・晴賢に下問され、その結果、方違えが実行されました。方違え先は秋田城介安立義景の武蔵野鶴見別荘で、行列には力者・供奉人が水干を着、宿老・若輩が弓箭を帯び、行粧を凝らして豪華なものでした。宿所では笠懸が催され、犬追物もあり、公家社会にはない新しい方式の方違えでした。

七瀬祓と疫病に対する陰陽道的呪法

しかしまた京都を模した七瀬祓も始められました。元仁元年（一二二四）六月六日、十日以上の炎天が続き、祈雨のために霊所七瀬祓が施行されています。由比浜は国道、金洗沢は知輔、固（片）瀬河は親職、六連は忠業、独河は泰貞、杜戸は有道、江島竜穴は信賢が奉仕し、ほかに地震・日曜・七座泰山府君の諸祭も参加しました。これが関東七瀬祓の最初で、以後は恒例化しました。これをやや大規模にした臨時の河臨祓も嘉禎二年から始まりました。

七瀬祓について、四角四堺祭も朝廷のを模倣したものがありました。上方では、都の四隅に祭壇を立て疫神の京内侵入を防ぐために四角祭を、山城国とその周辺諸国との国境で朝廷からの使が疫神の京師へ侵攻するのを阻止する意味から四堺祭を行っていましたので、奈良朝以来恒例となっていました。鎌倉では寛喜《かんぎ》三年（一二三一）五月四日、嘉禎元年十二月二十日、頼経が御所の四隅と小袋坂（山内）・小壺・六浦・固瀬河で四角四堺祭を催したのが最初であります。もっともこれらの歳は飢饉と疫病が甚だしかったこともありましたので、執権経時も鬼気祭と一緒に自邸で四角四方祭なるものをやっております。疫病に関連して寛喜三年五月、ある僧が祇園の示現と称し、夢想の記なるものをつくって洛中に触れまわり、その内容が父の関白九条道家から将軍頼経に伝えられました。それは人別銭三文か五文を出して心経を読誦し、巽の方に向かって鬼気祭を修せよ、五月以後六月十八日以前に疫病が起るであろうが、

　謠医王源䨳喼喼如律令、崇癸靆山柘喼喼如律令

の札を懸けておけば息災であるというものです。京都で十二世紀初め、五月五日の端午のまじないに、赤紙に、

　日日日日日日日
　日日旧旧日日日　喼喼如律令
　日日日日日日日

と書いて首に懸けておくと、息災だとする信仰が流行していました。これは全く祇園の疫神

信仰と同性質のもので、建長五年（一二五三）五月四日にも端午の神符とその効能書である勘文《かんもん》（陰陽師賀茂時定のつくったもの）が、将軍宗尊親王に送られています。これは後嵯峨上皇より出された三種神符御護で、黄帝秘術と称せられ、女房を通じて届けられたのでした。その勘文によりますと、神符は赤紙に書かれ、命百年は保つとしています。三種あって一つは辟兵符で、鉾矢の難を免れ敵を亡ぼし我身に向かう者は自ら滅ぶ。二は破敵符で、敵起らず弓箭刀兵の害なし。三は三台護身符で、三災九厄の病難を除く、三災は盗賊・疫病・飢饉を指します。鎌倉でもこうして様々の疫神の護符が流行したのでしょう。

寛喜三年六月に南風が数日間吹き荒れたことがあり、そのため由比浦鳥居前で泰貞が風伯祭を勤めましたが、この種の祭りは珍しく、もちろん関東では初めての例でした。ついで仁治元年（一二四〇）七月にも旱魃と風難の祈りとして風伯祭が営まれました。泰貞は同年六月に将軍が痢病にかかったので前例のない痢病祭を勤め、効能があったと称せられました。彼の死後、その子で天文博士為親《ためちか》は風伯祭を行いましたが、康元《こうげん》元年（一二五六）七月の天変御祈にこの祭りをしようとしたところ、他の陰陽師からこんな祭りは普通は用いないものだと反対されました。なんらか新規な祭り作法をやって、世人の注目を集めようとした心理が働いていたものでしょう。

陰陽師惟宗氏

鎌倉で活躍した異色の陰陽師は文元です。惟宗《これむね》氏で、文元の曾祖父文貞は鳥羽上皇に仕え、祖父文光は後鳥羽上皇の北面の武士でしたので、文元も武士としての気風があり、文永二年(一二六五)高柳弥次郎幹盛と所領を争い、幕府に訴えられました。幹盛は、文元が陰陽師でありながらその子息らは太刀を佩《は》き、武士とまぎらわしい。本来の威儀に正さしめられたいと求め、その結果、子息大蔵少輔文親、大炊助文幸は陰陽師で右筆を兼ねている上、文元は泰時・時頼二代にわたって幕府の官職につき、宿直を勤め、格子上下役となってきたので、いまさら改めさせられないが、子孫は例外とせず、文幸は右筆だけとすることに裁決されました。惟宗氏は由来学者・文人を多く出し、教養があり、文元は正四位下、その子文親は従四位下で、二代の執権にとり入って出世したのでした。

惟宗氏といえば法律専門の家筋とばかり考えている学者もありますが、院庁の北面の武士になったり、関東へ下って陰陽師になったり、下層知識階級としてその職業は二転三転しました。平安朝に紀氏が入って家督を継いで紀氏となり、その後また惟宗に戻り、関東に下って一族繁延しました。建長六年(一二五四)九月四日、止雨御祈のため、前沢で七瀬祓があって宣賢・為親・広資・晴憲・晴定・泰房・文元の七人が奉仕し、おのおの南に向かって列座しましたが、文元は最も位は高かったのに他の六人から下座に坐るよう求められ、やむなく六人とは一町ばかり離れた西方に着座させられています。他の六人は安倍氏であり、その中で彼は異色の分子として差別されていたのでしょう。宝治二年（一二四八）八月十日の評定で、摂家将軍以来京都で召し使われていた医師・陰陽師で将軍のお伴をして鎌倉入りした者は、先祖から幕府に仕えていたわけでなくとも、御家人と号することを従来どおり認めるとの決議がされていまして、陰陽師が御家人武士と対等に扱われるほど勢力があったのは、室町や江戸の幕府ではみられない現象でした。

将軍の交代と陰陽師・宿曜師の活動

さて、四代将軍頼経も寛元二年（一二四四）には三十歳に近く、次第に北条氏のロボットになっていることに不満を抱き、名越《なごや》光時・三浦光村・千葉秀胤《ひでたね》・後藤基綱ら有力御家人の支持をうけ、反執権勢力を形成してゆきました。この情勢をみた執権経時は、五月に将軍職を頼経からその子頼嗣に更迭させましたが、その表面的理由は天変による交代ということになっていました。頼経はこの年の本命は月曜星ですが、正月十六日月蝕あり、前年十二月二十九日には白虹日を貫く天変が起っており、寛元二年の年頭から陰陽師・僧侶の祈禱が繁く、また春より初夏にかけては咳病が流行していましたので、この不安な世相を交代の口実としたわけです。白虹日を貫く天変御祈は正月六日に修せられ、八字文殊法は某僧正、北斗法は常住院僧正、薬師法は大蔵卿僧正、尊星王法は信濃法印、金剛童子法は円意法印、愛染王法は賢長法印、金輪法は大弐法印で、すべて護摩供でしたが、陰陽道は天地災変祭を泰貞、属星祭を晴賢が受け持ちました。翌日は鶴岡八幡宮で大般若経転読、伊豆箱根・三島の社でも本地供（本地の仏尊供養）、またつぎの日は守海法印が孔雀明王供、隆弁法印が仏眼護摩を勤めました。隆弁は八日より明王院北斗堂で参籠祈願を続けていましたので、将軍から馬や剣を下賜されています。この頃、陰陽師業氏が殺害されたのは、陰陽師内部の紛争のあらわれなのでしょうか。

あたかもこの頃、六歳の頼嗣が健康すぐれず、二月二十四日、そのため泰貞が霊気祭、国継と文元が鬼気祭を奉仕し、十三日、晴賢が泰山府君祭、泰貞が土公祭、国継が鬼気祭を修し、十四日は経時の指示で隆弁が不動呪を加持し、泰山府君・呪咀・鬼気祭が併用され、十七日はまた招魂祭・鬼気祭、十八日は隆弁の不動法と矢つぎばやに祈念行法が続けられています。この中でも隆弁は四条大納言隆房の子、園城寺《おんじょうじ》で出家し、三十歳の頃、将軍の箱根御奉幣や御経供養に導師を勤め、幕府のため、彗星出現の祈禱など各種の法要に参加し、信任せられ、宝治元年、四十歳で鶴岡八幡若宮別当に補せられ、園城寺長吏をも歴任し、無双の験者と称せられました。頼嗣は将軍となっても身体不調が治らず、五月二十六日は鬼気祭七座と四方四角祭、二十九日は十壇焔魔天供、三十日は代厄祭と、相変らず祈禱攻めの状態でした。

頼経は将軍職を譲ったのちも依然として勢力を張り、経時が死にますと、北条氏打倒の陰謀が発覚し、新執権時頼は光時を流罪、秀胤を追放に処するとともに、寛元四年七月十一日、頼経を京都へ送還しました。このとき陰陽師若干名もこれに従って帰洛し、光村もこれについて六波羅若松殿まで見送り、必ずや再び頼経を鎌倉に迎え、北条氏を打倒することを誓ったといわれています。この頃、八月より十一月にかけて月が軒轅《けんえん》女御星を犯し、太白星が太微中の執法皇星を犯し、熒惑星が房星を、太白星が揵閇星を犯すなどの天変が観測されました。軒轅女御星は黄帝の妃とみられる星、執法星は王宮に擬せられる太微の星群の入口を守る星（第六章参照）、房星は天子布政の宮、揵閇星はその鍵となる星で、すべて将軍の身辺に危険が迫っていることを予兆する天変というわけで、隆弁法印が京都に上っていたのを召して護持祈禱をさせられています。翌宝治元年三月に入って、大流星が北東より西南にわたり、長さ五丈、大きさ円座のごとく比類なきものが眺められ、ついで幅一丈ばかり、三列に並んだ黄蝶の大群が鎌倉に充満して兵革の兆と騒がれました（黄蝶大群の出現は、既述のように建保元年にもありました）。四月には、後鳥羽上皇の怨霊を鶴岡の西北の山麓にまつって一社を建て、重尊僧都を別当職とされ、将軍御台所で陰陽師十人が参進して千度祓がありました。

三浦光村は北条氏打倒の計画をすすめ、鎌倉の鬼門の方角に五大明王堂を建立し、有験の僧や陰陽師を招き調伏の法会を催しています。これに対し、執権時頼は隆弁法師に尊星王護摩や如意輪法を極秘裡に勤修させ、陰陽道など他の祈禱は全くしませんでした。これはすでに光村が祈禱僧・陰陽師を動員していたこともあり、機密の漏れるのを避け、信頼する隆弁一人に任せたためでありましょう。三浦氏の叛乱が鎮圧され、六月十三日、如意輪観音法が結願し、時頼は感激の余り隆弁に賀章を自筆で認《したた》めて贈りました。その後、建長三年（一二五一）十二月、僧了行らの陰謀が露顕したときも、時頼第では如意輪法が修せられていました。如意輪法は第七章でも申しましたとおり、北斗七星に関する祈禱であったのでしょう。以後、北条氏では如意輪法をよく勤めるようになりました。

当時、将軍頼嗣は十二歳でしたが、近江大夫氏信・武蔵左衛門尉景頼・矢作左衛門尉近親や前記の了行らに擁せられて謀叛の企てがあり、頼経の京都送還の際と情勢が似ていました。

火星が接近したり、太白星が塡星を犯したり、相変らず天変の報告がされ、また長賢僧正の霊と称するものが十三歳の少女に憑き、後鳥羽上皇の御使として鎌倉に来たが、隆弁法師の護法天部が杖で追い出すので改めて来年また来ようといった怪事が報告されています。政変があるたびに、承久の乱で遠島に流され、涙をのんで一生を終った後鳥羽上皇の怨霊をかつぎ出す者があったこと、隆弁がよほど北条氏に信用されていたことが想像されましょう。新たに第六代将軍として、京都から宮将軍である宗尊親王が迎えられました。後嵯峨天皇第一皇子で時に十歳でした。摂家将軍より宮将軍に代って、陰陽道行事は一段と煩雑さを加えました。方違えやたびたびの病気の御祈禱、陰陽道祭も怠りなく、その一々を述べるのは省略しますが、隆弁は建長四年九月の御悩平癒御祈禱の賞として美濃国岩滝郷を拝領し、僧正に補せられました。宗尊親王も文永三年（一二六六）七月、十四歳で京都へ送還され、このとき世上不安で天変あり、年頭より彗星出現、隆弁が金剛童子法、安祥寺僧正が如法尊星法、業昌《なりまさ》が天地災変祭、国継が属星祭、晴宗が如法泰山府君祭を奉仕しています。

平氏出身の宿曜師

以上、鎌倉幕府の正式な編年史ともいうべき『吾妻鏡』によって、鎌倉での陰陽道の活動を概観してまいりましたが、陰陽道と並んで進出した宿曜師についても少々補足しておきましょう。平安末、京都清水寺付近の北斗降臨院を創《はじ》めた珍賀の孫珍誉が承久の乱後、鎌倉に来って七曜供を勤め、従兄弟の珍瑜も北斗供に活躍しています。安貞二年（一二二八）十一月、月蝕には珍誉が月曜供、珍瑜が羅睺星供を営み、寛喜三年三月の天変御祈に珍誉は熒惑星供、珍瑜は歳星供を受け持ち、延応元年（一二三九）八月の天変御祈に珍誉は塡星供を行いました。翌年、仏師三河法橋は将軍の求めで持仏堂へゆき、北斗七星・二十八宿・十二宮等の像の造立を命ぜられています。翌年八月には大倉の五大堂境内に北斗堂の建立が行われ、三尺の北斗七星像、一尺の二十八宿・十二宮神像各一体、三尺の一字金輪像が安置されましたが、これらの像は三河法橋の造進にかかるものであったのでしょう。珍誉・珍瑜は桓武平氏、高棟王の子孫で興福寺の僧でした。珍也・珍賀・珍耀（善）・珍誉と相承して宿曜道を伝え、一族珍覚法眼は京都で活躍しました。既述の忠快も平氏出身で清盛の弟、教盛の子で天台宗出身でしたが、平家一門から宿曜師の流を出したのは興味があります。

陰陽祭の種類

さて、これまで各種陰陽道の祭りの名称が出てまいりましたが、ここで上記の『吾妻鏡』

から何種類のものがあるか、総括的に拾い上げてみますと、およそ四十八種に上り、これをごく大まかに四つの部類分けにして示しますと、つぎのようになります。

㈠　泰山府君祭　鬼気祭　天曹地府祭　三万六千神祭　百怪祭　呪咀祭　霊気祭　招魂祭　鷺祭　痢病祭　疫神祭

㈡　天地災変祭　属星祭　歳星祭　太白星祭　熒惑星祭　大将軍祭　日曜祭　月曜祭　地震祭　塡星祭　代厄祭　羅睺星祭　大歳八神祭　土曜祭　木曜祭　計都星祭　北斗祭　水曜祭　夢祭

㈢　土公祭　宅鎮祭　石鎮祭　防解火災祭　堂鎮祭　厩鎮祭　西嶽真人祭　十二星祭　大鎮祭　拝謝祭　竈祭

㈣　四角四堺祭　七瀬祓　風伯祭　井霊祭　雷神祭　霊気道断祭　霊所祭　五竜祭

㈠は病気その他、身体に関しての祈願祭、㈡は星宿信仰に関しての天変地変の祈願祭、㈢は建物の安全祈願祭、㈣は祓に関しての神祇の作法に近いものです。ただしこれだけの種類はあっても、用例を記録の上で求めますと、㈠は十一種百七十九例、㈡は十九種百五十二例、㈢は十一種四十六例、㈣は七種三十四例で㈠㈡の部類がとくに多く、個人の健康や社会不安のために利用せられるのが圧倒的で、わけても星宿の祭りは平安朝の公家を凌ぐものがあります。これは宿曜道のめざましい進出の影響を物語っています。宿曜道でも記録をみますと北斗供・七曜供・当年星供・月曜供・土曜供・属星供・日曜供・木曜供・熒惑星供・塡星供・本命星供・歳星供の十二種三十九例が挙げられ、これと併行して密教の護摩行法にも尊星北斗の護摩がたびたび営まれています。

しかし、陰陽道の祭りは実際には上掲の四十八種には止まりません。鎌倉時代、陰陽師賀茂在言が編集したとみられる『文肝抄』では百四十九種が挙げられています。もっともこの本は、残念ながら早く散逸して後半部しか遺らず、その部分だけをみますと、約五十種だけがわかっていまして、上記四十八種以外のものとして五帝四海神祭・海若神祭・大土公祭・小土公祭・王相祭・炭鎮祭・荒神祭・八鬼祭・水神祭・和合祭・八卦諸神祭・宇賀祭などがみえます。この本は賀茂氏の修法ですが、恐らく安倍氏でも同様な種類の作法があったものと思います。

民間流布の俗信と武家故実化

なお、最後に若干鎌倉時代の禁忌日についてご紹介しておきましょう。北条泰時は陰陽道禁忌に関心が深かった執権の一人ですが、貞永元年（一二三二）正月二十三日、この月の十二日に朝勤行幸が無事に済んだとの報せを京都より受け取りました。これは天皇が上皇のところへ御機嫌伺いにゆかれる行事ですが、それについて泰時は同十二日に自分は山内へ出かけようとしたら、友人が今日は道虚日で憚りがあると教えてくれたので外出を延期した。しかし京都では朝勤行幸があったことを考えると、この日はむしろ外出に吉とされるのではないかと尋ねますと、浄円・円全ら宿曜を心得た僧侶は道虚日の外出が吉とは初耳です、古来貴賤を問わず、この日は忌まれることになっていますと述べますと、幕府の問注所執事で学者の三善康連《みよしやすつら》は、吉日として利用せられた過去の例を書き上げ、泰時に渡して喜ばせました。ただし康連が列挙した吉例は院政時代、摂関家の人々が殿舎から殿舎への移転や朱器の授受、随身兵仗を給わる慶事などであって、普通の外出についての例は一つもなく、道虚日の禁忌を否定する根拠にはなりませんでした。同時に、康連ほどの有職者が民間では周知の道虚日の禁忌を知らなかったことにもなり、少なくも幕府上層部ではこれまで余り注意していなかった禁忌でした。

いま一つの俗信は赤舌日の禁忌で、赤口日の方は今日でもよく知られています。兼好法師の『徒然草』に、赤舌日は本来陰陽道では説かれたことがなかったのに、この頃誰が言い出したのか忌まれるふうが広まった、この日の出来事は実を結ばず、言ったことは叶わず、得た物は失い、企てたことは失敗するとされているが、馬鹿馬鹿しいことだと記しています。ところが、十四世紀末には祇園社の社家では赤舌講が結成され、祇園執行の社僧らが廻り持ちで開催するようになりました。どんな行事をやるのかはっきりしませんが、宴会が催され、索麵などが馳走《ちそう》されて大酒に及ぶこともあったらしいのです。既述の『簠簋《ほき》内伝』にも道虚日・赤舌日の禁忌が記載されています。さらに赤口日の記事もあります。

祇園の牛頭天王第一皇子の大歳神は、その居所の東西の門に番神がおり、赤口神は東門の番神で八大鬼を従え、その第四番目に八嶽卒神と称して八面八臂で神通を振るい、閻浮提（現世）の一切衆生を惑乱する神がいて、その主宰する日を赤口日と称し忌まれる。赤舌神は西門の番神で六大神を従え、そのうち第三番目の羅刹神は極悪忿怒の神で衆生を悩乱するので、その主宰日は赤舌日ととなえ忌むと説明しています。たぶん兼好法師の時代、大方の有職《ゆうそく》者は俗信としてとり上げなかったのでしょうが、室町時代に入りますと幕府はこれを正式の禁忌とし採用するに至りました。例えば永享元年（一四二九）義教の元服、将軍宣下に対する参賀の儀が四月一日、大赤口日に当たったので延期され、嘉吉元年（一四四一）四月九日も大赤口日の関係で祝賀行事中止、同七月三十日、将軍義教を弑して播磨に立て籠った赤松満祐《みつすけ》を追討するための軍兵発進が大赤口日のため、延ばされるなど、すっかり公的禁忌になってしまったのでした。かくて武士は京都の公家社会に行われたものをとり入れたばかりでなく、民間に流布した陰陽道的禁忌も俗信として斥けながら、時のたつとともに採用してゆき、いわゆる武家故実と称する儀礼的なものへ格上げされました。

室町時代には、『義貞記』『兵将陣訓要略鈔』『中原高忠軍陣聞書』などの陰陽道的軍陣兵法書がつくられ、敵を討つ時日方角や勝敗の予知法、兵具の吉祥、出陣帰陣の禁忌などが詳記されるようになります。戦乱の世に煩瑣な呪法が果して顧みられたものかどうか訝られもしますが、生命を賭する武士には、案外神経質なところがあり、士気の鼓舞にちょっとした呪法も効果があることは、上に述べたところから充分推察できましょう。

第十章　宮廷陰陽道の没落と民間陰陽道の発展

室町初頭の陰陽師の活動

室町時代は幕府が京都にあり、武家が完全に公家を支配する体制にありましたため、宮廷陰陽道も直接、足利将軍に左右され、皇室や公家の経済的逼迫から御用が急激に減って、陰陽道官僚の生活も次第に困窮を加えてきました。そうした中で室町初期（十五世紀前半）、賀茂氏では在弘《あきひろ》・在方《あきまさ》・在貞《あきさだ》、安倍氏では有世《ありよ》・泰家らが頽勢挽回に活躍しました。

賀茂氏は文安二年（一四四五）、在貞のときより勘解由小路《かでのこうじ》氏、安倍氏は至徳《しとく》元年（一三八四）、有世のときから土御門《つちみかど》氏を称するようになりますが、これはそれぞれその邸が面した街路の名前をとったもので、一つには両家とも多くの家筋に分れ、いわば本家筋にあたるものの存在が目立たなくなったため、権威を高める上からも必要になったのでしょう。応永二十一年（一四一四）、賀茂在方が『暦林問答集』を著わし、問答体をもって陰陽道の理念・組織・要語の解説を行いましたのも、斯道の世俗化ないしは歪曲化が流行する中で、宮廷陰陽道本来のあり方を示し、その権威を立て直そうとしたものでありましょう。問答の数は八十八個で、これを『周易』の卦にのっとり、六十四段に分け、うち上巻は節気の定法に従って二十四段とし、下巻は五行の成数に応じて四十段とし、上巻は天地五行・日月・十二星宿・二十四気・七十二候・六十四卦・日月蝕・十干・十二支の解説に宛て、下巻は各種の忌日、天一・大将軍遊行方・十干・十二支・二十八宿・七曜の吉凶、特殊な吉凶日の解説に用いています。けだし雑多な俗説を斥け、伝統的な陰陽道を学ぶ必須の書といえるでしょうが、それにしても本書の終りに著者は「陰陽の窮達、五行の妙用」をみると吉にして吉に非ず、凶にして凶に非ず、円転して窮まりないことは環のごとく端がない。しかるにこの頃、有象無象の易者たちが斯道勉学のためといいながら、利殖のためにこの本を写しとってゆく。国家の重器を商賈《しょうこ》の軽物にしていると慨歎しています。斯道粛正のため、本書を広く世に示したい一方、これをもってたんなる渡世の具にする者には見せたくないとの複雑な気持が在方にあったようであります。

在方の孫、在盛は断片的ながら今日日記を遺しており、それをみますと将軍御所の庭の造作について王相方の方忌を指示した記事がありますし、将軍の蚊帳《かや》釣り始めの日、寝臥の枕の方角が北がよいかどうか、あるいは将軍五連枝義別（永）の隠岐配流の日について問合せに答えた次第がのせられています。蚊帳は鎌倉時代に考案されましたが、それについての吉凶日は室町時代になっていい出されたものでしょう。文明十一年（一四七九）には年中四十五日に一度の御方違日として正月六日、二月二十一日、四月八日、五月二十四日、七月十一日、八月二十七日、閏九月十五日、十月三十日、十二月十七日の九回が示されており、こんな風習はいままでになかったことであります。なお、義満が室町に造った花の御所の修理造作が長禄二年（一四五八）十一月にきまり、移転造作方の日次吉凶定めと材木杣取奉行人の諸国へ出向く日次方角のことが詳しく報告されています。

これら賀茂氏の活動に対抗して、安倍氏では有世が出ました。明徳二年（一三九一）十月十五日午刻の大地震には有世が御所へ駆けつけ、もっての外の御慎み、世に逆臣が出て七十五日のうちに大兵乱が起るが、一日で収まるであろうとの勘文を献《たてまつ》りました。果してそれから二カ月余で明徳の乱が起り、山名氏清が京都へ攻め込んできました。氏清もみずから合戦には陰陽博士を呼んで勝敗を占わせました。その占いは氏清が水性の人で、時は冬ゆえに水は王であって年内に合戦があれば勝と判じましたが、博士は、ひそかに部将小林上野守義繁に打明けて語るのには、氏清の手前、勝の占いは出したものの、十二月は冬の囚の位で気春に近し、水は北より南へ流れるのが陽の道で順、南より北へ流れるのは陰の道で逆だから、このたびの合戦はおぼつかないと告げ、義繁もはじめから戦死の覚悟で出陣しました。応永六年（一三九九）の末、大内義弘が堺に兵を挙げたときも、九月に客星南方に出現したのを九十日のうちに大兵乱があると有世は占っています。同十一年の頃から有世は、毎月十八日私邸で将軍のため、泰山府君祭《たいざんふくん》を営み、その他随時に天曹地府祭《てんちゅう》・天地災変祭・三万六千神祭を勤めました。これら陰陽道祭にはほとんど金剛童子法・文殊八字法・仁王経法・五壇法・六字法・尊勝法など密教の祈禱も併用されています。土御門氏の傍流に出た泰家は、伏見宮貞成親王（後崇光院）にその幼年の頃より毎度新暦八卦を献上し、信任されていた人で幕府・朝廷にとりいって重用せられ、富裕な生活をしていたといわれています。

将軍義持・義教時代の陰陽道

この伏見宮は北朝崇光院の孫で、その子は後花園天皇となられたので太上天皇の尊号をうけ、後崇光院と称された方で、琵琶をはじめ雅楽に造詣があったのみならず、連歌・美術・芸能にも関心を持たれ、陰陽師たちも足繁く出入していた事情は、その日記『看聞御記《かんもんぎょき》』に詳しくみえています。いまその中で当時の朝廷・幕府関係にみる陰陽師の活動を探ってみましょう。

応永二十四年（一四一七）九月、親王は瘧病《ぎやく》（マラリア）を患い、そのため退蔵主《たいぞうす》という禅僧のすすめで寅時東方の井水を汲み、神符を呑み、桃の枝で身の穢《けがれ》を払われた。これで病気は収まったといわれます。当時こんな治療法が普通だったのでしょうか。上記の泰家のほか、安倍有重《ありしげ》は霊気祭の奉仕を申し出、それについて四半紙十三枚に鶏を一羽ずつ書き、これに唾《つば》を吐きかけて賜りたいと願いました。十三枚は一年十二月と閏月を合せたもので、そのとおり親王は十三羽にすべて唾をかけた半紙を有重に与えられました。一体この半紙をどのようにしてまつるのか明らかではありませんが、有重の家のみの秘伝と称していました。たぶん穢を衣類に移す撫物《なでもの》と同様の意味のものでしょう。永享八年（一四三六）閏五月、有清は親王が八卦御厄に当たるので今月はことに御慎みあって祭りを行われるよう、しきりにすすめるので承諾され、十六日より七日間、泰山府君祭が営まれる祭料に三百疋を与えられました。その上さらに天曹地府祭もやらせてほしいと申し出、あたかも彼は将軍義教から譴責をうけているときであったので、親王はその申し出を断られたが、どうしてもと頼むので内密に祭料を遣わされました。所領を召し上げられた有清は親王にとり入って強引に陰陽祭を勧めねば生活が苦しかったのでしょう。その後も親王の御湯殿新築については吉日を勘《かんが》えて申し上げ、嘉吉元年（一四四一）辛酉御祈には天曹地府祭七カ日を奉仕し、必死になって親王の恩顧に縋る様子が窺われます。また有重は親王第一の皇女入江殿の病について、泰山府君のお祈を勤めています。祭料は祭りの程度により、千疋・五百疋・三百疋とあり、将軍は四季ごと三千疋でやっていますと有重が申し上げ、親王は五百疋でやるよう命ぜられました。

なお『看聞御記』によりますと、応永二十四年正月二十四日、将軍義持は武士富樫某を相国寺塔頭《たっちゅう》、林光院に遣わし、院内に逃げ込んでいた足利義嗣《よしつぐ》を攻めて寺を焼き、義嗣を自殺させていますが、これは去る二十日、旗雲が天にたなびく奇瑞を占った陰陽師晴了《はるのり》が、これは兵革の瑞であるから、将軍に反抗する者を急ぎ討伐されるとよろしい、もしそうでないと兵乱が近く起るであろうと申し上げたので、さきに謀叛が露顕して出家した義嗣を急いで退治してしまわれたのであると述べています。恐らく義嗣誅殺に卜占《ぼくせん》を利用されたのでしょう。正長元年（一四二八）五月には、称光天皇御悩御祈のため、義教《よしのり》が安倍有盛の邸で七カ夜、如法泰山府君祭をやらせたときは、祭料が万疋に達する豪華なものでした。義教自身その頃、洛北深泥池《みどろ》で虹が立ち口に入る夢をみ、賀茂在方が百日中、兵乱と占いましたので、安倍有富に泰山府君祭をさせました。義教の元服、将軍宣下などで赤口日の禁忌がとりあげられたのは既述しました。七瀬祓が鎌倉で恒例の行事になったことも前章で見ましたが、嘉吉元年三月の七瀬祓は右兵衛佐《うひょうえのすけ》成房《なりふさ》が一人で七瀬の使を兼ね、しかも七瀬へは全く赴かず、禁中で撫物を返進するだけのほんの形だけのものでした。撫物を陰陽師へ送る際、四瀬分を一つの広蓋に納め、残りの三瀬分は広蓋がないので葛蓋・平箱蓋等を代用し、きわめてお粗末な状態でした。要するに義満・義持・義教の在世中はまだ将軍に財政的余裕があり、そのお蔭で朝廷の御用も勤めることができ、なんとか陰陽師たちは従来の生活を維持できましたが、応仁の乱が始まり、将軍義政の権力が衰えますと、陰陽道の公的な祭りも絶え、陰陽師に深刻な事態が訪れました。賀茂在貞・同在長・同在盛などの住居も兵乱で類焼する始末でした。

摺暦座の出現

ここでちょっと暦のことについて述べておきましょう。周知のごとく賀茂氏は暦道が本職でしたが、兵乱の時代とはいえ、庶民生活の向上で暦の需要が広がり、版本としてもつくられるようになってきました。その結果、登場したのが摺暦《すりれき》座でした。明応九年（一五〇〇）、幕府は経師良椿《りょうちん》に摺暦座の支配をまかせ、他の業者の競争を排除させています。この摺暦座の背後には賀茂氏がいて、毎年同氏が造った暦の草稿に基づき、暦の開板、頒行を摺暦座に許し、それによってなにぶんの権利金ともみるべきものを賀茂氏が座から徴収していたのでしょう。このほかにも千法師・丹後法眼・伊予公などと称する仲間の摺暦座、六条経良精・大経師愛竹などの座がありました。上述の良椿が大永二年（一五二二）に死んだあと、一条烏丸に加賀と名乗る大経師の家があらわれ、上の大経師加賀常俊と下の大経師筑後与一の両家がありました。下の大経師の方は江戸期の貞享二年（一六八五）まで続いた大経師浜岡権之助の先祖だということです。奈良には賀茂氏の支流、幸徳井氏が暦を造り、菊沢氏が院経師として開板し、慶長十八年（一六一三）以降京都方面に頒布していました。

賀茂氏本流の断絶

戦国時代に入り、収入の途を閉ざされた公家が多く地方に下ってゆきました中で、山科言《とき》継《つぐ》は十四歳のときより内蔵頭に任じ、朝廷の率分関から上る関税など若干の収入をえて京都に踏み止まり、天文十三年（一五四四）権中納言、永禄十二年（一五六九）権大納言、天正二年（一五七四）正二位とすすみ、天正七年、七十三歳で歿するまで約六十年間の宮廷生活をし、その間に記された日記『言継卿記』はしたがって戦国期の貴重な史料となっていますが、とくに陰陽道の消息について数々の記事を含んでおりますので、これからこの人物にスポットをあてながらお話ししてゆきましょう。

言継出身の山科家は藤原氏で、先祖は奈良朝の北家房前《ふささき》の子で左大臣魚名から出、その十世の孫家成の六男実教《さねのり》から山科氏を称しました。実教の子教成《のりなり》は後白河法皇の寵をうけた従二位丹後局の子で権中納言になりました。言継が権大納言になったとき、先祖の魚名以来二十三代の間、この地位まで上った人はなかったといわれていましたのも、生活困窮の時代に長年宮仕えで精勤した功をもっての任官だったのでしょう。

天文の初め（一五三二）、土御門氏では有春が陰陽頭、同十年頃からはその子有脩《ありなが》があとを継ぎましたが、二人とも所領の若狭国名田庄に隠棲することが多く、天文十一年正月には二月の薬始の日次を勘申するのに陰陽頭が不在であったので、朝廷では勘解由小路在富《あきとみ》に代行させたのでした。在富も陰陽頭・従二位まで昇進した人でしたが、とくに言継と親交があり、そのため『言継卿記』を通して在富の動静がかなり詳しくわかります。在富には後継者がありませんでしたので、一族在康《あきやす》の子存種《あきたね》を養子にし、天文十七年三月、在種は従五位上に任ぜられました。しかるにその後、二十三年十月、彼は二十一歳で父のために殺害されたということですが、在富はこれに関与した形跡がなく、あるいは実父在康に疑いがかかりますが、裏付けの史料がなく、真相は謎のままであります。どちらにしても在富は後嗣を失いましたので、二十二年九月にはその妻が言継の三男鶴松丸（当時七歳）を養子にしたいと申入れに来、言継は賀茂氏は地下の家であるからとて断っています。のち鶴松丸は薄《すすき》家へ養子にゆき、諸光と名乗っています。

一方、在富は自身中風を煩い、不自由でありましたが、言継はその子、言経《ときつね》の元服の吉日を選んでもらったり、在富から元服のための布衣・烏帽子を借りたり、禁中参内のための指貫を借りたり、厠を建てる日次を相談したり、いろいろと交渉が続いていました。ところが永禄八年(一五六五)七月頃より在富は悪性の腫物をつくり、悩み、ついにそれがもとで死去し、賀茂氏の本流は断絶の事態に立ち至りました。

土御門氏では所領からの地子銭が上がらず、言継に武家方へ申し入れて善処してもらうよう依頼し、また禁中恒例の年頭身固《みがため》御祈が途絶えてしまっているので、その復活についても言継を通じて朝廷に訴えていました。こうして土御門氏は言継の世話になるところが少なくありませんでしたので、今度は言継から有春に対し、天皇の命を奉じて暦道再興に尽力するよう申し入れることとなりました。その結果、有春は次男在高《あきたか》に賀茂氏を継がせることになり、勅許をえて言継は在富の未亡人に伝えました。当時在高はまだ十三歳であったので、父の有春が後見となり、長男の有脩とともに実質的に宮廷陰陽道は土御門氏の支配に帰したわけであります。しかし暦道は何といっても賀茂氏の専門で、有春・有脩・在高とも馴れず、永禄十一年八月と九月、暦に月蝕と記したのがともにはずれ、禁中から言継を通じて有春にお尋ねがありました。蝕の本書を持たないので有脩・在高の所持する本と校合し、来年の有無をきめたい、もしこれもはずれたら一身相果てる覚悟ですと悲壮な決意を表明したほどでしたが、翌年有春は他界し、その子有脩も約八年後に世を去り、その子の久脩《ひさなが》は十四歳で陰陽頭になりました。また在高も、元亀三年（一五七二）十八歳で宮中へ参内したのを最後に消息を絶ち、たぶんは若くして世を去ったのでしょうか。

土御門家の没落とその所領

肝心の土御門家がこうした心細い状態となったのに加えて、久脩は関白秀次のために行った陰陽道的活動が禍して豊臣秀吉の怒りを買い、尾張へ流罪の憂き目に遭い、陰陽道は闕職となってしまいました。そうした事情から急に脚光をあびたのが、さきに死去した在富の子在昌《あきまさ》の起用でありました。彼は当時伝来の西洋天文学に傾倒し、キリスト教に入信し、豊後にも下っていることから、恐らく父の在富と疎隔し、義絶状態に陥り、それゆえに在種を養子にしたのでしょう。かくして文禄四年（一五九五）正月、宮廷出仕が許されましたが、ときに年すでに七十七歳の高齢でありました。それより四年にして慶長四年八月、在昌は没し、その子在信《あきのぶ》が継ぎましたが、いかなる理由か陰陽師としての活動はほとんど知られぬままに歴史上から姿を消してしまいました。こんなわけで賀茂（勘解由小路）氏は在信をもって最後となりますが、暦道の宗家としては事実上、在富をもって終ったといってよいでしょう。

また土御門氏も久脩が秀吉のために追放され、事実上、平安朝以来の宮廷陰陽道は壊滅したとみることができます。このとき同氏が所有した数々の貴重な文献記録類、さらには在富から引き継いだであろう賀茂氏累代の記録類も、大むね散逸したものといわれています。中国から伝わり、何百年も宮廷陰陽道の典拠となった『新撰陰陽書』などオーソドックスな典籍が今日遺っていないのも、このときの事変の影響によるものでありましょう。全く惜しみても余りあるものですが、禁中や幕府の御用に縋《すが》り、与えられた荘園所領に依存してきた両家が、戦国期の社会的大変革に遭遇して技能を磨くどころか生活のために都落ちしなければならなくなっては、たとえ秀吉に追放されなくとも、宮廷陰陽道の崩壊は目にみえていました。在昌の場合のように、西洋の新しい思想・学問の洗礼をうけるとき、古い律令体制が染みついた陰陽道の理念は、その存在価値すら疑われるようになっていたのでしょう。こうしたことを考えてみますと、陰陽道の凋落はまさにわが古代的権威の失墜・敗退という歴史の大変革を端的に象徴するものでした。

土御門氏は中世を通じて若狭国遠敷《おにゅう》郡名田庄の一村をはじめ、山城国奥山田郷、摂津国溝杭村倍《へ》家《か》、同国山田庄、播磨田河述北条、但馬国朝来郡東河庄衣摺村、紀伊国暗神領下、美濃国津保下条、同片方郡佐野郷など各地に多数の所領が存在し、領家・下司・公文等の所職を与えられてきました。しかし、応仁の乱後それらの多くが武士に侵略され、有名無実となってからは、改めて信長や秀吉から少しずつの所領を与えられてきました。それが久脩の追放をもって一挙に没収されたのでしたが、関ヶ原合戦で豊臣方の没落が決定的となりますと、久脩は京都に戻って出仕することが許され、徳川家康によって山城国乙訓《おとくに》郡鶏冠井《かでい》村、同寺戸村、同国葛野郡梅小路村、同西院村、同国紀伊郡吉祥院村で合計百七十七石六斗を宛行われ、ようやく立ち直ることができたのでした。しかしそれは、徳川幕藩体制の中でかろうじてその形骸が維持されただけで、大多数の典籍をはじめ拠るべき資料を失った上は、とても古代の神技名人ともてはやされた晴明や泰親《やすちか》の時代の陰陽道に戻ることは、望むべくもありませんでした。

近世陰陽道宗家の復興

久脩の京都還住にともなって、以前土御門氏に仕えた人々が摂津・河内より集まって彼を輔けましたので、これを一括して旧組と称し、久脩が若狭で養成して連れて来た配下を新組と呼び、両組合せてこれを歴代組と名づけます。その中には総目付役・横目付役・触頭・組頭・小頭の階級がつくられ、組の者は家筋について控や慎方《つつしみかた》の規定があって、きびしい統率が行われました。久脩は織田信長の弟民部の娘を妻として泰重を、家女房の腹に泰吉をもうけましたが、泰吉は慶長十七年（一六一二）、別家を許され、倉橋氏を名乗り、京都西南の郊外、寺戸・唐橋両村で百五十石を給せられました。泰重の子孫は土御門氏をついで代々陰陽頭に任じ、泰吉の子孫は倉橋氏を継いで陰陽助となる例でした。

一方、泰重は賀茂氏再興をはかり、賀茂氏の一族で南都幸町に住んでいた幸徳井氏を起用し、友景に陰陽頭の地位を譲り、あと友種・友傅《ともすけ》と陰陽頭をうけついだあと、また泰重の孫、泰福が頭に就きました。天和三年（一六八三）五月、諸国陰陽道支配を土御門氏に仰せ付けられる旨の霊元天皇の綸旨が下り、これより土御門氏は全国の陰陽師を統轄し、免許を与える権限を握ったのでした。自然、造暦のことも同家の支配に帰したわけであります。

江戸期を通じて土御門氏の仕事として最も重要だったのは、明正天皇以後仁孝天皇まで歴代ごとに一代一度の天曹地府祭が執行されたことで、その際の都状《とじょう》のほか、各種祭の都状などあわせて二十数通のものが、今日も京都府立総合資料館（もと土御門氏家司若杉家伝来のもの）や宮内庁書陵部に保存されており、伝統を墨守して封建制下に生きながらえた陰陽道の名残りを止めています。それらの詳しい説明はいま割愛するとしまして、室町時代民間に拡がった陰陽道に眼をむけてまいりましょう。実はこの方に、むしろ陰陽道の生々とした日本的展開がみられるからであります。

山科言継と民間宿曜師

さきに紹介しました山科言継も公家とはいい条、民間の陰陽師・宿曜《すくよう》師との接触が活発で、宮廷社会へも一般世俗の風潮は勢いよく流れ込んできました。言継をよく訪れた民間宿曜師に、竜天院覚弁なる僧がありました。彼は天文二十二年五月、鎮宅霊府の作法、祭文以下の次第を言継に伝授し、御礼として折紙三十疋を受けていますが、その結果、言継みずから鎮宅霊符祭を執行し、七日ないし十日間連続する場合もあり、ときには聖降日と称して特別に作法厳重の日がありました。中国から伝わった『太上秘法鎮宅霊符』なる道教の本には、毎月聖降日として正月は初七日、二月は初八日、三月は初九日（初三日は聖誕）、四月は初四日、五月は初五日、六月は初七日、七月は初七日、八月は十三日、九月は初九日、十月は二十一日、十一月は初七日、十二月は二十七日が挙げられています。これも中国の道教書『天皇至道大清玉冊』によりますと、毎月、北辰北斗七星はじめ道教の神々が代る代る天から降りる日があり、右の各月の聖降日はほとんど真武下降、つまり玄武、陰陽道で北方を守る神の降る日で、三月三日はこの神の誕生日とされています。これらは中国の宋代にいい出され、鎌倉時代にはわが国に伝わったと思われますが、宮廷陰陽道とは関係なく、宿曜師の間で広められたらしいのです。なぜ玄武をまつるのか、たぶん玄武は北方の神で五行に宛てると水に配当されますゆえ、火難防ぎの意味があるからでしょう。

覚弁はまた算占も心得ていたのか言継の宅で、同年九月、祓をし、算を置き、十一月・十二月は慎みとの占いを出し、言継のため、祈禱をやっています。その際、札十六枚、護符五枚をもらって、言継は札を家中のあちこちに押し、護符は自分や子供に懸けています。他所へ出かけていって霊符祭をすることもありました。永禄八年(一五六五)六月に覚弁のところで算占をやってもらったときは気血道と教えられ、これは病気の占いも頼んでいたのでした。その覚弁が同年五月七日、妻と一緒に幕府奉行人飯尾昭蓮に逮捕され、翌年処刑されていまして、あるいは政争に巻き込まれたのかと思われます。しかし言継の霊符祭は依然として熱心に続けられていました。嗣子言経も陰陽道に関心が深く、宗英蔵主に八卦占方を尋ね、明王院や永運坊にも『命期経』『暦数八卦』等の陰陽書を借りていますが、禅宗関係でも易を心がけた僧侶がいたのでした。

声聞師の活動と竈神信仰

それらよりいっそう世俗の陰陽師との接触を物語るのは声《しょう》（唱）聞《もじ》師の活動です。天文二十一年（一五五二）十一月、竈《かまど》の塗り替えの際、言継は声聞師を呼んで、地祭りをさせ、天正四年（一五七六）九月、家族に病人が出たときは声聞師有祐に算占をさせ祈禱を頼んでいますし、天正七年二月にも声聞師幸松に算占をさせており、彼らが陰陽師としての職業をもっていたことが知られましょう。当時、声聞師の職業には、このほか金口・暦生宮（運勢占い）・久世舞・盆彼岸経・毘沙門経等があり、声聞師はもと寺院で功徳を積むため、金鼓を打ち、経を誦した人々が、下級法師に金鼓打ちを依頼したことから始まります。つまり寺院や檀那からわずかの米を貰って、金鼓（金口）打ちを職業とするに至った下層民のことですが、室町時代には宗教・芸能の分野に広く進出しました。そのうち一条戻橋の陰陽師は平安末からのもので、声聞師の一つの先駆的な姿ともいえましょう。とにかく声聞師といえば陰陽師の代名詞とみられるほどになり、その形相は山伏＝法師陰陽師でありました。

第七章で申しましたとおり、彼らは牛頭《ごず》天王の祭文を読んで疫神祓をしたり、病気平癒の祈禱をしたり、算占をしたり、在家の求めに応じて多様な仕事をしましたが、異色あるものに竈祭りがあります。竈神は『古事記』に御歳神が天知迦流美豆姫《あまちかるみづひめ》を娶って生んだ奥津日子・奥津比売神二座として、後者は大戸姫神ともいうとありますが、具体的には『続日本紀』天平三年（七三一）正月二十六日条に、神祇官より庭火御竈《みかま》四時の祭祀を永く常例とするよう上奏されています。この頃より官庁で竈神祭が重視せられたことが推測されます。平安中期になりますと鎮竈鳴祭・御竈祭は臨時祭として取り扱われ、春秋二季には竈神四座・御膳神八座の祭りが恒例化されました。この竈祭りに陰陽師が関与するようになりましたのは、後述のごとく本来中国で道教・陰陽道が竈神信仰に結びついた因縁によるのでありましょう。

日本では、南北朝（十四世紀）頃に民間信仰の説話をあつめて編集された『神道集』という本に、まことに荒唐無稽ですが、竈神の縁起がのせられており、当時の通俗的な竈神信仰の一端が知られます。その内容をざっとご紹介しましょう。

むかし安閑天皇の時代に近江国甲賀郡由良里に住む一人の男が、京都へ年貢を納めに行っての帰途、甲賀山の麓で日が暮れ、山中の大木の根元で野宿した。夜中に光物が飛んできて地中の者と話すのをきいていると、由良の里で軒を並べた二軒の家に同時にお産があるが、一方は男子で箕を作りつつ門を廻って売るべしと書いた文字を手にして生れ、他方は女子で作らねども万福来るの文字を把って生れてくるという。夜が明けてこの野宿男が由良里へ帰ってくると、二軒とも男女が生れていた。両家の親が相談して、生れた男女を将来夫婦にする約束をした。やがて子供が成長して夫婦の契りを結び、両家の財産を合わせて富裕であったが、男は遊女に狂って女房を離縁し、女房は追い出されてやむなく伊勢国浦野の母方の伯母を頼ってゆく途中、村雨に遭い、雨宿りをした家の主が、妻に死なれて三年たっていたので、この男と夫婦になった。女は生れつき福徳自在の女房だったので富裕な家庭になったが、この男も遊女に狂って落ちぶれ、ついに箕を作って売り歩く破目になった。由良甲のある家に売りに入ってみると、簾の中から見ていた女房がむかしの白分を捨てて出て行った夫とわかり、男はそれを知って卒倒し死んだので、女房は釜屋の後ろへこっそり死骸を埋め、召使いの女にはその場所へ供物を釜神の御料と名づけて毎朝置かせた。死んだ男は釜神になり、女房もやがて釜屋の守護神になったが、釜神の小蓋の御料ということは近江国甲賀郡から始まった、という。

以上の話の中で、光物と語った地中の者とは地神、すなわち竈神で、これが仮に人間の姿に変じて人間の幸不幸を示すという意味が含まれています。要するに、この中で竈神信仰は甲賀郡由良の住民がまつったことから始まるとの主旨が織り込まれ、これを語ったものが甲賀の竈祓を職業とする声聞師の陰陽師でした。近代になっても甲賀郡には竈祓をはじめ、中臣祓をもって村々の祓に廻っていた声聞師がおり、彼らと密接な関係をもった山伏を通じて竈神信仰が地方に伝播しました。第八章でとりあげました『簠簋内伝』に、牛頭天王第四子歳刑神が本地の仏尊名は堅牢地神で春三月は竈、夏三月は門、秋三月は井、冬三月は庭にいると述べられているもので、屋敷神でもあったのです。

中国の竈神と日本の荒神

中国では前漢（紀元前二―一世紀）以前、すでに竈神祭は行われており、陰陽五行思想が盛んになった漢代には竈神を炎帝と見、この神がその家に住む人々の行動を監視し、毎月晦日《みそか》に天に上って天帝に家人の罪状を報告すると信じました。そしてその罪状の大きいものは三百日、小さいものは百日の寿命を奪うといわれます。竈神は天帝の命をうけて人界に下り、地神となったもので、己丑《つちのとうし》日、日出卯（六時）のとき天に上り、巳の刻（十時）に下って来ますので、この日神をまつれば福が得られるとされました。一説には毎年十二月二十四日夜に神をまつるとよい。それは翌朝天に上るからだともいいます。これは「積善の家には余慶あり、積不善の家には余殃《よおう》あり」と記した『易』や、『左伝』の道徳的観念が福神信仰に変転したもので、唐代（八世紀）には竈の口に酒の糟《かす》をぬり、竈神を酔わせて天に上っても本当のことをいわせないとする、ほほえましい民俗もありました。日本では大歳神の子として福神的性格をもちながら、火を用いて厳重に清浄を求める神とされ、不浄に対する祟りが強調される余り、荒ぶる神としてその祓がとくに重視され、陰陽道の竈神祭がこれに習合して、いつしか陰陽師の管掌するところとなりました。

中世、密教徒が天部護法の信仰を発展させて荒神供をはじめましたが、これも竈神に似たところがあります。いわゆる三宝荒神とは如来荒神・麁《そ》乱荒神・忿怒荒神をいい、『無障礙《しょうげ》経』という偽経に基づいた一種の障礙神＝災厄神であり、祇園社では牛頭天王の眷《けん》属《ぞく》蛇毒気神がそれだとしていました。恐らく山伏＝法師陰陽師たちが荒神を竈神に結びつけ、護符を配って歩いたのでしょう。江戸時代には、荒神は役小角《えんのおづぬ》が感得した夜叉神だとの説が流布したことも、山伏の関与を裏書きしています。食物を煮たきする容器には第一に清浄が求められることは古来変りなく、それが一つには三宝荒神という潔癖感の強い陰陽道的密教的厨房信仰を生み出したのでしょう。

中国の庚申信仰

竈神信仰を述べてきますと、これに似たもう一つの外来信仰である庚申信仰についてもお話ししなければなりません。これについては、とくにその方面の権威者である窪徳忠博士の御研究の成果を基にして、あらましお話しいたしましょう。その起源は、中国の三国時代から西晋にかけての頃（三世紀中頃）道教で唱えた三尸《さんし》説にあり、竈神信仰よりは新しいものと思います。三尸は三彭・尸虫・尸鬼・三虫などの別称があり、平安朝に丹波康頼が著わした医書『医心方』には三虫は長虫・赤虫・蟯虫を指すとし、寄生虫とみなしています。中国では、古代に道教の方術士が人体内の寄生虫による病気を重視し、天帝の許に司命神がいるとの信仰に結びつけ、悪霊（星）が諸方を遊行して社会に災厄をもたらすとの陰陽道の説をも入れて、この三尸説を考え出したのでしょう。尸（正しくは𡰪）は本来、祖先の祭りに神霊に代って祭りをうける者のことで、「かたしろ」「よりしろ」ともいい、人に病を起させる寄生虫を悪霊の憑依する呪物とみたことを示しています。中国の宋代に真宗の命をうけ、張君房が天禧三年（一〇一九）、道教・陰陽道の書を集大成しました『雲笈七籤《うんきゅうしちせん》』によりますと、三尸は上尸を蓋束、中尸を彭侯《ほう》、下尸を蝦蟆《がま》と称し、上尸は眉間の奥三寸の泥丸宮に、中尸は心臓の背後三寸三分の中泥丸に、下尸は臍下三寸の奥三寸七分のところ下泥丸に、宮殿楼闇をもつとあり、その三尸が庚申《かのえさる》の日に天に上り、天帝あるいは北極紫微大帝に人の罪過を告げ、それによって人の生命を奪うのであります。

庚申の日が選ばれたのは庚と申が金気に属し、天神決断の口だからとか、北極大帝が諸門を開いて鬼神の訴訟を許し、天下の人々の善悪をきき、それによって賞罰を行う日だからとかいわれますが、金気に属するのは辛酉日《かのととり》も同様でありますから、とくに庚申に限定されましたのは陰陽道の方位や讖緯説《しんい》（第二章所説）をもとにした複雑な根拠があってのことでしょう。歳にかけても辛酉が革命に結びつけられているのに対し、庚申もなんらか災厄の起る歳とされ、総合的には五行の金に配当されるところには祟厲《すいれい》的な機能の強烈なものがあると信じられていました。かような次第で、庚申日は人は昼夜寝ずに過せば三尸は天に上ることができず、天帝に罪悪を告げられずに済むので、これを「守庚申」と呼び、七度までやれば心や肉体は安らかで長生するとされ、唐の時代には広く知られていました。唐代の不空三蔵訳と伝える『北斗七星護摩秘要儀軌』には、北斗七星をまつり供養すると長寿を保ち、信仰しないと短命である。禄命書（運勢占書）に、司命神（閻魔王の侍神）が庚申日ごとに天帝に人の罪悪を告げ、寿命を縮めると述べていまして、道教・陰陽道・密教の習合が行われていたのであります。

庚申信仰の日本伝来と平安・鎌倉期における展開

日本では平安末に『老子守庚申長生経』が園城寺《おんじょうじ》系の密教僧の手で偽作され、以後「守庚申」の根本経典になりました。この書は円珍（智証大師）が中国から請来した『梅略方』と題する三尸説の本に、『大清経』などの医書や『陀羅尼集経』の中の青面金剛呪法を合わせて編集したものです。しかし実際に「守庚申」を行った最古の所見は円仁（慈覚大師）の『入唐求法巡礼行記』に仁明天皇承和五年（八三八）十一月二十六日、入唐中の円仁が揚州で眠らずに一夜を過したことがあり、これは日本の風習と同様だと述べている文でありまして、これまですでに日本で「守庚申」の行われた事実を裏書きしております。また禁中で庚申の夜御遊があった例は、左大臣源高明の日記『西宮記』に、延喜二年（九〇二）七月十七日行われたことを記した文が最古であります。これよりさき『続日本後紀』には徹夜はしないが、承和元年（八三四）や同三年に庚申の御遊のあった記事が載せられておりますし、十世紀後半からは管絃や和歌会を催して「かんしん」するとも言いました。左大臣源俊房は孔子の御影をかけてまつったり、同藤原頼長は『老子経』の講読や討論をやって「守庚申」を徹夜しました。

鎌倉時代には世俗に、七歳の子供は七庚申日（一年六回庚申日あり、閏月あれば七回）に「守庚申」をするものだとの説が行われ、七の数と庚申信仰が結びつけられました。武家では源頼政が「守庚申」に関心をもち、源実朝も御家人とよく行ったようであります。

庚申講・庚申石塔の出現

室町時代に入りますと急激に所見がふえ、時代の影響で和歌・詩文・囲碁の会のほか連歌・回茶・双六・十種香・謡曲・平家琵琶などの多彩な娯楽が加わりました。僧侶でも「守庚申」で徹夜はせずとも、三支（尸）の文を唱えたことが『大乗院寺社雑事記』にもみえています。三支の文とは『守庚申経』の「伏三尸呪」の呪言から来たもので、これを唱えるだけでも効果があるとされました。同じ頃他の記録にも庚申講の文字が出て、一般社会にも講結成の風潮があらわれてきました。これを示すのが庚申石塔です。東京都練馬区春日町一丁目の稲荷社境内にある板碑は、庚申供養に参加した結衆として僧侶や農民の名と、長享二年（一四八八）の年紀が刻された日本最古の例となっています。礼拝対象として種子で不動明王があらわされており、この結衆を指導したものはたぶん密教系修験者と思われます。そのほか各地に遺存する石塔の刻銘からも、庚申講が密教行者にリードされたものであることが知られます。

『庚申縁起』の成立

かように、一段と密教色が濃厚になってきた背景を示すものとして注目されるのは『庚申縁起』の出現で、文禄四年（一五九五）以前の作とみられるものが四点遺っています。以後、江戸時代の庚申信仰はすべてこの縁起の内容を典拠として行われており、この縁起の成立はそれ以前、室町後半期と推定されますので、それは庚申石塔の出現と一致し、両者に密接な関係があると判断されます。つぎにその縁起の内容を大略ご説明しましょう。

大宝元年（七〇一）庚申正月七日、庚申の日、申の時、摂津国難波津四天王寺に住む民部僧都住善のところへ、いずくからともなく二十八歳（一説に十六歳）ばかりの童子姿の者が帝釈天の使と称して訪れ、天王寺は仏法最初の霊地にして、ここから仏法が日本中に広まった。汝は人間の悩みを救うため、助けを求めているから除災無病の方便として、庚申の秘密を伝授しよう。その庚申とは一年に六度または七度あり、この日には申の刻に垢離《こり》（水浴）をとり、身心を清浄にし、燈明をあげ、香を焚き、花や供物をそなえ、南の方を三拝し、男女の愛欲を断ち、五辛を禁じ、夜通し自分の願い事のみを念じて寝ず、多くの知人を集め、酒食を共にして賑やかに過ごすべきである。戌亥の刻（午後七―十一時）は文殊・薬師・大日（または不動・薬師・文殊）を本尊とし、大麦・小麦・大豆・小豆・穀の五穀を供え、過去七仏を念ぜよ、子丑の刻（十一時―午前三時）は青面金剛（またはこれに釈迦・摩利支天を加える）を本尊に餅・菓子のまん丸い物を供え、現在の七仏を念ぜよ、寅卯の刻（午前三―七時）は六観音・阿弥陀を本尊として赤飯を供え、未来の七仏を念ぜよ、三世の罪速やかに滅し、宿願成就疑いなし、そのいわれは人々が生れたとき、腹中に三尸という虫住み、庚申の夜、鬼となって善悪を梵天帝釈に告げるのである。また腹中に九億の虫、毛穴ごとに住み、その中でも九つの悪虫は人々に様々の欲望を起させ、罪悪をしむけ、命を奪うのである。これらは一切経蔵の中に庚申のいわれを説いた経一巻があって、詳しく述べられている。

以上が要点ですが、『守庚申経』による従来の信仰と異なるところは申の刻、南に向かって燈明・香・花・供物をそなえ、身心を清め大日・薬師以下多種類の仏、過去・現在・未来三世の七仏を拝むこと、男女同衾《どうきん》・五辛等の禁忌が設けられたことであります。上記の庚申石塔には不動のほか、縁起に載せた仏名の様々なものが主尊として刻まれたものがあります。正月七日とあるのは『太上玄霊北斗本命長生妙経』など北斗信仰の経典に、太上老君が後漢桓帝の永寿元年（一五五）正月七日、蜀都に降下して天師張陵に『北斗延生妙経』を授けたとあることから思いついたので、北斗は司命であり、延生の利益《りやく》を与えるのです。そのため平安時代から密教でも北斗曼荼羅を造り、北斗護摩法の本尊としてまつりますが、その中には北斗や三尸以下陰陽道の神々がとりいれられています（第八章参照）。三世の諸仏をおのおの七仏とすることも北斗信仰から来ており、申の刻から「守庚申」を始め、南に向かって祭壇を立てることとあわせて宿曜道・陰陽道との古くからのかかわり合いが想像されます。さらに垢離をとったり、大宝元年の年号を出したりするのは修験者が関係したことを暗示し、後者は修験道の祖とされる役小角が大宝元年没したとの説に関係があるのでしょう。

それにしても『庚申縁起』は誰が造ったのか不明ですが、内容から判断すると、密教行事に精通し、四天王寺に深い関係があり、三尸説の内容や『守庚申経』が園城寺経蔵内に所蔵されていることを知っている人の作と思われますから、『守庚申経』の作者と同様、寺門（園城寺）系僧侶の可能性が高いのです。寺門系で四天王寺に関係のある僧は、例えば文治五年（一一八九）四天王寺門跡になった園城寺末寺平等院門跡、定恵法親王や当時四天王寺別当になった寺門派如意寺の慶範があり、慶範は青面金剛薬叉辟鬼魔法（『守庚申経』の素材となった行法）を書写した人です。これら寺門流の密教僧が四天王寺に住み、やがて室町時代に新しい縁起として『守庚申経』を発展させたものをつくりました。この縁起が出来て次第に俗信化されつつあった密教信仰が庚申信仰と習合し、庚申講が結成され、共同体的行事になって急速に守庚申を民衆化させるに至ったのでした。

庚申講の食事と庚申信仰の神祇化

守庚申日の食事についても天文頃（一五三二―五五）から粥《かゆ》を食する記録が目立ち、白粥・小豆粥など変化が出来、そこに延年辟邪の意味がこめられたのでした。また公家や僧侶の間で夜食に田楽料理が出された記録もあり、『言継卿記』には赤小豆粥、冷麵、餅入豆腐・雑炊などの名がみられます。それにしても室町末、戦国兵乱の時代に「守庚申」が盛行し、民衆化したのは一見不思議に見えますが、社会不安の高まった世の中なればこそ、かえって各自が身の安全を祈る方便として必要視されたのでしょう。あたかも茶道が応仁の乱の最中、京都の市民の間で流行したのが、片時の心の安らぎを求めた庶民の心情の発露であったのと同様で、いずれも太平の時代にはみられぬ切実な現象であったというほかはありません。

宮中女官たちの日記『お湯殿上の日記』の文禄四年（一五九五）四月十七日条に「守庚申」で囲碁を楽しみ、粥や酒が振舞われ、庚申の本尊が懸けられ、いろいろの供物が用意された記事がありまして、この頃より禁中でも宗教儀礼が始められています。縁起に説かれた様々な仏のどれかが本尊にまつられたのでしょう。本尊をまつることが始まれば庚申堂が建てられるわけで、四天王寺の庚申堂は片桐且元がつくったとの説もありますが、十五世紀には存在していたと思われます。京都粟田口には寛永七年（一六三〇）庚申堂が設けられ、江戸でも天正年間（一五七三―九一）庚申堂があったと、伝江戸町奉行内藤清成の『天正日記』に書かれています。

ところが、江戸時代には山崎闇斎が庚申日の礼拝対象に猿田彦神をもち出し、これより庚申信仰に神祇的要素が加わりました。闇斎は若い頃仏門に入ったことがあり、のち伊勢・吉川の神道を学んで垂加神道を樹立した人で儒仏道に通じ、天台宗内の庚申説、山王信仰、三猿の説などと伊勢神道の書『神道五部書』が説く猿田彦神を結びつけ、国粋的な庚申信仰をとなえ、近世の庚申信仰に大きな変化をもたらしました。

庚申信仰の本質と日待・月待の影響

以上みてまいりましたように、庚申信仰は道教の三尸説と陰陽道の星宿信仰の習合の上に、中国の民俗信仰として形成され、それが日本では天台寺門系僧侶を中心に日本的形態に変容されたのです。その上、寺門系密教は熊野修験を支配したところから、庚申信仰は修験者の手で伝播され民衆化されましたので、修験者が法師陰陽師であったことを考えますと、わが国の庚申信仰は陰陽道と切り離して論ずることはできないのであります。

このほか日本では別に日待・月待の習俗があり、これも講をつくり、月待は飲食を共にして月を待つ行事、日待は旧暦、正・五・九の各月の中旬か十五日、または月々の農閑日に当番の家へ寄り合い、風呂に入って斎戒し、神をまつり徹夜します。もともと神の傍にいて忌籠りする主旨に出で、これにならい「守庚申」も「庚申待」と呼ばれるようになりました。一見「守庚申」に似た習俗行事でありますため、庚申信仰を日本固有信仰の変化したものとする説がありますが、断じてそうではなく、別のものであります。

七福神信仰

室町時代に流行しました七福神信仰の中で、福禄寿または寿老人が出てまいりますが、これも陰陽道の老人星に由来したものでした。北宋の元祐年間（一〇八六―九三）、都に丈三尺の一老人がいて首と胴が同じ長さで、幅の広い粗末な服を着ていたが、ひげをたくわえた立派な面相で、市に出て卜占をし、銭が入れば酒を飲み、みずから寿を益す聖人と称していました。役人が異様な風貌をみて写生し、天子に奏上しますと彼は天子に召され、その素性をきかれたのに答えて自分は南方から来たと述べ、不思議な話をしましたが、清風庭に満ち白雲が空に映じたとみるや、老人の姿はたちまち消え去りました。翌朝、皇太子は寿星がひそかに天子の座に連なるという天文を報告しました。こういった伝説が当時の記録に出ておりますが、果して中国から伝わった話かどうか、すこぶる疑問であります。日本では仏教中心の編年書『扶桑略記』に平安中期、老人星が出現して武蔵国に強盗が蜂起したとの記述があり、必ずしも瑞でなく、妖星ともみられていました。しかし室町期には禅僧の間に福禄寿星の信仰が高まり、寿星像がつくられ、五山の禅僧無求周伸は将軍足利義満からこの像を拝領し、将軍義教のときには扇面寿星像をたたえる詩の会が将軍臨席の下に催されたりしています。

七福神すべてについても、従来は『仁王護国般若波羅蜜経』受持品にある七難七福に起源があるとされてきましたが、七は陰陽道で天地人四時のはじめとして、少なくも漢代以来重視され、七曜・七正・七殺・七難・七福みな陰陽道思想に基づき、既述の『簠簋内伝』にも歳徳神以下の七箇善日や七星神のことを記し、陰陽道思想に根拠があったことを示しています。

さらに芸能の方でも能楽・雅楽・花道・茶道等各方面にこの思想が利用され、高遠な理念形成に寄与いたしました。易の複雑な理論は別としても、陰陽五行の理法を人生のすべての現象にあてはめて理解することは、神や仏より人間中心になった時代の要求にむしろ適応した思想だったのでしょう。

古代公家文化の残滓《ざんし》にすぎないようにみられた陰陽道が、近代日本文化の形成に意外に大きな影響を及ぼしたことを、この際改めて考え直してみたいものです。しかもその影響の深刻さは、なお日や姓名や建築・造作・婚姻などに関して、吉凶・卜占・禁忌を意識する現代日本人の生活慣習の中に如実に看取されるでありましょう。

平凡社ライブラリー版　あとがき

早いものでもう十五年も前のことになるが、私は昭和六十一年正月から六月まで十回にわたり、大阪の朝日カルチャーセンターで「日本陰陽道の歴史」の講座名で話をしたことがあった。この種の講座はカルチャーとしては珍しかったのか、書物にしてほしいとの希望がよせられ、大阪書籍がその出版を引き受けた。その後陰陽道への世上の関心が高まり、陰陽道の史蹟や陰陽道の大家安倍晴明の伝記などを含む雑誌・単行本の出版が相つぎ、文学創作からテレビドラマまで登場し、ちょっとしたブームを起こした。これも有為転変の世相の中で超能力的世界への指向が高まったためであろうか。いずれにせよ、かかる時代の要望にこたえ、今まで発行部数が限定されていた本書は、このたび改めて平凡社ライブラリーの一冊として装いを新たにし世に送り出されることになった。

私が陰陽道史の研究に手を染めたのは戦前に属したが、昭和五十五年に至り、それまで発表した論文を含め、日本歴史全体の流れの中で陰陽道の果たした役割を総合的にまとめようと思い立ち、全く学問的立場から『日本陰陽道史総説』を新たに書き下ろし、翌年出版した。日本の陰陽道の全史はそれまで刊行されたものがなく、時代を限り部分的に論文として発表されたものはあったが、それも宗教学やそれに関連した専門家の業績で、私のように日本歴史専攻者の立場から論述されたものはなかったので、この本は割合識者に注目されたようであった。

私は陰陽道が日本歴史の中で意外に重要な役割を演じたことを改めて痛感したので、『日本陰陽道史総説』は易や卜占《ぼくせん》の解説書でなく、日本文化史のつもりで執筆した。易は迷信と称されながら、なお陰陽道が日本社会で生き続けているのは、長い歴史の中でそれが日本的伝統として日本人の日常生活に融けこんできたからである。年次表現に世界で唯一、元号を採用し、社寺発行の暦の本を見ては日常行事に吉凶をさぐり、婚姻に相性を調べるなどは日本人の常識となっているが、これが日本陰陽道の歴史に深く根ざしていることに気付いている人は専門家を除き意外と少ない。迷信はかつて古代には権威ある思想であった。陰陽道はいわば原始的科学であり、日本は、その先進国である中国からこの知識を学び、明治以前までこれを官制化してきた。『日本陰陽道史総説』はこれを詳細に証明したつもりであったが、朝日カルチャーセンターの講座開設も『総説』の刊行が専門家以外の人々に知られてきたからであろう。

さような次第で、本書は『日本陰陽道史総説』のダイジェスト版のように見えるが、たんなる普及版でなく、『総説』に載せられていない問題にも言及しており、現代の民間信仰に関連した事柄についても留意し、学問的にレベルを落とさず記述の平易化に努めた。

本書はまず劈頭で、中国における陰陽道の発生を具体的に説き、それがどのような発展をとげて日本に伝わったかを明らかにした。易というと日本人の多くはたんなる占いの一種ぐらいにしか観念していないが、実はその発生は宇宙・自然への深い認識と思考の末の産物であることが理解されよう。そしてそれを日本の為政者がどんな形で利用したかに注目した。これがそもそも陰陽道が日本で伝統化する第一歩だったのである。そのことはまた、今日各地で発掘されつつある古代遺蹟を理解する上からも重要である。

ついで第二章では、明治以前までたとえ形式的にせよ、およそ千年にわたり国政を支えた律令政治体制がどのようにして発足したかを説いた。陰陽道はまた、延命長寿の信仰である道教の背景になっている神仙思想や冥府（冥土）思想にもつながり、日本人の人生観、世界観を変化せしめたことを第三章で会得されよう。現代日本人が仏教信仰と思っている死後の世界、あるいは理想世界の幻想がどこから来たかも合点していただけると思う。第四章より

第六章までは日本の陰陽道全盛時代、幾多のすぐれた陰陽師が輩出し、陰陽道が深く政局と結びつき歴史の流れに主導的役割を演じた事実を述べている。日本人がいかに陰陽道にふりまわされ酔わされたか、今日われわれが反省すべき教訓を汲みとることができよう。それは当時も今も人の心理は変わらないという意味においてである。

陰陽道の日本的発展を知る上で軽視できないのは、その宗教的拡散である。元来陰陽道はおもに呪術仏教（密教）と結びついて日本に伝来したので、平安朝以降、天台・真言両宗の密教系仏教が繁栄するのに伴って、その中でさまざまな変容を見せつつ発展した。日本独特の修験道（山伏）もわが山岳信仰と密教の習合的宗教であったから、これに陰陽道の影響が加わるのは自然であり、これが第七章で取り上げられている。第八章は、密教の中での陰陽道の変容が宿曜《すくよう》道と呼ばれる特異な信仰を発展させた経緯を示したもので、これが現在社寺で発行される暦の本のルーツであることを知れば読者の興味はいっそう高まるであろう。

第九章は封建時代、実力実利本位で卜占や加持祈禱にはたよらぬはずの武家が、実は陰陽道に拘束されていた実情をさぐり、同時にいかに陰陽道の祭祀行事が多彩なものへ発展したかの問題にまで言及した。第十章では中世陰陽道の民衆化、武家社会への拡大につれ、最も権威があるとされた宮廷陰陽道の宗家賀茂・安倍両氏が戦国乱離に凋落し、江戸時代は幕府の庇護の下にかろうじて命脈を保った次第が述べられ、一方、封建下、民間に拡散した俗信の代表として庚申信仰がとり上げられ、現代につながる陰陽道の残映を眺めることにしたのである。

最後に今回新しく索引を作成し、各種事項検索の便をはかった。

本書の発刊にあたり、格別御世話になった平凡社ライブラリー編集部の二宮善宏氏に御礼申し上げる。

平成十三年五月三十日　著者誕辰の日

村山修一

レ

ロ

ワ

サ

シ

索引

平凡社ライブラリー 406

日本《にほん》陰陽道《おんみようどう》史話《しわ》

発行日…………2001年9月10日 初版第1刷
2021年9月28日 初版第4刷

著者……………村山修一

発行者…………下中美都

発行所…………株式会社平凡社
〒101-0051 東京都千代田区神田神保町3 29
電話 (03)3230-6579[編集]
(03)3230-6573[営業]
振替 00180-0-29639

印刷・製本……図書印刷株式会社

装幀……………中垣信夫

ISBN978-4-582-76406-2
NDC 分類番号 148.4
B 6 変型判(16.0cm) 総ページ330

平凡社ホームページ https://www.heibonsha.co.jp/

落丁・乱丁本のお取り替えは小社読者サービス係まで
直接お送りください(送料,小社負担).

【日本史・文化史】

京谷秀夫……一九六一年冬「風流夢譚」事件
加藤典洋……「天皇崩御」の図像学——『ホーロー質』より
中川　裕……アイヌの物語世界
古島敏雄……子供たちの大正時代——田舎町の生活誌
戸井田道三……狂言——落魄した神々の変貌
五来　重……踊り念仏
藤木久志……戦国の作法——村の紛争解決
高木　侃……増補　三くだり半——江戸の離婚と女性たち
安丸良夫……日本の近代化と民衆思想
伊波普猷……沖縄歴史物語——日本の縮図
伊波普猷……沖縄女性史
津野海太郎……物語・日本人の占領
多川精一……戦争のグラフィズム——『FRONT』を創った人々
岡野薫子……太平洋戦争下の学校生活
倉本四郎……鬼の宇宙誌
芥川龍之介・泉　鏡花　ほか……大東京繁昌記　下町篇
島崎藤村・高浜虚子　ほか……大東京繁昌記　山手篇